DIE SCHÖNSTEN TIERGESCHICHTEN
VON ERNEST THOMPSON SETON

DIE SCHÖNSTEN TIERGESCHICHTEN

VON

ERNEST THOMPSON SETON

MIT 200 ZEICHNUNGEN
DES VERFASSERS

KOSMOS · GESELLSCHAFT DER NATURFREUNDE
FRANCKH'SCHE VERLAGSHANDLUNG STUTTGART

Berechtigte Übersetzung aus dem Amerikanischen von Max Pannwitz
Schutzumschlag von Marianne Golte-Bechtle

6. Auflage/54.-61. Tausend
Franckh'sche Verlagshandlung, W. Keller & Co., Stuttgart/1974/
Printed in Poland/Imprimé en Pologne /LH 9 be/ISBN 3-440-03040-7

DIE SCHÖNSTEN TIERGESCHICHTEN VON ERNEST THOMPSON SETON

EINEM GROSSEN TIERFREUND

Im Falle von Ernest Thompson Seton ist es kein akademischer Anlaß, die hundertste Wiederkehr seines Geburtstages am 14. August 1960 durch die Jubiläumsausgabe einiger seiner schönsten Tiergeschichten zu feiern. Wessen Werk noch so frisch und ungebrochen nach- und hereinwirkt in unsere Zeit, in unser Fühlen und Mitfühlen mit Natur und Tier – der gehört zu uns.

Was er mit seinen meisterhaften Tiererzählungen, seinen Tierbiographien wollte, sagte er einmal klipp und klar: „Ich will die Ausrottung harmloser, freilebender Geschöpfe hemmen, nicht um ihretwillen, sondern um unsertwillen. Denn ich bin des festen Glaubens, daß jedes wildlebende Geschöpf ein kostbares Erbteil darstellt, das zu vernichten wir nicht das Recht haben. Unsere Welt wird ohnehin immer leerer und einförmiger."

Wer war Ernest Thompson Seton, der mit Recht „Vater und Klassiker der Tiergeschichte" genannt wird?

Die äußeren Daten seines Lebens sind rasch aufgezählt. Er wurde am 14. August 1860 in der an der Mündung des Tyne liegenden Hafenstadt South Shields (Nordengland) geboren. Seine Familie war schottischer Abstammung. Der Vater verlor sein Vermögen und zog 1865 mit Frau und zehn Söhnen – Ernest war der jüngste – nach Kanada, wo er sich im Hinterland der Provinz Ontario ansiedelte. Im Alter von zehn Jahren kam Ernest nach Toronto in die Schule, wo er später auch die Kunstakademie besuchte und eine Goldmedaille gewann. Als knapp Siebzehnjähriger rang er dem Vater die Erlaubnis ab, nach London gehen und dort Kunst studieren zu dürfen. Ein Stipendium sicherte ihm einen Freiplatz in der Royal Academy of Arts. Aber bald entdeckte er etwas, das ihn weit stärker anzog: die berühmte Bibliothek des Britischen Museums mit ihren unschätzbaren Beständen an naturgeschichtlichen Werken. Für den jungen Mann begann ein neuer Lebensabschnitt: Er betrat die Welt der wilden Geschöpfe. Sie hat ihn nicht mehr losgelassen.

Im Jahre 1881 kehrte er nach Amerika zurück, überarbeitet und dem Zusammenbruch nahe – kein Wunder, hatte er doch in London das Kunststück fertiggebracht, zweieinhalb Jahre lang mit 25 Dollar monatlich auszukommen. In Manitoba, im Süden Kanadas, gewann er Gesundheit, Kraft und innere Freiheit wieder. Von dort ging er 1883 mit 3 Dollar in der Tasche nach New York. Er hatte schwer zu kämpfen, bis er dort Fuß fassen und die ersten Erfolge als Illustrator und Autor erringen konnte. Dann kamen Paris, der Mittelpunkt des Kunstlebens der damaligen Zeit, die erste Ausstellung eigener Arbeiten und ein gründliches Studium der Tieranatomie. Wieder fuhr er zurück nach Amerika, in die Wälder, in die Prärien, zu Fuß, im Sattel oder im Kanu, hinauf in die Arktis, hinunter nach Mexico, immer auf der Suche nach einem Etwas: Er wollte die Wildnis und ihre Geschöpfe kennenlernen, noch besser, noch gründlicher. Damals sammelte er den Stoff für seine meisterhaften Tiererzählungen. Die Ernte waren viele Notiz- und Skizzenbücher. Denn, und das ist das Erstaunliche an diesem Manne, er war nicht nur ein hervorragender, mit sparsamsten Mitteln arbeitender Zeichner und Maler, sondern auch der geborene Erzähler. Darum ist schwer zu sagen, was er eigentlich war: gestaltender Künstler oder Erzähler. Wir müssen ihn als beides werten. Er war der erste, der das Tier in seiner natürlichen Umwelt beobachtete, es in Erzählung und Bericht sein Leben noch einmal leben ließ, tragisch und fröhlich, ohne etwas hineinzugeheimnissen oder etwas dazuzutun, was das Wesen der wilden Geschöpfe verfälschen könnte.

Und die Summe dieses weitgespannten Manneslebens von 1860 bis zum 23. Oktober 1946? Über vierzig Werke, vollendet geschrieben, vollendet gezeichnet in konzentrierter, durch nichts abzulenkender Arbeit. Sie galt gestern, sie gilt heute. Kann über ein Lebenswerk mehr gesagt werden?

JOCHEN BÄR

„Jochen“ war ein drolliges kleines Bärenjunges, das mit „Brumme“, seiner Mutter, im Yellowstonepark lebte. Wie viele andere ihresgleichen, hatten sie unweit des Quellenhotels in jenem Park ein erwünschtes Heim gefunden.

Der Hotelkoch ließ den gesamten umfangreichen Küchenabfall regelmäßig in einer Lichtung des nahen Waldes niederlegen, so daß die Bären, solange das Hotel geöffnet war, täglich an jener Stelle den Tisch für sich gedeckt fanden. Auch hatte sich seit Geltung des Gesetzes, nach dem der Park eine Zufluchtsstätte sein sollte, wo dem Wild kein Harm geschehen durfte, ihre Zahl von Jahr zu Jahr vermehrt. Gern haben sie von dem friedlichen Anerbieten des Menschen Gebrauch gemacht, und viele von ihnen sind den Leuten im Hotel so gut bekannt geworden, daß diese ihnen je nach ihrem Aussehen oder ihrem Gehaben Namen gaben. „Spinne“ war ein auffallend langbeiniger, magerer Schwarzbär; „Gilbert“ einer, der aussah wie versengt; „Fettchen“ ein sehr dicker, fauler Bursche, der nie genug kriegen konnte; „Die Zwillinge“ zwei halbausgewachsene zottige Exemplare, die immer zusammen kamen und gingen. Am besten bekannt aber waren Brumme und Klein Jochen.

Brumme zeichnete sich von allen anderen ihrer Art durch Größe und Wildheit aus, und Jochen, offenbar ihr Einziger, war ein merkwürdig mißlauniges Junges, denn er hörte eigentlich nie auf, zu murren oder zu winseln. Schon daraus mußte man schließen, daß er krank sei, denn ein gesunder kleiner Bär pflegt so wenig beständig verdrossen zu sein wie ein gesundes Kind. Und in der Tat sah Jochen krank aus; kein anderes Tier im Park machte einen kläglicheren Eindruck als er. Sein Aussehen ließ auf einen verdorbenen Magen schließen, und darüber wunderte ich mich auch nicht, als ich das schreckliche Gemengsel sah, das ihm in dem Küchenabfall vorgesetzt wurde. Von allem, was er sah, wollte er versuchen, und seine Mutter ließ ihm hierin seinen Willen. Es war eigentlich ihre Schuld, denn sie hätte ihm dergleichen nicht erlauben sollen.

Jochen hatte nur drei gesunde Beine, sein Fell sah schäbig und flekkig aus, seine Gliedmaßen waren dünn, Ohren und Wanst dagegen unverhältnismäßig groß. Dennoch war er seiner Mutter ihr ein und alles. Offenbar war sie davon überzeugt, daß er die Perle aller Bären sei; so verwöhnte sie ihn natürlich sehr. Immer war sie bereit, die Suppe auszulöffeln, die er eingebrockt hatte, und am Einbrocken ließ er es nie fehlen. Jochen war zwar ein kleines Jammergebilde, aber keineswegs dumm, denn meist wußte er recht gut, was er wollte, und auch wie er sich's verschaffen konnte: Er plagte einfach seine Mutter.

Es war Sommer, als ich die Bekanntschaft der beiden machte. Ich hielt mich damals im Park auf, um das Familienleben der Tiere zu studieren, und man hatte mir mitgeteilt, daß ich in den Wäldern beim Quellenhotel zu jeder Zeit Bären sehen könne, was ich natürlich nicht glauben wollte. Als ich aber fünf Minuten nach meiner Ankunft aus der Hintertür trat, stand ich einer großen schwarzen Bärin und ihren beiden Jungen gegenüber.

Nicht wenig betroffen blieb ich stehen. Auch die Bären machten halt und setzten sich, mich neugierig musternd, auf die Erde. Dann stieß Mutter Bär ein sonderbares, kurzes „Koff Koff" aus und schwenkte den schweren Kopf nach einem nahen Tannenbaum hin. Die Jungen schienen zu wissen, was sie sagen wollte, denn sie liefen zum Baum und kletterten wie zwei Affen hinauf. Oben angekommen, machten sie es wie zwei kleine Buben: Sie hielten sich mit den Vorderfüßen, ließen ihre Hinterbeine in der Luft baumeln und schauten neugierig und erwartungsvoll herunter.

Mutter Bär kam auf ihren Hinterbranten langsam auf mich zu, und mir wurde in der Tat schon etwas schwül zumute, denn sie stand aufrecht in voller Höhe ihrer 1,80 Meter vor mir und hatte offensichtlich nie von der „hypnotischen Kraft" des menschlichen Auges gehört.

Nicht einmal einen Stock hatte ich zu meiner Verteidigung bei mir, und als sie gar ein dumpfes Heulen hören ließ, war ich drauf und dran, mich ins Hotel zu flüchten, obwohl man mir vorher versichert hatte, die Bären hätten stets den mit den Menschen abgeschlossenen Waffenstillstand gehalten. Aber da machte gerade die Alte halt, jetzt nur noch zehn Meter von mir entfernt, und fuhr fort, mich ruhigen Blickes zu mustern. Eine Minute lang schien sie im Zweifel zu sein, dann aber kam sie allem Anschein nach zu dem Schluß: „Mit dem Menschengeschöpf da hat es vielleicht seine Richtigkeit, aber ich kann's meiner Jungen wegen nicht darauf ankommen lassen."

Hierauf warf sie ihren beiden Hoffnungsvollen einen Blick hinauf und gab ein eigentümlich winselndes „Er-r-r, Er-r-r" von sich, worauf jene wie artige Kinder beim Befehl der Mutter herabeilten. In ihren Bewegungen zeigten sie nichts Plumpes, Bärenhaftes; leicht schwangen sie sich von Ast zu Ast, bis sie sich auf den Boden fallen ließen, und alsbald trollten sich die drei in den Wald. Großen Spaß bereitete mir der Gehorsam der kleinen Bären. Sobald die Mutter ihnen etwas befahl, taten sie es augenblicklich ohne einen Einwand zu machen. Aber ich fand auch, daß sie guten Grund dazu hatten; denn hätten sie nicht getan, was ihnen geheißen war, wären ihnen Hiebe sicher gewesen.

Das war ein köstlicher Blick in das Familienleben der Bären und wäre schon für sich allein die Reise wert gewesen. Aber meine Bekannten im Hotel sagten zu mir, das sei noch nicht die beste Stelle, um Bären zu treffen. Ich solle zum Abfallhaufen auf dem Futterplatze gehen, vierhundert Meter tief im Wald. Dort, meinten sie, könne ich so viele Bären sehen, wie ich nur Lust hätte.

In aller Morgenfrühe begab ich mich am nächsten Tage zu der Banketthalle der Bären im Tannengehölz und versteckte mich im nahen Gebüsch.

Es dauerte nicht lange, da trat ein großer Schwarzbär aus dem Walde, ging auf den Haufen zu und begann nach Futter zu wühlen. Er war aufgeregt, denn beim geringsten Laut schaute er sich ängstlich um und lief ein paar Meter weg, wenn ihm irgendeine Kleinigkeit auffiel. Schließlich spitzte er die Ohren und galoppierte zwischen die Fichten hinein, als ein zweiter Schwarzbär auftauchte. Auch dieser zeigte die gleiche Ängstlichkeit und lief ein Stück weit davon, um besser sehen zu können, was sich da im Buschwerk bewegte.

Anfangs war ich selbst nicht frei von Erregung, denn im Park darf natürlich niemand Waffen tragen; aber die Ängstlichkeit dieser Bären flößte mir das Gefühl der Sicherheit ein, und von nun an vergaß ich bei dem Reiz, den dieser Blick in das Leben der großen zottigen Geschöpfe bot, alles andere.

Bald sagte ich mir aber, ich könnte den genauen Einblick von dem Gebüsch aus, das noch fünfzig Meter vom Müllhaufen entfernt war, nicht gewinnen. In größerer Nähe gab es keinen Busch, so blieb mir eben nichts anderes übrig: Ich ging zu dem Haufen selbst, grub mir dort ein Loch, groß genug, um hineinzukriechen und mich zu verstecken. Dort blieb ich den ganzen Tag mitten zwischen duftenden Haufen von Kohlstrünken, alten Kartoffelschalen, Tomatenbüchsen und fauligem Fleisch. Entgegen der Ansicht zahlloser Fliegen war es kein anziehender Fleck; ja, der Gestank war so durchdringend, daß ich abends nicht ins Hotel hineingelassen wurde, bevor ich nicht im Walde meine Kleider gewechselt hatte.

Es war eine schwere Feuerprobe, aber Bären habe ich jedenfalls an dem Tage gesehen. Nehme ich an, daß es jedesmal, wenn einer kam, ein neuer Bär war, so mußte ich mehr als vierzig gesehen haben. Aber so war es natürlich nicht, denn die Bären gingen ab und zu. Und doch ist eins gewiß: Dreizehn waren es mindestens, denn so viele befanden sich einmal zu gleicher Zeit am Abfallplatz.

Den ganzen Tag lang hatte ich Arbeit für mein Skizzenbuch und mein Journal. Jeder Bär, der kam, wurde regelrecht zu Papier gebracht, und gerade dadurch gewann ich mehr und mehr Einblick in ihre Art und Persönlichkeit.

Oberflächliche Beschauer meinen und sagen wohl, alle Neger, alle Chinesen und ebenso alle Tiere derselben Art seien einander gleich. Aber so gewiß sich jeder Mensch von allen übrigen unterscheidet, so sicher ist auch jedes Tier von den anderen seinesgleichen verschieden; wie würden auch sonst die Alten, Männchen und Weibchen, einander erkennen oder die Jungen ihre Mutter, wie sie es doch sicher tun? Die schmausenden Bären lieferten mir auch hierfür gute Beweise, denn jeder hatte eine bestimmte Individualität, nicht zwei glichen einander, weder in der äußeren Erscheinung noch in ihren geistigen Eigenschaften.

Auch fiel mir folgendes auf: Ich konnte die Spechte in einer Entfernung von mehr als hundert Meter hämmern, die Schwarzkopfmeise und den Blauhäher ihre bekannten Noten singen, selbst die Eichhörnchen über den laubbedeckten Boden huschen hören, und doch hörte ich nicht einen der Bären herankommen. Ihre mächtigen gepolsterten Sohlen setzten sie genau am richtigen Fleck auf den Boden, ohne ein Stöckchen zu knicken oder das Laub rascheln zu lassen; so vorzüglich hatten sie die Kunst erlernt, leise durch den Wald zu wandern.

Den ganzen Morgen über kamen und gingen die Petze oder schritten unweit meines Verstecks vorbei, ohne mich zu entdecken, und von ein paar Zusammenstößen abgesehen, kam nichts Aufregendes vor.

Aber so um drei Uhr nachmittags gewann die Sache etwas mehr Leben.

Zu dieser Zeit suchten sich vier große Bären ihr Futter auf dem Haufen. In der Mitte saß Fettchen, seine Hinterbeine beim Fressen in ihrer vollen Länge ausspreizend, das Bild eines befriedigten Bärenepikuräers. Nur schnaufte er manchmal ein wenig, wenn er sich jede anstrengende Bewegung sparen wollte, indem er seine Zunge wie eine lange rote Schlange ausstreckte, weiter und immer weiter den Leckerbissen nach, die seine Klauen nicht mehr bequem erreichen konnten.

Hinter ihm befand sich Spinne, der die Anatomie und das Drum und Dran eines gewesenen Hummers anstaunte. Seine Erfahrung half ihm dabei nichts, aber der Grundsatz, „Im Zweifelsfalle muß man's wagen!" ist bei den Bären weit verbreitet und behob die Schwierigkeit.

Die andern beiden leerten mit wunderbarer Geschicklichkeit Fruchtkonservenbüchsen. Während eine Pranke die Büchse festhielt, tauchte die lange Zunge immer wieder durch die enge Öffnung, deren scharfe Ecken sie geschickt zu vermeiden wußte, tief hinein und säuberte das Gefäß aufs gründlichste.

Diese idyllische Szene dauerte lange genug, um mir eine Skizze zu gestatten, aber plötzlich wurde sie abgebrochen. Auf der kleinen Erhöhung, von der alle Bären gekommen waren, erhaschte mein Auge eine Bewegung, und heran kam eine große Schwarzbärin mit einem schmächtigen Jungen: Brumme und Jochen.

Eilig, aber lautlos kam die Alte auf den Vorratshaufen zugeschritten, und Jochen humpelte, immer knurrend, an ihrer Seite, während die Mutter ihn so ängstlich im Auge behielt, wie nur je eine Henne ihr einziges Küchlein. Als sie etwa noch dreißig Meter von dem Haufen entfernt waren, wandte sich Brumme zu ihrem Sohne und sagte etwas, das aus dem Erfolg zu schließen, bedeuten mußte: „Jochen, mein Kind, du bleibst besser hier, während ich hingehe und die Burschen da wegjage!"

Gehorsam blieb Jochen zurück, aber sehen wollte er wenigstens; so setzte er sich mit großen Augen und gespitzten Ohren auf die Hinterkeulen.

In würdiger Haltung kam Brumme heran und stieß beim Näherkommen ein warnendes, dumpfes Geheul aus. Aber die vier Schmausenden waren zu sehr in ihre Beschäftigung vertieft, um auf den neuen Ankömmling zu achten, bis Brumme, die jetzt nur noch fünf

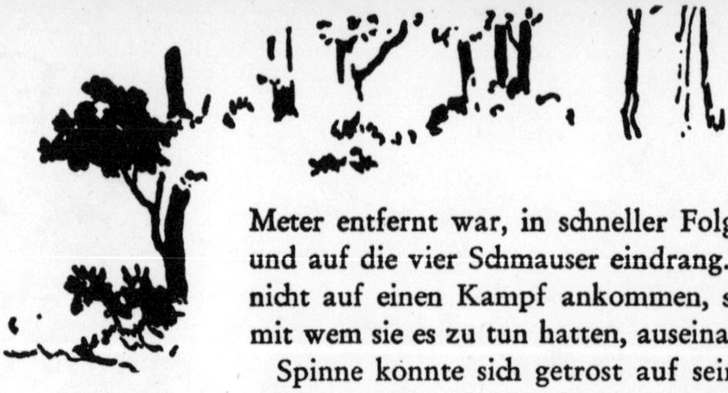

Meter entfernt war, in schneller Folge kurze, hustende Töne ausstieß und auf die vier Schmauser eindrang. Sonderbarerweise ließen diese es nicht auf einen Kampf ankommen, sondern stoben, sobald sie sahen, mit wem sie es zu tun hatten, auseinander und gaben Fersengeld.

Spinne konnte sich getrost auf seine langen Gliedmaßen verlassen, und die andern beiden hielten so ziemlich Schritt mit ihm; aber der arme Fettchen kam nur langsam vorwärts, und zu seinem Unheil floh er gerade in die Richtung, wo Jochen sich befand. Brumme holte den Dicken mit wenigen Sätzen ein und versetzte ihm ein paar gesunde Hiebe auf seine Hinterseite, die sein Tempo zwar nicht beschleunigen konnten, ihn aber laut aufheulen ließen und zu seinem Glück in eine andere Richtung brachten. Jetzt wandte sich Brumme, die nun alleinige Herrin des Kampfplatzes war, mit wimmerndem „Er-r-r, Er-r-r" ihrem Sprößling zu, und Jochen ließ sich nicht zweimal einladen. Hoppele-hopp kam er auf seinen drei gesunden Beinen, so schnell er konnte, herbeigehumpelt, und beide ließen sich's nun wohl sein auf dem köstlichen Haufen, so wohl, daß Jochen tatsächlich aufhörte zu murren. Offenbar war er nicht zum erstenmal hier, denn er wußte mit den verschiedenen Arten von Leckerbissen gut Bescheid, und solange er noch eine Dose mit Marmelade auftreiben konnte, ließ er alles andere liegen. Manche Konservenbüchsen machten ihm viel Not, weil er zu gierig oder zu ungeschickt war und sich an den scharfen Kanten verletzte. Eine verführerische Fruchtbüchse hatte ein so großes Loch, daß er wahrhaftig seinen Kopf hindurchstecken konnte, und ein paar Minuten genoß er eine ungemischte Freude, da sich auf diese Weise bequem die entferntesten Ecken auslecken ließen. Aber als er seinen Kopf zurückziehen wollte, da fing das Leid an, denn er sah sich gefangen. Er konnte nicht heraus und kratzte und kreischte, wie es ein verwöhntes Kind in ähnlicher Lage getan hätte, und ließ seiner Mutter keine ruhige Minute, obwohl sie nicht wußte, wie sie ihm helfen sollte. Als er schließlich den Zinnhelm wieder herunterstreifen konnte, ließ er seinen Zorn daran aus und hämmerte mit seinen kleinen Pranken darauf los, bis die Büchse flach war.

Eine große Sirupkanne machte ihn geraume Zeit glücklich. Sie hatte oben einen kleinen abschraubbaren Deckel gehabt, so daß das Loch rund und glatt war; leider war es nicht groß genug, um seinen Kopf durchzulassen, und mit der Zunge konnte er nicht an die süßen Reste kommen, auch wenn er sie noch so weit ausstreckte. Doch er verfiel bald auf einen Ausweg. Er streckte seinen kleinen schwarzen

Arm hinein, drehte ihn herum, zog ihn dann heraus und leckte ihn sauber; dieses Spiel setzte er so lange fort, bis die Büchse inwendig blank war wie zur Zeit, als sie in den Handel kam.

Eine zerbrochene Mausefalle schien ihm Rätsel aufzugeben. Er hielt sie zwischen seinen Vordertatzen und versuchte, dem Ding genau auf den Grund zu gehen. Der Käsegeruch daran war entschieden etwas Gutes, als aber die Feder zuschnappte und die eine Pranke etwas zusammendrückte, konnte er einen Hilferuf nur durch Aufwendung einer ganz ungewöhnlichen Selbstbeherrschung unterdrücken. Nachdem er die Falle einer nachdrücklichen Besichtigung unterworfen hatte, wobei er den Kopf erst auf diese, dann auf die andere Seite legte und seine Lippen zu einer schmalen Röhre zuspitzte, behandelte er sie ebenso gründlich wie vorher die aufsässige Büchse und fand nun seinen Lohn in Gestalt eines hübschen Stückchens Käse gerade in der Mitte des nichtsnutzigen Dinges.

Als er mit den Marmelade- und Früchteresten fertig war, wandte er seine Aufmerksamkeit den Hummer- und Sardinenbüchsen zu und scheute nicht einmal vor den Armeekonserven zurück. Sein Wanst schwoll sichtlich an wie ein Ballon, und von dem vielen Ablecken sahen seine Arme so dünn und glänzend aus, als trüge er schwarze Seidenhandschuhe.

Mir kam der Gedanke, daß meine Lage nun leicht gefährlich werden könnte. Denn es ist ein großer Unterschied, ob man einen Bären überrascht, auf dem keine Verantwortung für das Wohl von Familiengliedern lastet, oder ob man eine übellaunige alte Bärin in Harnisch bringt, weil man ihr Junges erschreckt hat.

Sollte zufällig – sagte ich mir – dieser milzsüchtige kleine Jochen an dieses Ende des Haufens kommen und mich in dem Loch finden, so wird er sofort ein Geschrei anstimmen; seine Mutter wird natürlich denken, ich hätte ihm etwas getan, sie wird vielleicht ohne sich auf Erklärungen einzulassen, die Parkvorschriften vergessen, und die Geschichte kann höchst ungemütlich werden ...

Glücklicherweise befanden sich die Konservenbüchsen sämtlich auf Jochens Seite; von diesen trennte er sich nicht, und Brumme trennte sich nicht von ihm. Auf einmal bemerkte er, daß seine Mutter eine bessere Büchse hatte, als er sie finden konnte; winselnd lief er auf sie zu, um ihr diese wegzunehmen, und blickte zufällig den Abhang hinauf. Dort sah er etwas, das ihn veranlaßte, sich aufzusetzen und ein sonderbares kurzes „Koff – Koff – Koff" hören zu lassen.

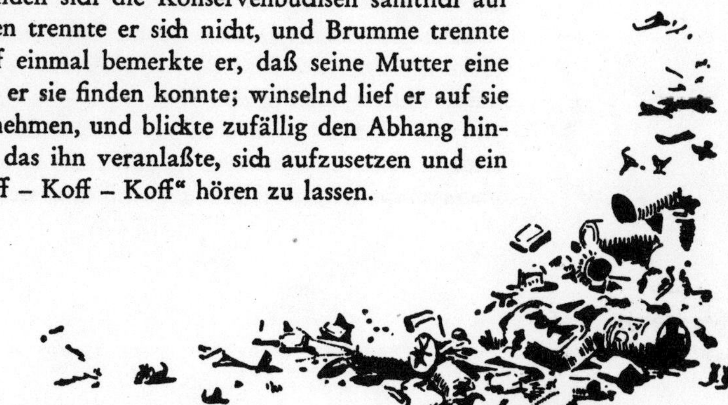

Schnell wandte sich seine Mutter nach ihm hin und setzte sich ebenfalls auf: Was hat das Kind? Ich folgte ihrem Blick, und — o Schreck — ich erkannte einen mächtigen Grislybären, ein Ungeheuer, das sich wie ein mit Pelz bedeckter Omnibus durch den Wald bewegte!

Jochen winselte und verkroch sich hinter seine Mutter. Sie gab ein dumpfes Geheul von sich, und alle ihre Rückenhaare richteten sich auf. Meine ebenfalls, aber ich verhielt mich so still wie möglich.

Stattlichen Schrittes kam der Grisly näher. Die mächtigen Schultermuskeln spielten unter dem silbrig schimmernden Mantel, der bei jedem Schritt wie die Schabracke auf dem Rücken eines Staatselefanten hin und her schwang.

Jochens Gewinsel wurde jetzt lauter, und er hatte dabei meine volle Sympathie, wenn ich auch nicht mitmachte. Nach einem Augenblick des Zögerns wandte sich Brumme ihrem heulenden Jungen zu und sagte etwas zu ihm, das für meine Ohren klang wie drei kurze, gehustete „Koff – Koff – Koff". Aber ich denke mir, sie wollte ihm sagen: „Mein Kind, mir scheint, du begibst dich besser auf den Baum dort, während ich gehe und das Untier vertreibe."

Jedenfalls handelte Jochen demgemäß, und seine Mutter machte sich auf, der furchtbaren Erscheinung entgegenzutreten. Aber Jochen war nicht gewillt, sich ein Schauspiel entgehen zu lassen; er wollte sehen, was weiter geschah. So begnügte er sich nicht mit einem Versteck hinter den dichten Tannenzweigen, sondern verband die Rücksicht auf Sicherheit mit der Neugierde, indem er auf den obersten Ast kroch, der ihn noch trug; dort, scharf vom Himmel sich abzeichnend, pendelte er und quietschte laut von Aufregung. Der Ast war so dünn, daß er sich unter der Last bog und bei den lebhaften Bewegungen des Kleinen hin und her schwankte; jeden Augenblick wartete ich auf den Knacks und den Sturz. „Wenn der bricht", sagte ich mir, „während er in meine Richtung schwingt! Dann fällt Jochen sicher auf mich, und dann gute Nacht . . ." Aber der Ast war zäher, als er aussah, oder Jochen besaß in dieser Beziehung Erfahrung genug, denn weder ließ er los noch brach das Holz.

Inzwischen schritt Brumme dem Grisly entgegen. Bald richtete sie sich mit gesträubten Haaren zu voller Höhe auf, heulte, fletschte die Zähne und trat ihm in den Weg.

Soweit ich beobachten konnte, schenkte ihr der Graue keine Beachtung; er schritt auf den Futterhaufen zu, als wäre er ganz allein. Als Brumme nur noch drei Meter von ihm entfernt war, stieß sie schnell

hintereinander ein abgebrochenes Geheul aus, stürzte sich auf den Grisly und versetzte ihm einen fürchterlichen Schlag aufs Ohr. Er war überrascht, antwortete jedoch durch eine Bewegung mit der Linken, daß sie wie ein Strohsack zu Boden fiel.

Durchaus nicht eingeschüchtert, sondern mit verdoppelter Wut sprang sie auf und stürzte sich zum zweitenmal auf ihn.

Dann packten sie einander und überkugelten sich, schlagend und stoßend, schnaufend und heulend und unendlichen Staub aufwirbelnd. Aber allen Lärm, den sie machten, übertönte deutlich Jochens Stimme.

Warum der Graue Mutter Brumme nicht den Garaus machte, konnte ich nicht begreifen. Aber nach einem Ringen von wenigen Minuten, während deren ich nichts sehen konnte als Staub und unbestimmte Umrisse, lösten die beiden ihre Umarmung wie in gegenseitigem Einverständnis – vielleicht war die festgesetzte Frist verstrichen –, und eine Zeitlang standen sie, einander anstarrend, da.

Der Grisly hatte den Streit sofort ruhen lassen; er hatte keine Lust zum Kämpfen. Es kam ihm auch gar nicht in den Sinn, sich irgendwie um Jochen zu kümmern, nichts als eine ungestörte Mahlzeit wollte er haben. Doch nein! Sobald der Graue einen Schritt zu dem Haufen hin machte, das heißt nach Brummes Meinung auf Jochen zu, ging sie wieder auf ihn los. Aber diesmal war er bereit. Mit einem Schlage schleuderte er sie beiseite und gegen eine mächtige, in die Luft starrende Tannenwurzel. Das brachte sie einigermaßen aus der Fassung. Die Gewalt des Schlages und der ungehobelte Empfang seitens der Wurzelsprossen, schienen ihr alle Kampflust zu rauben. Sie rappelte sich auf, kroch auf die andere Seite und wollte sich davonmachen. Aber nun war der Grisly wütend; er wollte sie züchtigen und eilte um die Wurzel herum. Doch Brumme war schneller und gelenkiger als er, und es gelang ihr immer, so oder so, die Wurzel zwischen sich und ihren grimmigen Gegner zu bringen, während Jochen, in der Sicherheit seiner Zuflucht, die Jagd um die Wurzel mit brennendem Eifer verfolgte.

Als der Graubär schließlich das Vergebliche seines Bemühens einsah, setzte er sich auf die Hinterkeulen und sann offenbar auf einen neuen Plan, Brumme aber nahm die Gelegenheit wahr, stürzte plötzlich von der Wurzel fort auf den Baum zu, auf dem Jochen sich befand, und kletterte hinauf.

Der Kleine kam ein Stückchen herunter, um bei ihr zu sein, vielleicht auch, um zu verhüten, daß der Ast unter dem doppelten Ge-

wicht breche. Diese interessante Gruppe konnte ich von meinem Versteck aus photographieren, dachte aber, ich müßte, koste es was es wolle, ein genaueres Bild haben. So verließ ich zum ersten Male im aufregenden Verlaufe dieses Tages mein Versteck, sprang aus dem Loch und lief unter den Baum. Das war ein großer Fehler, denn hier traten die dicken niederen Äste dazwischen, und ich konnte überhaupt nichts von den Bären oben sehen.

Ich befand mich dicht am Stamm und schaute emsig nach einer Gelegenheit aus, meinen Apparat zu gebrauchen, als Brumme sich anschickte, den Baum herunterzukommen, wobei sie die Zähne bleckte und ihr bedrohliches Husten hören ließ. Während ich noch überlegte, was am besten zu tun sei, hörte ich eine Stimme hinter mir aus der Ferne rufen: „Sie, Herr, passen Sie auf!"

Ich drehte mich um und sah den Cowboy vom Hotel auf seinem Pferde. Er war nach dem Vieh ausgewesen und kam zufällig in dem Augenblick vorüber, als die Entwicklung der Dinge dem Höhepunkt zuzustreben schien.

„Kennen Sie diese Bären?" fragte ich, als er näher ritt.

„Ich denke wohl", sagte er. „Das Junge da auf der Spitze ist Jochen: er ist nicht recht gescheit. Und die Große ist Brumme, mit der ist's auch nicht ganz richtig. Sie ist an sich schon unzuverlässig, aber wenn Jochen so heult, wird sie geradezu eklig."

„Ich möchte gern ihr Bild haben, wenn sie 'runter kommt", sagte ich.

„Na schön, aber passen Sie auf! Ich will auf dem Pony hier bleiben, und sollte sie Ihnen was am Zeug flicken wollen, kann ich sie fortkriegen, denke ich."

So hielt er neben mir, als Brumme langsam von Ast zu Ast, heulend und drohend, herabkam. Aber als sie sich dem Erdboden näherte, hielt sie sich auf der von uns abgewendeten Seite des Stammes, rutschte dort herunter und lief eiligst davon, dem Walde zu, ohne auch nur im geringsten daran zu denken, ihre Drohungen wahr zu machen. Jochen war allein gelassen. Er kletterte zu seinem alten Standort empor und nahm sein eintöniges Winseln wieder auf: „Wah-Wah- Wah!" (ach Mutter, ach Mutter, ach Mutter!).

Ich machte die Kamera zurecht, wollte ihn in seiner Lieblingshaltung da oben auf die Platte bekommen, als er auf einmal wieder anfing, den Hals zu verdrehen und gellende Schreie auszustoßen, wie vorhin während der Kampfszene.

Als ich der Richtung folgte, nach der seine Nase wies, sah ich den Grisly gerade auf mich zukommen, zwar nicht feindlich, aber doch recht bestimmt.

„Kennen Sie den?" fragte ich meinen jungen Freund.

„Freilich kenn' ich ihn. Er ist der größte Bär im Park. Im allgemeinen läßt er andere in Ruhe, aber fürchten tut er sich vor nichts, und heute, wo er sich mit andern gekratzt hat, da könnte er leicht unangenehm werden."

„Auch sein Bild möchte ich haben", sagte ich, „und wenn Sie mir helfen, so will ich gern ein Risiko auf mich nehmen."

„Gut", meinte der Cowboy grinsend. „Ich bleibe auf dem Pferde neben Ihnen, und wenn er Sie angreift, werde ich ihn auch angreifen. Einmal kann ich ihn zwingen, nicht aber zweimal. Sie werden daher besser tun, sich einen Baum auszusuchen..."

Da sich nur ein einziger Baum in der Nähe befand, Jochens Baum, so war die Aussicht nicht eben verlockend. In aller Eile malte sich meine Phantasie das Bild aus, wie ich hinaufkroch bis in Jochens Gebiet, und wie dann seine Mutter hinter mir her kletterte, während der Grislybär unten stand, um mich aufzufangen, wenn Brumme mich hinunterwarf.

Der Graue kam auf mich zu, und ich knipste, als er vierzig Meter von mir entfernt war, und dann in einem Abstand von zwanzig Metern noch einmal; aber er kam unbeirrt näher. Ich setzte mich auf den Abfallhaufen und machte mich bereit. Achtzehn Meter – sechzehn Meter – zwölf Meter – acht Meter, und immer rückte er noch näher, während Jochens gellende Proteste an Tonhöhe zunahmen. Am Ende blieb er in einer Entfernung von fünf Metern stehen und schwang sein zottiges Haupt nach einer Seite, um zu sehen, woher der herzzerreißende Lärm im Baumwipfel komme. Dabei bot er mir seine Profilansicht, und ich knipste zum dritten Male. Bei dem leisen „Klick!" wandte er sich mit einem donnernden, dumpfen Gebrüll mir zu, und ich saß still und bebend und glaubte mein letztes Stündlein gekommen. Eine Sekunde starrte er mich an, und ich konnte in jedem Auge einen kleinen grünen Funken wahrnehmen. Dann wandte er sich langsam ab und langte sich – eine Tomatenbüchse.

Himmel, dachte ich, will er mir die an den Kopf werfen? Aber er leckte sie bedächtig aus, warf sie weg und nahm eine andere, ohne sich weiter um mich oder Jochen zu kümmern; offenbar hielt er uns beide seiner ferneren Beachtung für unwürdig.

Langsam und ehrerbietig entfernte ich mich aus dem Bereich seiner majestätischen Person und ließ ihn in ungestörtem Besitz des Müllhaufens, während Jochen auf seinem luftigen Sitz weitergrölte.

Wo Brumme geblieben war, kann ich nicht sagen. Jochen aber, der bald merkte, daß keine mitfühlende Seele seines Gewinsels achtete, hörte damit klugerweise auf. Da jetzt keine Mutter nach ihm sah, fing er an, selbst für sich zu sorgen und zeigte sich als recht kluges Bürschchen. Nachdem er mit einem außerordentlich schlauen Ausdruck auf seinem kleinen schwarzen Gesicht einen Augenblick erlauert hatte, wo der Grislybär gerade etwas weiter weg war, rutschte er lautlos hinter dem Stamm zu Boden, rannte trotz seiner Dreibeinigkeit äußerst hurtig zum nächsten Baum und gönnte sich keinen Augenblick zum Atemholen, bis er auf der höchsten Spitze angekommen war. Er war nämlich überzeugt, daß der Grisly kein anderes Ziel verfolge, als ihn umzubringen, und schien ganz genau zu wissen, daß sein Feind nicht auf Bäume klettern konnte.

Nachdem er den Riesen, der ihm nicht die geringste Beachtung schenkte, aufs neue lange und gespannt beobachtet hatte, wagte er eine neue Expedition nach dem nächsten Baum und machte dabei noch hin und wieder den Versuch, den Grisly durch eine Finte irrezuführen. So eilte er von Baum zu Baum und kletterte jedesmal in den Wipfel, auch wenn er nur drei Meter zum nächsten zu laufen hatte, bis er im Walde verschwunden war. Nach Verlauf von zehn Minuten etwa trug der Wind wieder seine Stimme herbei, und zwar sein gewöhnliches Geplärr, ein Beweis, daß er seine Mutter wiedergefunden hatte und sein altes Spiel von neuem begann.

Bei den Bären ist es Sitte, die Jungen, wenn sie es nötig haben, zu züchtigen, und hätte Brumme ihren Jochen auch nach dieser Methode erzogen, so wäre ihr und ihm viel Plage erspart geblieben.

Es wird kaum ein Tag in jenem Sommer vergangen sein, ohne daß Brumme um Jochens willen leiden mußte. Aber das Schlimmste war doch das, was sich kurz nach der Geschichte mit dem Grisly zutrug.

Zuerst erzählten mir drei abgehärtete Bergjäger davon. Da sie gegen jeden Zweifel an ihrem Wort sehr empfindlich und außerdem vorzügliche Revolverschützen waren, glaubte ich alles, was sie mir mitteilten, aufs Wort; in der Tat wurde mir später alles von den Parkbeamten bestätigt.

Von allen Konservenbüchsen in dem Haufen schienen Jochens Geschmack diejenigen am besten zu entsprechen, die mit dem farbenprächtigen Bild einer großen Pflaume geziert waren. Schon der Geruch dieser Fruchtkonserve versetzte Jochen in Begeisterung. Als nun einmal der Hotelkoch Pflaumenkuchen buk und der Wind die Kunde davon weit fort in den Wald trug, gelangte sie auch in Jochens lüsterne Nase.

Natürlich jammerte Jochen wieder, und da seine Mutter gerade bei seiner Toilette war, so glaubte er, doppelte Veranlassung zum Wimmern zu haben. Aber der Duft des Pflaumenkuchens riß ihn fort; er sprang auf, und als seine Mutter ihn halten wollte, schrie er und war sogar so unartig, sie zu beißen. Dafür hätte sie ihm eine Ohrfeige geben sollen; sie tat es aber nicht, sondern begnügte sich mit einem mißbilligenden Brummen und folgte ihm, damit ihm kein Leid geschähe.

Seine kleine schwarze Nase im Wind, fand Jochen den geradesten Weg zur Küche, war jedoch so vorsichtig, von Zeit zu Zeit auf den Wipfel einer Tanne zu klettern und Umschau zu halten, während Brumme unten Wache hielt.

So kamen sie dicht bis zur Küche; da aber verließ Jochen der Mut. Er blieb in der Krone des letzten Baumes und drückte seinen Appetit auf Pflaumenkuchen durch klägliches Geheul aus.

Wahrscheinlich wußte Brumme sehr genau, wonach ihrem Sohn der Sinn stand. Als sie sich aber trotzdem in den Wald zurückbegeben wollte, protestierte Jochen durch ein so maßloses, herzzerreißendes Jammern, daß sie es nicht fertigbrachte, von ihm wegzugehen, und er seinerseits zeigte nicht die geringste Neigung, herunterzukommen und sich fortführen zu lassen.

Übrigens war Brumme selbst auch keine Verächterin von Pflaumenkuchen und folgte dem verlockenden Duft vorsichtig bis zur Küchentür.

Darin lag an sich nichts Erstaunliches. Der Grundsatz „leben und leben lassen“ gilt im Park so uneingeschränkt, daß sich die Bären oft an der Küchentür einstellen, ein paar Brocken in Empfang nehmen und dann ruhig in den Wald zurückgehen. So ist anzunehmen, daß auch in diesem Falle Jochen und Brumme zu einem Stück Pflaumenkuchen gekommen wären, wenn...

In jener Woche hatte sich der Hotelinhaber eine neue Katze aus dem Osten schicken lassen. Sie war zwar noch ziemlich jung, hatte

aber schon eigene Kinder, und gerade als Brumme zur Küchentür kam, sonnte sich die Katzenfamilie auf der obersten Stufe. Als Mieze einmal ihre schläfrigen Augen aufmachte, sah sie das mächtige zottige Ungeheuer vor sich.

Bis dahin hatte sie noch nie einen Bären gesehen. Was ein Hund war, wußte sie natürlich, und hier sah sie einen größeren und schrecklicheren Hund als je in ihrem Leben. Ihr erster Gedanke war Flucht. Aber sogleich fielen ihr die Jungen ein. Die durfte sie nicht im Stiche lassen und mußte mindestens deren Rückzug decken! So reckte sie sich als tapfere kleine Mutter auf der Schwelle, machte den Rücken krumm, spreizte die Krallen, sträubte die Haare und miaute dem Feind ein nicht mißzuverstehendes Halt! entgegen.

Wenn ihr die Mundart auch neu war, so verstand Brumme die Bedeutung vollkommen, denn die Zuschauer behaupten steif und fest, Brumme habe nicht nur haltgemacht, sondern zum Zeichen der Ergebung nach Landessitte sogar die Hände, das heißt die Vordertatzen hochgehoben.

Während sie aber so dastand, machte die Katze ihr gegenüber einen so winzigen Eindruck, daß Brumme sich vor sich selber schämte. Sie war vor einem Grislybär nicht zurückgewichen, und nun sollte sie sich von so einem jämmerlichen, kleinen, dünnschwänzigen Kerl, nicht größer als ein ordentlicher Bissen, abhalten lassen? Dazu kam, daß Jochens verlangendes Winseln aufs neue ihr Ohr traf und sie anfeuerte.

Sie ließ sich auf alle viere nieder und wollte weitergehen. Wieder miaute die Katze: Halt! Aber Brumme kehrte sich nicht an das Gebot. Da stärkte das ängstliche Miauen eines Jungen den Mut der Katzenmutter, und sie schleuderte dem Angreifer ihr Ultimatum entgegen, und dieses Ultimatum war sie selbst. Achtzehn scharfe Krallen und ein Maul voll scharfer Zähnchen schlug Mieze mit verzweifelter Energie in Brummes empfindliche Nase, gerade dort, wo ein Bär es am wenigsten vertragen kann, und dann sprang sie schnell nach hinten, so daß sie außerhalb des Bereichs der Bärenklauen war. Nach mehreren vergeblichen Versuchen, die kleine Furie abzuschütteln, wurde es Brumme denn doch zu viel, und sie tat, was wohl die meisten Geschöpfe unter solchen Umständen getan hätten: Sie machte kehrt und nahm Reißaus, bis sie aus dem Gebiet des unheimlichen Feindes in ihren gewohnten und sicheren Wald gelangt war.

Aber Miezes Kampfbegierde war jetzt erregt. Sie begnügte sich

nicht damit, den Feind zu vertreiben, sie wollte ihm eine vernichtende Niederlage bereiten. Und so schnell Brumme auch laufen mochte, es half alles nichts, die Katze ließ nicht locker und gebrauchte ihre Zähne und Krallen wie ein kleiner Teufel. Brumme wurde nun vor panischem Schrecken wie besessen. Haarbüschel bezeichneten die Spur des absonderlichen Paares, und auch an „Blutvergießen“ fehlte es nicht. Den Forderungen der Ehre war nun sicher Genüge getan, aber Mieze war noch nicht befriedigt. In tollem Kreise bewegte sich der wilde Lauf. Brumme war wie von Sinnen und hätte sich gern ergeben. Aber Mieze war taub gegen all ihr hustendes Angst- und Wutgeheul, und wer weiß, wie lange die Katze ihren Ritt fortgesetzt hätte, wenn nicht Jochen durch sein allerschönstes Gewinsel vom Baumwipfel herunter seine Mutter auf einen neuen Gedanken gebracht hätte. Sie stürzte auf diesen Baum zu und begann hinaufzuklettern.

Da hielt es die Katze, die sich jetzt ganz in Feindesland fühlte, für geraten, vom Feind abzulassen. Sie sprang vom Rücken der Bärin auf den Boden hinunter und stellte sich hier als Schildwache auf, indem sie mit steil erhobenem Schwanz um den Stamm herumging und stolze Herausforderungen hinaufschrie. Auch die kleinen Kätzchen waren inzwischen herbeigehüpft, setzten sich um den Stamm und freuten sich königlich über den Spaß. Und die Bären säßen – so versicherten mir die Bergjäger, denen ich diesen Teil meiner Geschichte verdanke – noch auf dem Baum, wäre nicht der Hotelkoch herausgekommen, um die Katzen ins Haus zu holen.

Als ich Jochen zum letztenmal sah, saß er auf einer Baumspitze und jammerte wie gewöhnlich, während seine Mutter unter den Bäumen herumlief und jemand – irgend jemand – suchte, den sie um ihres Jochens willen zur Rechenschaft ziehen könnte, natürlich durfte es kein großer Grislybär und keine Katzenmutter sein.

Das war früh im August, und es gab zu dieser Zeit nicht mißzuverstehende Anzeichen dafür, daß Brumme nicht mehr die alte war. Sie galt von jeher bei denen, die sie am besten kannten, als unzuverlässig, und selbst ihre Zärtlichkeit für Jochen schien jetzt wankend zu werden. So kamen für Jochen, als der Monat vorrückte, böse Zeiten, und er mußte Ende August manchmal halbe Tage oben im Baum, in Einsamkeit, Jammer und völliger Verlassenzeit zubringen.

Der letzte Akt seiner Lebenstragödie spielte sich ab, als ich schon die Gegend verlassen hatte. Eines Tages in aller Herrgottsfrühe zottelte er hinter seiner Mutter her, die sich in der Nähe des Hotels herumtrieb. Eine Irin, die eben erst in Dienst getreten war, machte sich schon in der Küche zu schaffen. Als sie einmal hinausblickte, glaubte sie ein Kalb zu bemerken, das sich aus dem Stall entfernt hatte, und lief, um es zurückzuscheuchen. Die offene Küchentür erweckte in Brumme so entsetzliche Erinnerungen, daß sie in panischem Schreck davonrannte. Der von ihrer Furcht angesteckte Jochen war nicht imstande, mit ihr Schritt zu halten; er eilte daher dem nächsten Stamme zu, der sich aber als ein Pfahl erwies, dessen Spitze er bald, nur zu bald erreicht hatte. Dort, nur etwa zwei Meter über dem Erdboden schrie er sein Weh in der gewohnten Weise in die frostige Morgenluft, während Brumme ungehemmt ihre Flucht allein fortsetzte. Als die Magd näherkam und sah, daß sie ein „wildes Tier" aufgespürt hatte, war sie nicht weniger erschrocken als der kleine Bär. Andere Mitglieder des Küchenstabes waren inzwischen herbeigekommen und erkannten den tönereichen Jochen. Sie beschlossen, ihn zu fangen.

Ring und Kette wurden herbeigebracht, und nach einem kurzen Kampfe, der verschiedenen vom Küchenpersonal böse Kratzer eintrug, war dem armen Jochen der Ring um den Hals gelegt und die Kette am Pfahl festgemacht.

Als der Kleine sich gefangen fühlte, gebärdete er sich wie toll und konnte vor Wut keinen Ton hervorbringen. Er biß, kratzte und riß, bis er vor Müdigkeit nicht mehr konnte. Dann erhob er seine Stimme zu ihren höchsten Tönen, um seine Mutter zu Hilfe zu rufen. Sie ließ sich auch in der Ferne ein paarmal sehen, konnte es aber nicht über sich gewinnen, noch einmal in den Bereich der Katze zu kommen; so wandte sie sich wieder ab und überließ Jochen seinem Schicksal.

Den größten Teil des Tages verbrachte er abwechselnd mit Toben und Schreien. Gegen Abend hatte er sich völlig erschöpft und nahm gern das Futter an, das ihm Nora, das irische Dienstmädchen, brachte; denn sie fühlte sich verpflichtet, selbst die Mutterrolle bei Jochen zu übernehmen, nachdem sie seine natürliche Mutter fortgetrieben hatte.

Abends wurde es recht kalt, aber Jochen erfror fast auf der Spitze des Pfahls, ehe er sich dazu verstand, herunterzukommen und von der warmen Lagerstätte Gebrauch zu machen, die ihm bereitet war.

In den folgenden Tagen fand sich Brumme öfters auf dem Futter-

platz ein, vergaß aber bald ihren Sprößling. Dieser wurde von Nora gut versorgt, sie brachte ihm alles, was er zur Leibesnahrung nötig hatte und noch mehr. Eines Tages kratzte er sie, während sie ihn fütterte, und dafür erhielt er eine Tracht Hiebe. Ein paar Stunden lang schmollte er, denn solche Behandlung war er nicht gewohnt. Aber der Hunger machte ihn kirre, und hinfort bewies er seiner neuen Erzieherin die gebührende Achtung. Nora ihrerseits fühlte sich zu dem kleinen, elenden, mutterlosen Geschöpf immer mehr hingezogen, und nach zwei Wochen schon fing Jochen an, artiger zu werden und viel weniger Lärm zu machen. Nur wenn er hungrig war, wimmerte er leise vor sich hin: „Er-r-, Er-r-, Er-r-", aber er heulte nur noch selten, und seine Tobsuchtsanfälle hatten aufgehört.

In der dritten Septemberwoche war der Umschwung noch merklicher. Von seiner Mutter im Stich gelassen, fühlte er sich nun völlig zu Nora hingezogen, die ihn fütterte und streichelte und unter deren Leitung er ein ganz manierlicher kleiner Bär zu werden versprach. Hin und wieder ließ sie ihn eine Weile frei, und er benutzte diese Freiheit nicht, um in den Wald davonzulaufen, sondern um seiner Pflegemutter in die Küche zu folgen und sich dort an ihre Fersen zu heften. In der Küche machte er auch die Bekanntschaft jener schrecklichen Katze; aber da Jochen jetzt eine mächtige Freundin hatte, söhnte sich Mieze endlich mit dem schwarzen, zottigen Eindringling aus.

Da das Hotel im Oktober geschlossen werden sollte, so war die Rede davon, Jochen freizulassen oder ihn in den Zoologischen Garten nach Washington zu geben; aber Nora hatte Ansprüche, auf die sie nicht verzichten wollte.

Als die letzten Septembertage Nachtfröste brachten, war Jochen viel artiger geworden, er hatte sich aber auch einen bösen Husten geholt. Eine gründliche Untersuchung seiner Lahmheit hatte schon vorher ergeben, daß die Schwäche nicht im Fuß, sondern in der Hüfte lag, was auf eine schwache, anfällige Konstitution deutete.

Er wurde nicht fett, wie es bei den Bären im Herbst die Regel ist, im Gegenteil, er wurde noch magerer. Sein kleiner runder Wanst sank ein, der Husten wurde immer schlimmer, und eines Morgens fand man ihn sehr krank und fiebernd auf seinem Lager neben dem Pfahl. Nora brachte ihn ins Haus, wo ihm die Wärme wohltat, und von nun an blieb er immer in der Küche.

Ein paar Tage schien es besser zu gehen, seine frühere Neugierde

und Lust am Zuschauen erwachte von neuem. Das lodernde Herdfeuer hatte es ihm besonders angetan und ließ ihn sich in seiner alten Lieblingsstellung aufsetzen, wenn die Öffnung der Herdtür das Wunder zu Gesicht brachte. Nach einer Woche hatte aber auch das keinen Reiz mehr für ihn, und er wurde von Tag zu Tag gleichgültiger. Schließlich konnten auch die aufregendsten Geräusche und Szenen ihn nicht mehr aufmuntern.

Sein Husten verschlimmerte sich, und er fühlte sich offenbar sehr elend, außer wenn Nora ihn auf dem Schoße hatte. Hier rollte er sich behaglich zusammen und winselte zum Erbarmen, wenn sie ihn wieder in seinen Korb legen mußte.

Wenige Tage vor Hotelschluß wies er sein gewohntes Frühstück zurück und wimmerte leise, bis Nora ihn auf den Schoß nahm; leicht schmiegte er sich an sie, und sein weiches „Er-r-r, Er-r-r-" wurde schwächer und hörte schließlich ganz auf. Als sie ihn eine halbe Stunde später weglegte, um an ihre Arbeit zu gehen, da war Klein Jochen tot.

SCHAUM

Leben und Abenteuer eines Wildschweins

Die Mutter

Sie war ein ganz gewöhnliches Wildschwein in den Wäldern Südvirginias, langbeinig und langschnauzig, mit starken Schultern, festen und strammen Flanken und im Besitz scharfer, weißer Hauer, die, wenn auch kurz, doch immer noch lang genug waren, jedem Hund, der mit ihr anzubinden wagte, Schrecken einzuflößen. Den Sommer über strich sie in den Engtälern bei Pruntys Farm herum, und im Winter, wenn der Lebensunterhalt knapp war, wurde sie, der Not gehorchend, Kundin des Pruntyschen Scheunenhofes, der eine Art Kantine darstellte, wo sich die verschiedenartigsten Besucher fanden, um sich an den aufgespeicherten Vorräten oder am Abfall gütlich zu tun.

Jetzt war das Frühjahr vorüber, der helle Sommer hatte angefangen; das stellten Gimpel und Rotkehlchen mit ihren Weisen fest, so wie es ja auch der Weißdorn verkündete. Da wanderte Frau Wildschwein, mit ihren hell bewimperten Äuglein blinzelnd, aus ihrem Schlupfwinkel hervor. „Ganz Nase" schnüffelte sie den Boden ab und ließ merkwürdigerweise das unweit liegende Korn, das sie sicher gerochen hatte und am Tage vorher aufgenommen hätte, unberührt. Aber sie war voll Unruhe und schnüffelte weiter, bis sie den Bach fand, wo sie gierig trank. Dann ging sie langsam durch den Bach und wanderte in den Wald. Sie horchte gespannt und blickte mehrmals zurück, durchquerte das Wasser noch zweimal – ja, so machen sie's, um der Verfolgung zu entgehen – und wanderte vorwärts, bis sie weitab im Dickicht einen umgestürzten, entwurzelten Baum erreichte. Dort war sie schon früher gewesen, und eine Schicht von Gras und Blättern zeigte den Anfang eines Lagers. Nachdem sie es gründlich berochen hatte, sammelte sie aus der Umgebung noch mehr Gras dazu, hielt aber regelmäßig ganz starr inne, wenn ihr der Wind einen ungewohnten Laut zutrug. Mehrmals ging sie fort, kam jedoch immer bald zurück und legte sich unruhig auf das zurechtgemachte Nest.

O Mutter Natur, was für eine schwere Hand legst du auf die Mutterschaft in den Dörfern, wo die Hilfe so nahe ist! Und wie gütig bist du zu dem Tier der Wildnis, das die Prüfung ganz allein bestehen muß! Wie doppelt gesegnet ist es mit seiner Kraft und schnellen Befreiung! Als die Morgensonne aufging, warf sie einen Augenblick einen rosigen Schein unter das alte, verkrümmte Wurzeldach und sah da eine Brut von hingeschmiegten, rosaschnauzigen Frischlingen, deren Mutter sie wie ein lebendiger Schutzwall gegen die Außenwelt deckte.

Junges Leben ist immer schön, und wer das Schwein als eine Verkörperung gemeiner Sinnlichkeit, des Schmutzes und der Gier auffaßt, der würde mit Verwunderung die kindliche Schönheit dieser Brut und die Vollkommenheit der Mutterliebe bemerkt haben. Für die hübschen, runden Formen oder die weichen, reinen Farben hatte die Alte kein Auge, aber sie liebte die Jungen mit all ihrer bald völlig wiedergewonnenen Kraft. Und wenn die Kleinen mit wachsender Lebensstärke und bei steigendem Nahrungsbedürfnis schnüffelten und den Körper der Mutter mit dem Schnäuzchen nach ihrer Nahrungsquelle absuchten, dann gewährte die doppelte Reihe der Zitzen das doppelte Entzücken der Mutterfreude. Solange die Kinder ihr nicht folgen konnten, geizte sie mit den Augenblicken, wenn sie wegschlüpfen mußte, um den dringendsten Hunger und Durst zu stillen; stets blieb sie in Hörweite und des leisesten Rufs gewärtig.

Den ganzen Winter hatte sie unweit des Scheunenhofes zugebracht. Aber als die Kleinen laufen konnten, führte die Mutter sie tiefer in den Wald. Und die lustige, übermütige Jungmannschaft, die ihre Rüsselchen in alles bohrte, was nah und weich war, nahm schnell an Kraft zu und erwarb sich eine wunderbare Kenntnis der Waldgerüche. Da gab's im Maiwalde massenhaft eßbare Dinge. Jede kleine zeitigblühende Pflanze hat eine nahrhafte Wurzel oder Zwiebel. Jede der Blüte folgende Frucht ist eine Nahrung. Und sollte diese etwa giftig sein – und so etwas gibt es –, so hat Mutter Natur einen abstoßenden Geruch, einen eigenartigen Beigeschmack oder einen Stachel dazugetan, was den waldklugen Frischlingen als Warnung gilt und die Frucht für die rastlosen, fingerartigen, neugierigen Näschen der munter quiekenden Schar unangenehm macht. Das wußte die Mutter alles, das lernten die Jungen von ihr und vermöge ihres Geruchsinnes.

Eines von ihnen, ein lebhaftes Kerlchen mit rötlichem Haar, hatte ein ganz besonderes Erlebnis. Noch konnten die Jungen nicht mitessen, aber die Mutter grub den ganzen Tag Wurzeln aus und verzehrte sie, und die Jungen eilten hin und berochen jeden neuen Platz, den sie aufgrub. Larven begrüßte sie als Wurzeln höherer Art, und die Kinder schnüffelten Beifall. Da ließ sich ein sonderbares, breites, summendes Fliegeding mit gelben Streifen auf einem Blatt neben Rotkopfs Rüsselchen nieder. Er betappte es mit seiner Nasenspitze. Und dann – dann tat es etwas, das er nicht verstand, aber ach, wie tat's ihm weh! Er stieß ein leises „Wauk" aus und trabte zur Mutter. Seine kurzen Borsten sträubten sich, und er schlug seine kleinen Kiefer zusammen, bis sie schäumten und die weißen Flocken an seinen Backen hingen. Eine Sonnenzeit und eine Nacht verging, ehe Klein Schaumkiefer darüber hinweggekommen war; aber ernstlichen Schaden tat es ihm nicht, und er behielt es im Gedächtnis.

Über eine Woche lebten sie schon im Walde, als ein Ereignis eintrat, aus dem sich ergab, wie ganz anders sich jetzt die Mutter ihrer Familie wegen verhielt. Es ließen sich nicht weit vor ihnen starke, dumpfe Geräusche hören, die näher kamen. Die Mutter kannte sie gut, es waren Männertritte. In den Scheunentagen hatte ein solches Geräusch immer eine baldige Freßgelegenheit verheißen, aber jetzt dachte sie an ihre Brut. Der könnte vielleicht Gefahr drohen. Sie wandte sich daher herum, stieß ein leises „Wuf" aus, das die Jungen ängstlich machte. Das hatten sie noch nie gehört! Und als die Mutter sich umdrehte und schnell davonging, drängten sich die Jungen in langer, stiller Reihe hinter ihr her, Schaumkiefer dicht am Schwanz der Mutter.

Dies war nur ein unbedeutendes Ereignis, und doch war es ein Wendepunkt, denn mit dem Scheunenhof und seinen Leuten hatte die Mutter samt ihren Kleinen ein für allemal gebrochen.

Lisette und der Bär

Lisette Prunty war jetzt ein großes Mädchen; sie zählte dreizehn Jahre und fürchtete sich nicht, allein in die Berge zu gehen. Der Juni mit seinen süßen Stachelbeeren lockte in den Wald, und Lisette ging hinaus. Wie kommt es, daß die Beeren gerade oben immer größer, reifer und zahlreicher sind als die in der Nähe? Lisette eilte aufwärts, weiter vom Hause weg als je zuvor. Da hämmerte ein Specht auf

einen hohlen Stamm ein. Meine Güte, wie laut das klang! Lisette lauschte mit offenem Munde. Da drang ein anderer Ton an ihr Ohr, ein lautes „Sniff, Sniff". Die Büsche bewegten sich, und heraus trat ein mächtiger, schwarzer Bär.

Auf ihr leises erschrecktes „Oh!" blieb der Bär stehen, richtete sich zu seiner vollen Größe auf, starrte das Mädchen an und ließ alle paar Sekunden ein lautes, weittönendes „Wuuf" hören. Die arme Lisette war wie gelähmt und konnte weder reden noch sich bewegen. Sie blieb eben stehen und starrte auch ihrerseits unverwandt den Bären an, so daß sie wie zwei Bildsäulen einander gegenüberstanden.

Jetzt wurde ein neues Geräusch laut: ein tiefes Grunzen und viele hohe, piepsige Grunztöne. Ein ganzes Rudel Bären! dachte die arme Lisette; aber davonzulaufen war sie außerstande. Sie starrte nur nach der Richtung, aus der das neue Geräusch kam, und das gleiche tat der Bär.

Als sich diesmal das Gebüsch teilte, wurde nicht ein Haufen Bären sichtbar, sondern das alte Wildschwein, das schon so lange im Hof vermißt wurde, und ihre zappelige, grunzende Brut.

Sehr selten tut ein Bär einem Kinde etwas zuleide, aber sehr selten läßt er sich Schweinefleisch entgehen. Das schwarze Ungetüm ließ sich auf alle viere nieder und ging auf die Mutter und ihre Familie los.

Das wilde, trotzige Grunzen der Mutter hätte wohl jedes andere Tier stutzig gemacht, denn die Wildsau hatte scharfe Hauer und mächtige Kiefer und stämmige Beine, und die Flanken waren wohl bepanzert mit doppelter Haut und borstiger Decke, und in ihr schlug – ein opferwilliges Mutterherz.

Sie stand fest auf dem Boden und sah dem Feind ins Auge, während die Kleinen Angstlaute ausstießen und sich an sie drängten oder hinter ihr versteckten; nur Schäumchen stand mit gerecktem Kopf da und beobachtete den furchtbaren Gegner.

Auch ein Bär muß sich vorsehen, wenn sich eine Wildschweinmutter für ihre Jungen zur Wehr setzt, und er ging um die Gruppe herum, während sie sich immer drehte und ihm die Stirn bot. Da sie sich in ein schützendes Gebüsch zurückgezogen hatte, war nur ein Angriff von vorn möglich. Und der Bär ging hierhin und dorthin, fand aber keine gute Gelegenheit, den Kampf aufzunehmen, denn die Mutter stand ihm immer gegenüber, und die drohenden, schwerbewaffneten Kiefer waren keine Kleinigkeit.

Dann ging der Bär auf sie los, machte aber bald halt. Die Mutter, die ihn keinen Augenblick aus den Augen ließ, sah ihn stocken und schritt nun selbst zum Angriff. Sie riß ihm einen Arm auf und biß die andere Tatze; aber jetzt war er an ihr, und im Nahkampfe war der Vorteil ganz auf der Seite des Bären. Mit einem Schlag betäubte er sie, zerschlitzte ihr die Seiten und zermalmte ein Bein. Er umfaßte sie mit solchem Nachdruck, daß ihr der Atem verging, während die Krallen seiner Hinterpranken sie zerfetzten. Als die beiden Tiere so auf Leben und Tod rangen, kam Lisette zur Besinnung, und da sie sich wieder als Herrin ihrer Glieder fühlte, wandte sie sich und floh heimwärts.

Der Findling

„O Vater, es war entsetzlich. Gerade bei Kogars Creek (zeitweise trockener Bach)! In einer halben Stunde kann ich dich hinführen."

So kam der Vater mit Hund und Gewehr. Lisette führte, und bald waren sie in den Stachelbeerbüschen bei Kogars Creek. Raubvögel kreisten über dem Platz, als sie näher kamen. Sie fanden die Stelle leicht. Da lag die treue Mutter, zerrissen und halb verschlungen. Unter ihrem Körper und nahebei lagen die Jungen, die ein Tatzenschlag zerschmettert hatte.

Prunty murrte und schimpfte bei jeder neuen Entdeckung, und Lisette weinte. Der Hund aber hörte nicht auf, auf etwas loszubellen, das sich weiter weg unter dem Gebüsch befand. Und sieh, da setzte sich gegen ihn ein rotköpfiges Schweinchen tapfer zur Wehr, das mit seinen kleinen Kiefern klappte, bis der Schaum flockte, und das dem neuen Schrecken laut quiekend Trotz bot.

„Hallo, da ist ja eins entgangen!" rief der Vater. „Ist's nicht ein keckes Kerlchen?" Während nun Schäumchen heldenmütig dem Hunde die Zähne wies, langte der Vater von hinten durch das Gebüsch, faßte den Frischling am Hinterbein, hob ihn trotz allem Quieken, Strampeln und Beißen in die Höhe und ließ ihn in seiner Jagdtasche verschwinden.

„Armer kleiner Kerl, sieh nur, wie seine Nase zerkratzt ist! Er muß hungrig sein. Ich fürchte, er ist noch zu jung; man kann ihn nicht am Leben erhalten."

„Oh, laß ihn mir, Vater; ich will ihn aufziehn!" und so wurde Lisettes moralischer Anspruch auf Schäumchen auf der Stelle anerkannt.

Prunty hatte eine große Bärenfalle herangeschleppt und stellte sie nun bei dem Körper des Opfers auf. Aber er fing nur einen unglücklichen Vogel. Der Schwarzbär war zu schlau, sich mit solchen Mitteln fangen zu lassen.

Schwein, Ente und Lamm

Armes kleines Schäumchen! Er war so hungrig, so schutzlos und sein Rüssel von den Bärenkratzern gar schlimm zugerichtet. Er wußte nicht, daß Lisette seine Freundin war und schnappte trotzig mit seinen kleinen, zahnlosen Kiefern nach ihr, als sie ihn in die Kiste steckte, die nun sein Heim sein sollte. Sie wusch ihm die verletzte Nase, sie brachte ihm warme Milch in einer Untertasse; aber Schäumchen begriff nicht. Stunden vergingen, und noch immer lag er geduckt in regloser Verzweiflung. Dann kam Lisettes alte Amme mit einer Saugflasche. Schäumchen stieß, quiekte und schlug die Kiefer zusammen, aber starke Hände wickelten ihn in ein Tuch, und die Flasche wurde an sein offenes Mäulchen gehalten. Was herauskam war warm und süß. Er konnte nicht anders als saugen, wie es auch jedes andere Junge getan hätte. Und als die Flasche leer war, schlief er den langen, süßen Schlaf, den er so sehr nötig hatte.

Kann man jemandem helfen, so flößt einem das auch Liebe zu dem Schützling ein. So war Lisette liebreich gegen den kleinen Schaum; aber er kannte sie nur als ein großes, gefährliches Ding und haßte sie. Jedoch nicht lange. Er war ein kluges kleines Geschöpf, und noch ehe sein Schwänzchen sich zu ringeln anfing, wußte er, daß er Lisette herbeirufen konnte, wenn er quiekte; von da an entwickelte sich durch die tägliche Übung eine machtvolle Stimme.

In einer Woche hatte sich alle Scheu verloren. Jetzt wurde er in einen Stand im Stall verbracht. Nach einem Monat war er so zahm wie eine Katze, ließ sich gern den Rücken kratzen, und die Wunde an seinem Rüssel war geheilt, allerdings blieb eine häßliche Narbe zurück.

Dann traten zwei Gefährten in sein Leben, eine Ente und ein Lamm, sonderbare Geschöpfe, die Schaum aus seinen weißbewimperten Äuglein sehr scharf musterte – mit Abneigung und ein wenig Eifersucht. Aber sie erwiesen sich als angenehme Schlafgenossen; sie hielten ihn schön warm. Und bald lernte er auch, sie als Spielzeug zu gebrauchen; denn das Lammschwänzchen war lang und ließ sich ziehen, und das Entchen konnte man auf den Rücken legen.

Der Stand im Stall war jetzt zu klein, aber ein eingezäunter Hof bot viel Platz. Hier konnte Schaum in dem hohen Unkraut nach Herzenslust tollen oder seine Spielkameraden necken oder sich vor seiner Pflegemutter verstecken. Ja, oft genug erhielt sie keine Antwort, wenn sie rief, suchte sie dann sorglich und ängstlich, dann fand sie den kleinen Kerl hinter ein paar Pflanzen versteckt. Er wußte nun, daß er entdeckt war, sprang, bei jedem Satz fröhlich grunzend, hervor, rannte im Kreise herum wie ein junger Hund, wich aus, wenn sie ihn fassen wollte, und war er des Spielens satt, dann ließ er sich fangen, unter der stillschweigenden Bedingung, daß ihm der Rücken gekratzt würde.

Im Zirkus haben die Leute oft mit Erstaunen abgerichtete Schweine als Geschöpfe übertierischer Intelligenz gesehen, und doch heißt es von einem blöden Menschen, er sei „saudumm". Daraus ist nur der Schluß zu ziehen, daß die Schweine sehr verschieden sind. Viele sind dumm, aber das Tier ist sehr entwicklungsfähig, und manche Vertreter des Schweinegeschlechts stehen in der vordersten Reihe tierischer Intelligenz. Auf der untersten Stufe finden wir das Fettschwein des Züchters, am höchsten ist das Wildschwein einzuschätzen, das auf seinen eigenen Witz angewiesen ist. Und bald stellte sich heraus, daß Schaum einen hohen Rang in seiner Sippe einnahm. Er war ein sehr gescheites Kerlchen. Dabei besaß er Sinn für Humor und zeigte eine aufrichtige Zuneigung zu Lisette.

Auf den schrillen Pfiff mit den Fingern zwischen den Zähnen, den ihr Vater sie gelehrt hatte, kam Schäumchen durch den Garten gelaufen, d. h., er kam, wenn er nicht gerade zu Spässen aufgelegt war und sich rein zum Vergnügen versteckte und das suchende Mädchen belauerte.

Eines Tages wichste Lisette ihre Schuhe mit einer wundervollen französischen Schmiere, die beim Eintrocknen ganz glänzend wurde. Das war wieder ein Tag, wo Schäumchen voll Übermut war. Er setzte das Lämmchen auf die Ente, rannte dreimal um Lisette herum, dann stellte er sich auf die Hinterfüße, setzte die Vorderfüße auf den Stuhl neben Lisettes Fuß und ließ dabei ein kurzes winselndes Grunzen hören, das bei ihm so viel hieß wie: „Bitte, gib mir was!" Dieser Bitte entsprach Lisette in unerwarteter Weise: Sie bestrich ihm die Vorderfüße mit der französischen Schwärze, die in einer Minute trocknete, und Schaums hellrosa Klauenhufe strahlten in glänzendem Schwarz. Das Verfahren war angenehm prickelnd, und Schäumchen blinzelte mit den Augen, rührte sich aber nicht, bis es vorüber war.

Dann beroch er noch nachdrücklich sein rechtes Vorderbein, dann sein linkes und grunzte wieder. Die ganze Sache war ihm neu, und er wußte nicht recht, was er daraus machen sollte, ließ es aber dabei bewenden. Bei seinem aufreibenden, tatfrohen Leben war die französische Politur bald dahin, und als Lisette das nächstemal ihr Wichszeug hervorholte, war auch Schäumchen zur Stelle, beroch die komische Paste und reichte seine Hufe wieder zur Behandlung hin. Die Empfindung mußte ihm angenehm gewesen sein; denn er hielt sich gesetzt und still, bis die Operation vorüber war, und seitdem stellte er sich regelmäßig ein und ließ sich seine Füßchen jeden Morgen blankwichsen.

Schaum als Beschützer

Hat das Schwein ein Gewissen? Was heißt Gewissen? Bedeutet es das Bewußtsein, daß man ein Gesetz bricht und daß dies Strafe mit sich bringen und ein weiterer Bruch noch schwerere Strafe heraufbeschwören wird, dann haben Tiere ein ihrem Verständnis entsprechendes Gewissen. Und Schaum mit seiner guten geistigen Veranlagung hatte, wenn er sich etwas zuschulden kommen ließ, Ankläger und Richter in seinem eigenen Herzen.

Es war ihm verboten, das Lamm, ein harmloses, einfältiges Geschöpf, und die Ente, die nicht so harmlos war, zu zausen. Schelte und Prügel waren ihm sehr verständliche Dinge, und weil sie das letzte Ergebnis waren, wenn er seine Spielkameraden geplagt hatte, erkannte er, daß dieses ergötzliche Vergnügen zu den Verbrechen gehörte. Mehr als einmal ließ seine Herrin, wenn er Muff jagte oder Fluff in die Buttermilch stieß, nur einen kurzen Pfiff hören, was zur Folge hatte, daß Schäumchen sich mit schuldbewußten Blicken davonmachte und im Gebüsch versteckte. Sicher regte sich da in ihm das schlechte Gewissen.

Nun geschah es eines Morgens, daß Lisette von ihrem Fenster über den Garten schaute und Schäumchen ganz still stehen sah, mit seitwärts geneigtem Kopf und blinzelnden Augen; nur die äußerste Spitze seines Schwänzchens rollte sich ein: gerade die Haltung, die er einnahm, wenn er Unfug im Sinn hatte. Sie wollte pfeifen, wartete aber noch einen Augenblick, um sich zu vergewissern. Das Lamm lag unter einem kleinen Verschlage wie schlaftrunken da. Plötzlich machte die Ente „Quak“ und rannte vom Gras weg zum Lamm, neben das sie sich hinduckte. Da stürzte auf einmal aus dem Gesträuch ein täppischer junger Hund hervor und fiel mit lautem Siegergekläff über die hilflose Ente her. Das war ein Spaß! Und auch das Lamm war so erschrocken, daß der tapfere Recke es furchtlos angriff.

„Jap, jap, jap!" Wie mutig so ein kleiner Hund sein kann, wenn sein Opfer davonläuft oder schutzlos ist! Die Ente quakte, das Lämmchen blökte jämmerlich, und der vom Erfolg berauschte, nach höchstem Hunderuhm lüsterne Köter stürzte auf das Entchen los, rupfte ihm ein Maulvoll Federn nach dem andern aus dem Rücken und hätte es in kurzer Frist in Stücke gerissen. Aber da ertönte ein anderer Laut, ein kurzes, heiseres „Gröff, gröff, gröff", der Kriegsschrei eines mutigen Schweines. Grunzen nennen wir es beim Schwein, beim Leoparden würden wir die gleichen Töne „kurzes Gebrüll" nennen; und dies stieß Schäumchen aus, als er auf der Bildfläche erschien. Jede Borste auf seinem Rücken war gesträubt, und aus den Äuglein blitzte ein grünliches Licht. Seine jetzt mit kleinen, aber scharfen und schnell größer werdenden Hauern bewaffneten Kiefer flogen auf und zu mit dem unheimlichen „Tschapp, tschapp", das den Schaum fliegen läßt, Kampfgier bekundet und dem Kenner sagt, daß die tief im Innern schlummernde Bestie geweckt ist. Nicht Liebe zur Ente, fürchte ich, sondern ein tiefwurzelnder Haß gegen den Wolf erfüllte ihn: „Ein Wolf brach in seine Hürde." Der Geist einer tapferen, streitfrohen Rasse flammte aus den mutigen Augen, kochte in seinem Blut. Schäumchen griff den Hund an!

War das eine Überraschung für den aufgeblasenen Raufbold! Er hatte gerade den Entenflügel gepackt und wollte seinen Besitzer triumphierend fortschleppen, als das wütende rote Schweinchen wie eine Lawine über ihn kam und ihm so an die Rippen fuhr, daß er einen Purzelbaum schlug. Sein jappendes Siegesgeschrei verwandelte sich in das Jammergeheul des Unterliegenden. Aufs neue war Schäumchen an ihm. Der Köter wollte ihm entrinnen; hinkend und durch sein mit Federn gefülltes Maul heulend, rannte er um den Verschlag. Schäumchen hinterher, dann aus dem Tor und durch das Gesträuch. Nie hat ein Hund lauter geheult oder ist schneller gerannt, und wo

und wie er durch den Zaun kam, ließ sich nicht sagen, so schnell ging es vor sich, und woher er kam und wo er blieb, ließ sich auch nicht sicher feststellen.

Lisette und ihr Vater waren Zeugen des Schauspiels. Ihr wortloses Erstaunen über die Heldenrolle ihres kleinen Hausgenossen wandelte sich in fröhliches Lachen, als sie den jungen Hund so in Bedrängnis und schimpflicher Flucht vor dem aufgebrachten und tapferen Schäumchen sahen.

Sie gingen in den Garten, und das Schweinchen kam auf sie zugelaufen. Zuerst hatte Lisette ein wenig Angst vor ihm, aber es war jetzt kein wütender Berserker mehr, sondern das alte, spaßige, übermütige Schweinchen, und als sie sich fragte, was es nun wohl zuerst machen würde, stemmte es beide Füße auf eine Bank, damit sie ihnen ihre gewöhnliche Morgenpolitur gebe, und steckte sein Rüsselchen so dicht dazwischen, daß sie auch ihm etwas von dem schwarzen Glanz abgab.

Wie Lisette behauptete, quälte Schäumchen von da an das Lamm und die Ente nicht mehr. Jedenfalls hörte er bald damit auf, denn die Ente war ausgewachsen und watschelte nun zu ihren Genossinnen auf dem Pfuhl, und von dem Lamm wurde er in unerwarteter Weise geschieden.

Ein böser, alter Bär

Ebenso wie es unter den Elefanten gefährliche Eigenbrötler gibt, schmarotzende Faulpelze unter den Bibern und Menschenfresser unter den Tigern, so kommen auch unter den Bären einzelne besonders böse Tiere vor, die ihre Kraft nur dazu anwenden, alles was ihnen in den Weg kommt, zu töten, zu zerstören und zu vernichten, bis sie einmal an einen Stärkeren geraten, der ihren Untaten ein Ende setzt. Zu diesen Verbrechernaturen gehörte auch der Bär von Kogars Creek. Soviel in der Gegend bekannt ist, hatte dieser Bär nie eine eigene Familie und machte den Wald wahrscheinlich nur darum unsicher, weil seine Artgenossen ihn aus dem eigentlichen Bärenlande im Gebirge vertrieben hatten. So verzog er sich ins Mayotal, wo es wenig Bären gibt, und machte sich dort so unnütz, wie er nur konnte, schlug Zäune oder kleine Schuppen zusammen und vernichtete aus reiner Zerstörungslust Feldfrüchte, die er nicht verzehren konnte. Die meisten Bären nähren sich hauptsächlich von Pflanzenkost, vorzüglich

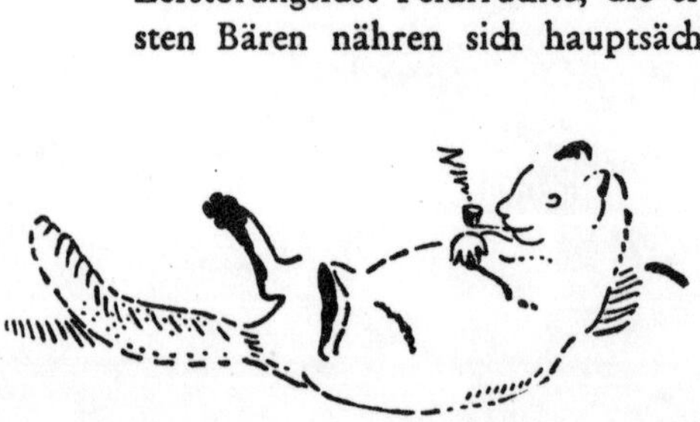

Beeren und Wurzeln; manche sind so ziemlich Allesfresser, aber der Kogarbär hatte einen so verderbten Geschmack, daß er nichts als Fleisch wollte. Kalbfleisch fraß er gern, aber es fiel dem Feigling auch nicht im Traume ein, einer Kuh, geschweige denn einem Stier Trotz zu bieten. Vogelnester plündern, das war sein Fall, denn das war ja gefahrlos, und halbe Tage verbrachte er an Löchern, in denen eine Familie von Flughörnchen hauste. Zuerst war ihm so ziemlich jedes Fleisch recht, und er hatte mehr als ein junges Bärlein auf dem Gewissen, das sich von seiner Mutter verirrt hatte. Aber das liebste war ihm Schweinefleisch. Kein Weg war ihm zu weit, wenn er zu einem fetten Wildschwein führte, und konnte er es erwischen, dann ließ er es möglichst lange am Leben, nur um sich an seinem Winseln zu ergötzen.

Natürlich machte er sich nur an schutzlose Junge, und es war eine große Überraschung für ihn, als damals Schäumchens Mutter so verzweifelt kämpfte. Schweine von solcher Größe hatte er immer für leichte Beute gehalten. An den Kleinen ließ er seine Wut aus, und noch manchen Tag danach humpelte er zornbrummend daher. Von Wildschweinen hielt er sich von da an lieber fern und fahndete nach jungen Kaninchen in ihren Nestern und andern kleinen Geschöpfen, die sich nicht verteidigen konnten. Aber seine Wunden heilten, er vergaß die Lehre, die er damals empfangen hatte, und Schweinefleisch war wieder das Ziel seiner Sehnsucht.

Eine wunderbar scharfe Nase hatte der Kogarbär. Der Wind war ein drahtloser Neuigkeitenkünder für ihn, und es kostete ihn wenig Mühe, eine besondere Botschaft herauszulesen, ihr nachzugehen und den Lohn einzuheimsen.

Er befand sich nicht weit vom Pruntyschen Gehöft, als ihm der leise Windhauch durch den dämmernden Wald die lockende Schweinewitterung zutrug, und er folgte ihr, während er sie, den schwarzen Kopf hin und her schwingend, von andern auf der unsichtbaren Windfährte aussonderte.

Wunderbar lautlos geht ein Bär durch den Wald, der größte, gewaltigste bewegt sich wie ein Schatten, und schnell und geräuschlos erreichte der Kogarbär das Gehöft und kam schließlich zu einer kleinen Koppel, wo Schäumchen, die Quelle des leitenden Geruchs, in ungestörtem Schlafe lag, den Kopf quer über dem wolligen Rücken des Lamms.

Da der Bär keine Öffnung am Zaune entdecken konnte, begann er, daran hinaufzuklettern. Aber der war für solche Fleischmassen nicht

berechnet, die Latten gaben nach und brachen zusammen, und der Bär war in der Koppel.

Wäre Schäumchen langsamer oder das Lämmchen rascher gewesen, so hätte die Sache einen ganz andern Verlauf genommen. So fuhr Schäumchen, als der Bär auf ihn losstürzte, beiseite, und das Lamm saß still, und ein gewichtiger Schlag der Bärentatze setzte es außerstande, sich je wieder zu bewegen, gerade als Schäumchen durch das Loch im Zaun davonlief und im Gestrüpp verschwand.

Wohl bewegte sich der Bär geräuschlos, aber das Zusammenkrachen des Zauns, das Blöken des Schäfchens, das Getöse des Angriffs und Schäumchens erschrecktes, aber trotziges Grunzen, als er davonrannte, waren laut genug, das ganze Haus auf die Beine zu bringen, denn es war auch gerade nahe an der Zeit, wo man aufzustehen pflegte. Als der Farmer hinausblickte, sah er einen großen schwarzen Bären mit dem Lamm im Maule sich durch den Zaun entfernen.

Nun entstand ein großer Lärm; man schrie nach den Hunden, rief die Leute herbei, und Pruny eilte mit der geladenen Büchse in der Hand dem Bären nach in den Wald.

Wie langsam und schwerfällig scheint sich ein Käfigbär zu bewegen, wie wenig läßt er uns die Schnelligkeit eines wilden, freien Bären auf unebenem Gelände ahnen! Die Brombeeren, Felsbrocken und Vorsprünge schienen nur dazusein, die Hunde zu hindern, aber den Bär hemmten sie in keiner Weise in seinem schnellen Lauf. Dann kam er an das breite Kogartal; er stürzte sich in den Fluß, und die starke Strömung schien ihn schnell abwärts zu tragen. Das war so angenehm, von der Flut sich tragen zu lassen und die Ufer rasch dahinschwinden zu sehen! Behaglich ließ er sich treiben, bis das laute Hundegekläff in der Ferne erstarb. Dann erst schwamm er zur andern Uferseite und kroch hinaus. Und als die Hunde zu der Stelle kamen, glaubten sie sich irregeführt, und soviel sie auch am andern Ufer spürten, es fiel kein Licht in das geheimnisvolle Dunkel.

Weit hinten auf der Fährte fanden sie das tote Lamm.

Der Sumpf

Für die Männer war das ein Sport, für die Hunde ein tolles Vergnügen. Nur Lisette fühlte erschrocken den Schaden. Vergebens durchsuchte sie die kleine Koppel. Dann pfiff sie, so laut sie konnte, aber nichts antwortete ihr.

Sie folgte eine lange Strecke der Spur der Jäger und machte erst am Rande eines dicht umwachsenen Sumpfes halt. Sie war ganz allein. Der Sumpf war zum Teil offenes Wasser, zum Teil schlammig; es schien Torheit, weiterzugehen; so wartete sie eine Minute und ließ dann ein paar scharfe Pfiffe ertönen. Vom Wasser her ließ sich ein Geräusch hören, ein Plätschern, so daß eine Gänsehaut sie überlief, denn es erinnerte sie an die frühere Begegnung mit dem Bären. Jetzt ein Grunzen. Ein schlammbedecktes Tier wurde sichtbar, an dem man keine besonderen Formen erkennen konnte; aber zweifellos waren an dem einen Ende zwei kleine, blinzelnde Augen, und irgendwo darunter erklang ein offenbar wohlmeinendes Grunzen. Ja, war das denn Schaum etwa? Ja – nein – ja, jetzt war sie sicher, denn der Wanderer hatte den Schlamm zum größten Teil abgeschüttelt, reckte sich empor und stellte seine Vorderfüße auf den daliegenden Stamm, um sich die Hufe putzen zu lassen, und das war nötiger denn je. Schaum aber gab sich nicht eher zufrieden, als bis Lisette einen Stock genommen und ihm, ihrem alten Übereinkommen gemäß, den schmutzigen Rücken gekratzt hatte.

Geruchsvermögen

Auch beim Menschen kann ein Geruch Erinnerungen und Vorstellungen der Freude, des Schmerzes und der Furcht wecken; wieviel mehr noch bei Tieren, deren Geruchssinn den unsrigen um ein Vielfaches übertrifft! Schaum hatte die Tage seiner Kindheit und den Tod seiner Mutter so gut wie vergessen, aber seine Nase hatte sie nicht vergessen, und der Bärengeruch hatte sie zurückgebracht und ihn in panischer Furcht flüchten lassen.

Darum hatte er auch den alten, vertrauten Pfiff wohl gehört, aber nicht beachtet.

Doch jetzt war die Furcht vorüber. Mut haben heißt nicht, ohne Furcht sein, sondern sie überwinden. Und Schaum raste umher, umkreiste blitzschnell seine Herrin durch das Gebüsch hindurch, hielt auf einmal mäuschenstill mitten auf dem Wege, mit gesenktem Kopf und blinzelnden Augen, bis Lisette mit einem Stock einen Schritt auf ihn zumachte. Dann rannte er hüpfend davon und stieß ein kurzes Freudengrunzen aus, das in der Schweinesprache bedeutet: „Ha, ha, ha!"

So näherte sie sich dem Hause, als auf einmal das lustige Schwein verschwunden war. Schaum stand an einem bestimmten Punkt starr

wie ein Vorstehhund. Seine Borsten sträubten sich, seine Augen blitzten grün, und seine jetzt schon wohlbewehrten Kinnladen schnappten, bis sie schäumten. Lisette näherte sich ihm, als wollte sie ihn schlagen; er wich beiseite, noch immer schnappend, und nun sah und verstand sie: Sie hatten die frische Bärenfährte erreicht, und Schaum hatte die volle Witterung in die Nase bekommen.

Aber – was Lisette damals nicht bemerkte – sein Gebaren zeugte nicht mehr von Furcht; die hatte er überwunden. Seine Haltung, sein tiefes „Wuum", seine drohenden Hauer, seine grünschimmernden Augen kündeten, obwohl er erst halb erwachsen war, den kampflustigen Keiler an. Sie ahnte wenig, was das noch für sie zu bedeuten haben würde. Ja, bevor zwei Monate verstrichen waren, sollte das Heil ihres Lebens auf dem tapferen, jungen Geschöpf beruhen, einzig beschützt von den zwei kleinen elfenbeinernen Messern, die es trug, und seinem Herzen, das keine Furcht kannte.

Die Klapperschlange

In Südvirginia ist der Oktober noch Sommerzeit, Sommer mit einem malerischen Hauch der Bunten-Blätter-Zeit, und Lisette war, romantischer Träume voll und wohl auch insgeheim mit der kühnen Hoffnung auf ein kleines Abenteuer, den Kogarfluß hinauf an einen einsamen Fleck gegangen, um in dem gemächlichen Bett der Flußschleife zu schwimmen. Vor jeder Überraschung sich sicher fühlend, zögerte sie nicht, sich zu entkleiden und hineinzuspringen. Sie labte sich am kühlenden Wasser, wie es nur die Jugend im Gefühl vollkommener Gesundheit zu tun vermag. Dann schwamm sie zur Sandbank in der Mitte und grub ihre Zehen in den Sand, während ihr die Sonne auf den Rücken brannte.

Schließlich hatte sie genug und tauchte wieder in den Fluß, um an die niedrige Stelle zu schwimmen, die den einzigen Landungsplatz bot und zugleich als Kleiderablage diente.

Sie war halbwegs hinüber, als sich ihr ein Anblick bot, der ihr Blut gefrieren ließ. Da lag auf ihren Kleidern, sie anstarrend und bedrohend, eine gestreifte Klapperschlange, der Schrecken der Berge, im Wald und am Wasser heimisch.

Mit sinkendem Herzen und zitternden Gliedern schwamm Lisette zurück zur Sandbank.

Was nun? Wäre sie ein Junge gewesen, so hätte sie versucht, das

Reptil durch Steinwürfe zu vertreiben, aber erstens gab es dort keine Steine, und zweitens konnte Lisette nicht wie ein Junge werfen.

Um Hilfe zu rufen, wagte sie nicht, denn sie wußte nicht, wer kommen würde, und so saß sie in wachsendem Jammer angstvoll da. Langsam kroch eine Stunde dahin, und die Schlange wich nicht vom Fleck. Lisette fühlte sich von der Hitze wie geröstet, und die Qual des Sonnenbrandes setzte ein. Etwas mußte sie tun. Wenn nur ihr Vater käme! Vielleicht, daß er sie pfeifen hörte. Sie steckte die Finger zwischen die Zähne und ließ einen Pfiff erschallen, den schon manches weibliche Wesen im Süden hat lernen müssen. Zuerst kam er nur schwach heraus, aber dann ertönte er wieder und immer wieder und jedesmal lauter, bis der ferne Wald widerhallte und sie in Furcht und Hoffnung lauschte. Hörte es der Vater, so wußte er Bescheid und kam. Angestrengt horchte sie auf jeden Laut.

Das Reptil regte sich nicht. Eine weitere halbe Stunde verging, und die Sonnenstrahlen wurden noch stechender. Wieder ließ sie ihren weitreichenden Hilferuf erschallen, und diesmal hörte ihr ängstlich lauschendes Ohr, daß etwas ging, trampelte, näher kam. Da wurde ihr weh ums Herz. Jemand kam, aber wer? War's ihr Vater, so hätte er laut gerufen. Aber was hier nahte, war nur das Geräusch schneller Tritte. Wie, wenn es einer der halbwilden schwarzen Vagabunden wäre! Sie suchte sich beim Näherkommen der Schritte zu verbergen, indem sie sich in den Sand wühlte.

Das Reptil regte sich nicht. Das Gebüsch über der steilen Uferbank geriet in Bewegung. Ja, jetzt sah sie eine schwarze Gestalt auftauchen. Ihr erster Gedanke war: Ein Bär! Aber jetzt teilte sich das Strauchwerk, und heraus kam der kleine Schaum, wohl ziemlich herangewachsen, aber immer noch ein junges Tier. Lisette sank das Herz. „O Schaum, Schäumchen, wenn du mir nur helfen könntest!" Und sie gab einen schwachen Laut von sich, der eigentlich ihrem Vater galt, aber von dem jungen Wildschwein erwidert wurde.

Auf der Uferhöhe kam er schnell daher. Es gab nur einen Weg herunter, und der führte über die sandige Stelle, wo ihre Kleider lagen und ihr Todfeind harrte.

Über Hochstämme und niedriges Gestrüpp setzend, kam das gelenkige Schwein herunter. Jetzt stand es auf dem Sand und sah sich plötzlich dem rasselnden, zischenden, gestreiften Tode gegenüber.

Überrascht fuhren beide zurück und bereiteten sich zum Angriff vor.

Lisette preßte es das Herz zusammen, als sie ihren alten Spiel-

kameraden seinem Schicksal ausgeliefert sah. Des kleinen Keilers Rückenhaare sträubten sich, das Kampflicht blitzte aus seinen Augen, und das drohende „Tschapp, tschapp" seiner Kiefer wurde laut; der uralte, tief eingewurzelte Haß gegen das Reptil erwachte in seiner kleinen Seele, und das kriegerische Feuer entzündete sich und rief den alles wagenden Mut auf.

Wer je das kurz abgehackte Brüllen gehört hat, das sich der Brust eines streitlustigen Keilers entringt, der kann sich wohl denken, daß dieser Kriegsruf dem Feinde Schrecken einflößt, denn er weiß, daß Kraft und Tapferkeit der Ankündigung entsprechen. Ja, auch wenn das Kampfgeschrei aus der Kehle eines Halbausgewachsenen kommt, der nur Dornen statt der Hauer hat.

Dreimal ertönte das kurze, rauhe Grunzen, und der junge Keiler rückte näher. Seine goldene Mähne richtete sich auf, daß er doppelt so groß zu sein schien. Wie düstere Opale glommen seine blinzelnden Augen, während er den Feind maß. Die weißen Gewänder verblüfften ihn ein wenig; aber er rückte herum, um besser Fuß fassen zu können; so kam er zwischen das Reptil und den Fluß und nahm dem Feinde so, ohne es zu wissen, die Möglichkeit zur Flucht.

Keine Mutter, außer der Mutter Natur, hatte ihn gelehrt, wie er sich zu bewegen habe. Aber sie war vollkommen auch als Lehrerin. Dem Zustoß der Klapperschlange kann nichts entgehen; er verwirrt das Auge, der Blitz ist nicht schneller. Ihr Gift bringt, wenn es aufgenommen wird, jedem kleineren Geschöpf den Tod, und jedes Geschöpf hat überall am Körper aufsaugende Gefäße, nur das Schwein nicht, nicht an den Backen und Schultern. Diese Teile bot Schaum dem Gegner dar und rückte ihm auf den Leib. Der Schwanz der Schlange ging wie eine Spinnmaschine, und die tanzende Zunge schien stechen zu wollen. Zur Erwiderung schlug das Schwein seine elfenbeinernen Dolche aneinander und stieß ein kurzes, hustenartiges Grunzen aus; dabei kam es vorsichtig näher und suchte die Schlange an ihrem fernsten Ringe zu fassen. Beide schienen kundige Spieler, obwohl ihnen jede Übung fehlte. Die Schlange wußte, daß es sich für sie um Leben und Tod handelte. Sie zog ihren Knäuel noch enger zusammen, und ihre starren Augen maßen den Feind. Eine Finte und noch eine und eine Gegenfinte und dann – hui, der giftige Pfeil war ausgeschickt. Hatte er sein Ziel verfehlt? Nein, das gibt es bei der Klapperschlange nicht. Schaum fühlte den Stich in seiner Backe; der giftige, gelbe Schleim traf die Wunde, aber das verlangsamte kaum sein jähes Losfahren. Seine jungen Hauer saßen an der Kehle des Reptils und bohrten darauf los, wie sie es oft im Spiel mit dem Entchen getan hatten; und ehe das giftige Reptil sich aufrichten und wieder zusammenrollen konnte, war der Keiler stampfend und schnaubend auf ihm. Er schlitzte dem Wurm den Bauch auf, zerschmetterte ihm den Kopf, klappte dabei mit den Kiefern, daß ihm der Schaum das Gesicht bedeckte, und stieß sein Feldgeschrei aus und hörte nicht eher auf, sein Opfer zu bearbeiten, bis von ihm nichts mehr übrig war als in den bespritzten Sand getretene, stinkende Fetzen beschuppten Fleisches.

„O Schaum, o Schaum, Gott segne dich!" war alles, was Lisette sagen konnte. Die unerwartete plötzliche Rettung brachte sie einer Ohnmacht nahe. Aber nun war ihr Weg frei. Ein Dutzend Stöße, und sie war auf dem Sande neben dem Keiler.

Sie wußte kaum, was sie von ihrem Freunde denken sollte. Er sprang um sie herum auf dem Sand. Sie hatte erst gedacht, ihn siech und sterbend zu finden; dann fiel ihr voll Freude ein, was ihr der Vater von den Schrecken des Klapperschlangenbisses gesagt hatte, gegen die das ganze Schweinegeschlecht gefeit sei.

„Ich möchte nur wissen, wie ich dir das lohnen soll", sagte sie mit einfacher Aufrichtigkeit. Schaum wußte es und ließ es sie auch bald wissen; alles, was er als Entgelt verlangte, war: „Kratz mir den Buckel!"

Waldheilkunde

Sind die Kinder der Wildnis niemals krank? Ist Siechtum unter ihnen etwas Unbekanntes? Ach, wir wissen nur zu gut, daß auch sie wie wir ziemlich viel geplagt werden. Sie besitzen einige wenige Heilmittel, die den Starken helfen können, aber die Schwachen müssen schnell zugrundegehen.

Und welches sind die Heilmittel, deren sie sich bedienen? Wie gut kennt sie jeder Wäldler! Das Sonnenbad, das Kaltwasserbad, das warme Schlammbad, das Fasten, die Wasserkur, das Erbrechen, das Abführen, Diät- und Ortsveränderung und die Liegekur nebst Zungenmassage des Körperteiles, wo sich die Geschwulst oder die offene Wunde befindet.

Und wer ist der Arzt, der ihnen Zeit und Maß verschreibt? Einzig und allein das Verlangen des Körpers. Nimm das Mittel und soviel davon, wie dir angenehm ist; wird es schmerzhaft oder auch nur lästig, so sagt damit der Körper, es sei genug.

So heilen sich die Tiere, und das sind ihre Mittel, die jeder Wäldler kennt und die in jeder Generation von einem Propheten unseres Geschlechts neu entdeckt werden. Nennt er sie mit ihren einfachen Namen, so erntet er Spott, gibt er ihnen aber lateinische Bezeichnungen, so ist er ein großer Gelehrter und verdient viel Geld.

Der Herbst kam ins Mayotal, und tausend kleine Feenboote segelten südwärts auf dem Kogarfluß hinab, und überall im Walde hörte man das „Pat, pat, pit" der fallenden Nüsse. Nüsse sind ein gutes und bekömmliches Nahrungsmittel, und Schaum war jeden Tag bemüht, sich damit vollzustopfen; dabei jagte er wohl hinter Schmetterlingen her, tat so, als wollte er einen großen Baum entwurzeln, kniete nieder, um den Kopf hin und her zu schwingen und den Grasboden mit den wachsenden Hauern aufzureißen, sprang dann wieder auf die Füße, um ein paar Meter mit übermütigen Sätzen zurückzulegen, und hielt im Augenblick still, zum Standbild erstarrt. Im Wohlgefühl seiner Kraft wurde er immer stärker, und die letzten Blätter, die der Wind vor sich hertrieb, fanden ihn ausgewachsen an Leib und Gliedern, zwar noch schlank und leicht, aber in Bau und Gerüst als mächtigen Keiler. Durch das Trauerspiel, das mit dem Zusammenbruch der Zaunlatten begann, war ihm ein anderes Leben eröffnet worden. Jetzt war er nicht mehr ein Insasse jener Koppel, sondern ein Einwohner Virginias.

Dort unten in dem schwarzen Schlamm des Sumpfes hatte er die langen Ranken einer Erdnußart entdeckt, und wenn er sie entwurzelte, so sagte ihm seine Nase: „Die sind gut!" Ja, er erinnerte sich dunkel, daß seine Mutter etwas, das so roch, zu verzehren pflegte. Das gab eine angenehme Abwechslung, und er schmauste und setzte Fett an. Dann grub er eine von früher her bekannte Knolle aus, mit einem scharfen Geschmack; das wußte er, ohne sie zu verzehren, und er stieß sie mit andern ihrer Art beiseite; groß, saftig und von hübschem Aussehen war sie, aber Schaum hatte einen sicheren Führer.

Wenn er vollgestopft war, wanderte er zu einem sonnigen Abhang, ließ sich mit behaglichem Grunzen seitwärts auf die Blätter nieder und fühlte sich schweinewohl.

Ein Blauhäher flog über ihn weg und krächzte: „Du Wurzler, du Wurzler!" Ein Fliegenschnäpper fing sich gerade über seinem Ohr eine Mücke, ein Mäuschen kroch ihm über das halbvergrabene Bein, doch Schaum döste ruhig weiter.

Dann brach ein sonderbarer ferner Laut das Schweigen, ein tiefes, klagendes, winselndes „Wah–wah–wah, wau–u–u!" Jetzt fast laut hin-

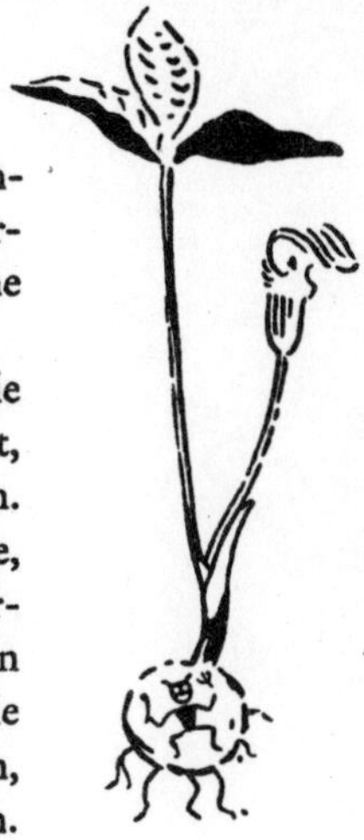

ausgeschrien, dann von Seufzen und Schnaufen unterbrochen, manchmal nachlassend und wie erstickt, dann hell und klar, das sonderbarste, tollste Potpourri und der Stärke nach offenbar die Stimme eines großen Waldtieres.

Im Nu war Schaum auf den Füßen und stand reglos. Dann, wie ein Spürhund witternd, die Ohren gespitzt und alle Sinne gespannt, kroch er vorwärts, als zöge es ihn mit unwiderstehlicher Gewalt an. Nach hinten, zu dem üppigen Sumpfland, führten die Klagetöne, und als Schaum dann zwischen den Grashalmen hindurchspähte, erblickte er seinen alten Feind, wie er jene schrecklichen, brennenden Knollen, eine nach der andern, ausgrub, zerbiß und verschluckte, die stechenden weißen Zwiebeln, die einem geradezu die Kehle zerreißen, die Gedärme zerwühlen und die Backen schmerzhaft zusammenziehen. Doch er grub und kaute, heulte und winselte weiter, grub eine neue aus und zerkaute sie, während ihm die Tränen aus den Augen rollten und der brennende Schmerz ihm den Rachen versengte. Und noch eine holte das große, schwarze Ungetüm heraus und verschlang sie und weinte und winselte dabei und wieder eine, und noch eine würgte er die seufzende Kehle hinunter.

War er von Sinnen? Ganz und gar nicht. Tat er es aus Hunger? Nicht doch; der Boden war voll von Nüssen. Warum dann diese furchtbare Selbstpeinigung? Welcher Gebieter legte ihm diese Strafe auf? Schaum machte sich keine Gedanken darüber. Auch der Bär hätte keine Auskunft geben können. Und doch folgte er der Stimme eines übermächtigen inneren Gebieters. Wenn wir in dieser Sache auch nicht ganz klar sehen, soviel ist gewiß: Bären, die sich ausschließlich von Fleisch nähren, werden von einer argen Krankheit heimgesucht, die hauptsächlich die Haut versehrt, und dies trifft doppelt zu für Schweinefleischesser. Das Leiden besteht in einem Hautbrand; der Körper wird von Zehntausenden von Feuerchen verzehrt. Und das glauben wir zu wissen: Die brennende Knolle gewährt Heilung – langsame, aber sichere Heilung.

Und Schaum, noch ein Jungtier, zog sich langsam von dem Schauplatz zurück. Was er sah, war ihm rätselhaft, und nur das eine begriff er: Sein Feind verschlang etwas und jammerte dabei und jammerte noch immer, als Schaum schon weit entfernt war.

Frühling

In diesem Jahr hatte es im Wald einen reichen Herbst gegeben, und als die Äste kahl waren, hatte das Eichhörnchen sieben hohle Bäume gestopft voll von Nüssen und Eckern und nicht weit davon ein schön gepolstertes Nest.

Die Bisamratte hatte im Sumpf mächtige Heuschober angelegt, die Murmeltiere waren erstaunlich fett, und jede Baummaus hatte Vorräte gesammelt, als gäbe es drei Jahre Hungersnot. Das waren deutliche Anzeichen: Es kam ein harter und weißer Winter.

Der Wald hatte dem jungen Schaum bisher sehr gut gefallen, aber jetzt war es darin langweilig und öde. Als es kälter wurde, wuchsen ihm die Borstenhaare länger und dichter; aber das genügte nicht, als eine schärfere Kälte einsetzte, und Schaum mußte schließlich das schützende Dach der Scheuer aufsuchen.

Da gab es noch andere Schweine, meist gemeine fette Mast- und Tafelschweine, aber ein paar waren edleren Geblüts von der echten Wildschweinsorte. Zuerst waren sie etwas widerwärtig und wollten ihn, für den nichts sprach als eine vornehme Abkunft, vor die Türe setzen, aber er hatte starke Beine und scharfe Hauer und war bereit, gegen alle Neider furchtlos in die Schranken zu treten. So verschaffte er sich bald Duldung in einer Gruppe, die in der Scheune übernachtete und täglich an einem gefüllten Trog schlemmte.

Der Winter ging vorüber, und der April mit seiner jungen Blätterflut rückte heran. In Berg und Wald spürte man den Geist der neuen Jahreszeit; auch unter der Scheuer wurde er mächtig und regte die Schweine zu neuem Leben an, jedes in seiner Weise. Die feisten Mastschweine watschelten langsam in die Sonne, grunzten vergnügt und zeigten ein wenig Anteilnahme an den Dingen, die in den Bereich ihres engen Gesichtskreises kamen.

Schaum sprang hinaus wie ein junges Füllen. Wie lang seine Beine geworden waren! Wie groß er war! Was für Schultern und was für ein muskelstarker Nacken! Über alle andern in der Scheuer ragte er hinaus, üppig wucherten seine goldroten Haare und bildeten auf Nacken und Rücken eine große Hyänenmähne. Schritt er aus, so lag Sprungkraft in seinen Füßen, Geschmeidigkeit in seinem Körper, und die klotzigen Masttiere schienen im Gegensatz zu ihm vom eigenen Gewicht niedergedrückt zu werden, wenn sie sich langsam beiseite schoben, um ihm Platz zu machen. Er sprühte vor Lebenslust und tänzelte wie

ein bewegungsfroher Hengst. Dann ließ ihn ein ferner Ton sich umdrehen und davonjagen wie ein wildes Pferd. Es war Lisettes Pfiff. Sie waren sich in dem Winter sehr nahegekommen. Schaum nahm die niedrige Umzäunung wie ein Hirsch und stand an der Tür, wo er sein Lieblingsfutter schmauste, sich den Rücken kratzen und die Vorderhufe reiben lassen konnte, wenn sie auch nicht immer Wichse erhielten.

„Dein Schaum da, Lisette, der ist mehr Hund als Schwein", pflegte Farmer Prunty zu sagen, wenn er den heranwachsenden Keiler seiner Tochter folgen oder mit ihr spielen sah. Dieser junge „Hund" wog allerdings in seinem zweiten Lebensfrühling 150 Pfund. Aber Schaum wollte nur nach der Weise seiner Vorfahren leben.

Grauchen geht sein Glück suchen

Von der Danflußbrücke nach Mayo führt eine lange, staubige Straße, aber doch trottete auf ihr, so lang sie war, ein schlankes, junges Wildschwein daher. Es war kaum ausgewachsen, glich an Rumpf und Gliedern einer Hirschkuh und trug ein enges Kleid glänzender grauer Haare, die bei gutem Wetter in der Sonne blitzten, jetzt aber dick mit dem rötlichen Staub der alten virginischen Landstraße bedeckt waren.

Das Wildschwein trabte daher, die empfindsame Nase schwingend, die Ohren nach diesem oder jenem Laut spitzend; jetzt legte es eine Strecke wie in eiligem Drange zurück, dann prüfte es wieder aufmerksam die Pfosten, an denen seine Fährte vorbeiführte oder andere Fährten abzweigten.

Eine Stunde und noch eine Stunde legte es in dem ausdauernden unermüdlichen Trott eines suchenden Wildschweins zurück, bereit, jedem Triebe seiner angespannten Sinne zu folgen.

Die Kilometer schwanden. Jetzt hatte es das Mayotal erreicht, lief aber immer weiter. Da fand es einen guten Reibepfahl. Er schien es zu befriedigen, denn es benutzte ihn ausgiebig, eilte dann aber waldwärts.

Was hatte es vor?

Wie oft können wir das Tun der Tiere erklären, wenn wir in die eigene Brust blicken! Im Leben jedes Mannes und jeder Frau kommt einmal die Zeit, da es sie hinaustreibt in die Welt, ihr Glück zu suchen. Und die Weisen sagen: „Laßt sie gehen!" Der gleiche Trieb überkommt die Tiere der Wildnis und läßt sie hinauswandern. Das war auch bei Grauchen der Fall; es ging sein Glück suchen.

An manchem Kreuzweg machte es halt und prüfte manche schwache

Witterung im Windhauch, aber nichts hielt es lange auf, und der Abend traf es im Walde jenseits der unteren Brücke über den Kogarfluß.

Der Reibepfahl

Von allen Kratzpfosten auf Pruntys Farm ist weitaus der beste jener rauhe, alte Zedernstumpf gerade am äußersten Ende der Weide, unten am Moor. Ein rauher Stamm an rauher Stelle hatte er in seiner Unverwüstlichkeit noch die vielen kleinen Knorren von seiner Lebenszeit her bewahrt. Sie bildeten einen wahren Striegel in jeder gewünschten Höhe. Alle Schweine auf der Weide kannten ihn gut, und keines ging daran vorüber, ohne die günstige Gelegenheit wahrzunehmen.

Pruntys Schweine trieben langsam dem Pfosten zu. Die mächtige alte Muttersau schob ein anderes Tier zurück, um sich zu reiben. Da kam Schaum des Wegs. Seine Stärke und seine Hauer hatten ihm schon seit Wochen das Platzrecht verschafft. Wie er sich dem Pfosten näherte, da fühlte er sich von dem Holz unwiderstehlich angezogen, ja, ein lautes Lied tönte ihm entgegen in einer Sprache, die weder ich noch meine Leser verstehen können. Auch wenn unsere stumpferen Sinne sie vernommen hätten, was könnte für uns die Botschaft besagen:

„Klak-karra, klak-karra
Gorka-li-gorra-wauk."

Aber Schaum war Feuer und Flamme. Er wartete nicht ab, bis die alte, ungefüge Schweinemadam sich wegbequemt hatte, sondern ließ sie mit einem geschickten Stoß, der dem geübtesten Ringer Ehre gemacht hätte, den Hang hinunterkollern.

Seine goldrote Rückenmähne sträubte sich, als er den Pfosten prüfte; dann rieb er seine Flanken dagegen, richtete sich auf und rieb sich wieder, rannte ein Stück vorwärts, die Fährte zu beriechen, kam zurück, um sich in neuer Aufregung zu reiben, dann lief er wie ein liebestoller Hirsch und kam noch einmal zurück, trieb andere vom Pfosten weg und verlor sich endlich im Walde.

Dort folgte er in größter Eile einer unsichtbaren Spur, bald hierhin, bald dorthin. Seiner Sache immer sicherer werdend, setzte er bald durch ein sumpfiges Walddickicht und dann auf eine sonnige Lichtung, und da sah er auch aus der Deckung eine verschwommene graue Gestalt auftauchen, ein Wildschwein von demselben edlen Blut wie er und mehr noch, seine Nase sagte ihm, daß das die eine sei, deren Botschaft er an dem Reibepfahl vernommen hatte.

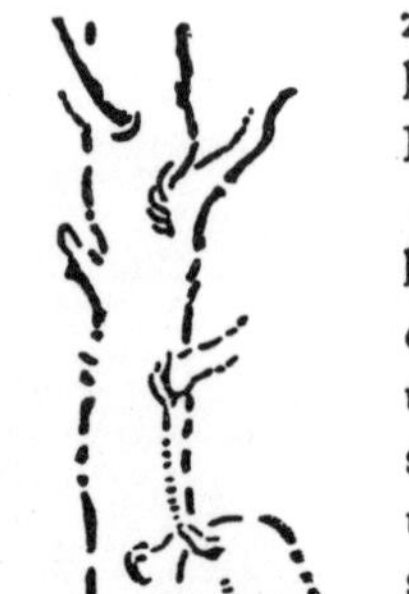

Sie floh, er setzte nach. Ob sie über die Lichtung, wo Schaum ihr noch näher kam, mit ihrer größten Schnelligkeit eilte, hätte ein scharfsichtiger Zeuge vielleicht bezweifelt. Wer kann das entscheiden? Soviel ist sicher: Ehe der Waldrand erreicht war, holte er sie ein, und sie drehte sich um, schaute ihn an und ließ ein paar leichte Schnaufer hören, halb Ausdruck der Furcht, halb Bitte um Schonung, und so standen sie auf dem leicht geneigten Grunde einander gegenüber, der starke Schaum und Grauchen, die schlanke.

Auch Tiere empfinden, daß sie zueinander gehören. So ging es Schaum, als er sich dem Reibestumpf näherte, und Grauchen war ihrer Sache sicher, als sie fühlte, wie sich die elfenbeinernen Krummdolche an ihre Backe schmiegten als Zeichen seiner Kraft und Gesinnung.

Grauchen hatte nicht gewußt, was sie an jenem Tage suchen ging, aber jetzt wußte sie, daß sie das Richtige gefunden hatte.

Die Liebenden

Bei der Scheune ließ sich Schaum viele Tage nicht sehen; denn er wanderte im Frühlingswalde und pflegte die innigste Gemeinschaft mit seiner neugefundenen Gefährtin. Das Eichhörnchen auf dem Baumast kicherte und hustete von Zeit zu Zeit, wie um sie wissen zu lassen, daß es da sei, aber sie verzogen sich in den fernsten Winkel des Waldes und sahen so nur seine scheuesten Bewohner.

Als sie dann eines Tages miteinander wanderten, hörten sie vom Sumpf her ein sonderbares Geräusch. Schaum ging ihm nach, Grauchen trabte hinterher. Der Weg führte den Abhang hinab auf ein schwarzes Moor zu, und bald stießen sie auf den Gürtel hoher Farne. Schaum drängte sich durch und stand auf einmal seinem Feinde, dem großen, schwarzen Kogarbären, gegenüber.

Schaums Borstenmähne richtete sich auf, seine Augen schossen grüne Blitze, sein Maul schnappte auf und zu, und ein tiefer, unheilverkündender Ton entrang sich seiner Kehle. Der Bär stand auf und brummte. Eigentlich hätte er sich lächerlich vorkommen sollen, denn vom Hals bis zur Schwanzspitze steckte er in einer Schlammhülle, in schwarzem, zähem, übelriechendem Moor. Stundenlang mußte er sich darin gewälzt haben. Ja, das Eichhörnchen hätte verraten können, daß es viele Tage stundenlang geschehen war. Er gebrauchte eine Kur, wie sie bei den wilden Tieren üblich ist, und zwar war es der zweite Teil, der auf das Abführen folgt.

Aber daran dachte Schaum nicht. Hier war der eine, den er haßte und einmal gefürchtet hatte, jetzt aber immer weniger fürchtete. Doch war er nicht willens, einen Kampf zu wagen – noch nicht. Auch der Bär gedachte des Tages, der ihm eine verletzte Tatze und arge Wunden in der Flanke eingetragen hatte, und zwar von einem Feinde, der nicht so groß war wie dieser hier, und trotzig mit Gebrumm und Gegrunze zog sich jeder langsam zurück und ging seines Weges.

Die Wildkatze

Siehst du den Habicht dort oben? Dir scheint er nur ein kleiner Fleck zu sein, aber er hat Augen, er kann dich beobachten, während er seine Kreise zieht, er kann dein Gesicht und alles, was an dir ist, sehen, und er kann auch kilometerweit den Hirsch im Gebirge sehen.

Den Waldboden kann er nicht sehen, denn das Dach der Blätter verbirgt ihn. Aber dieses Dach hat Lücken, und sie lassen oft einen Blick auf das werfen, was unten vorgeht. So bot sich eines Tages dem Habicht ein Schauspiel, das kein Menschenauge hätte erblicken können.

Ein graubraunes, pelzbekleidetes Geschöpf mit kurzem, ruhelosem Schwanz kam im Walde einen kleinen Wildwechsel herunter, auf dem täglich viele Tiere zum nahen Flusse gingen; aber Graupelz rannte auf jedem Stamm entlang, der seinem Pfade nahe lag. Dann machte er an einem aufrechten Aststummel halt, der von dem großen Fichtenstamm abging, auf dem er gerade dahinschritt, verharrte in seiner schleichenden Haltung, richtete sich dann zur vollen Höhe seiner vier langen Beine auf, erhob den gestreiften Kopf, spreizte die weiche, samtene Kehle, deren schneeiges Weiß durch schwarze Flecken noch mehr hervorgehoben wurde, strich die Schnurrhaare an dem hohen Ast, rieb sich den Rücken, schaute zum blauen Himmel empor und zeigte dabei dem Habicht das tückische, schimmernde Gesicht einer Bergwildkatze.

In drei gewaltigen Kreisen schraubte sich der Raubvogel herab und betrachtete weiter durch das Guckloch des Walddachs das geschilderte Bild.

Die Wildkatze kratzte sich das Kinn, dann die linke Backe, dann die rechte und fing wieder von vorn an, als von weitem Stimmengewirr und viele Tritte laut wurden. Die Katze nahm sofort eine gespannte, lauschende Haltung ein, ein schönes Bild der Kraft, Zurückhaltung und wundervollen Anmut.

Auch der tiefer kreisende Habicht hörte das Geräusch.

Es kam näher; Graupelz sprang leichtfüßig von der gefallenen Fichte auf den Stumpf, der ihn einst getragen hatte. Dort verschmolz er ganz, wie das eben nur ein Raubtier fertig bringt, mit dem Stumpf: Er wurde zu einem Stück Rinde.

Noch lauter wurde das Geräusch. Jetzt sah man auf dem Wildwechsel ganz ungedeckt eine Schar von Tieren herunterkommen, und die Wildkatze starrte mit gierigen Augen darauf. Das niedere Gestrüpp bewegte sich, und heraus trat eine Bache mit einer Brut raschelnder, drängelnder, grunzender, spielerischer kleiner Frischlinge. Hierhin und dorthin trippelnd, dann der Mutter nacheilend, kamen sie wie eine Schar lustiger Gesellen daher; manchmal hielten sie sich auf dem Wechsel, manchmal strolchten sie weit weg im Walde, und der kurzschwänzige Wildkater starrte lautlos und gespannt, Zähne und Krallen bereit, denn hier winkte ein leckeres Mahl. Die Mutter schritt an dem Stumpf mit seinem unheimlichen Wächter vorüber und auch der erste und zweite der lärmenden Schar. Dann war eine Lücke in dem kleinen Zuge, und der Räuber machte sich zum Sprunge bereit, aber neue Tritte und neues Grunzen kündigten an, daß noch mehr kamen, die der Mutter nachliefen; wieder eine Lücke, und nun kam der letzte und kleinste von allen.

Der Wildkater schien das Spiel gewonnen zu haben. Er sprang und hatte den Frischling im Nu am Genick. Dessen Schmerzgeheul entsetzte die ganze kleine Schar. Die Mutter machte kehrt und stürzte auf den Räuber los. Aber der war klug; er hatte sich seinen Plan gemacht. Mit einem Gewaltsprung war er auf dem Stumpf in Sicherheit und hielt den kleinen wimmernden Frischling in den Pfoten und drückte ihn fest und erbarmungslos nieder, während die Mutter vergebens am Stumpf emporzuhüpfen versuchte.

Wenn sie sich aufs äußerste reckte, konnte sie kaum bis an den oberen Rand reichen, und der große Wildkater brachte dem sinnlos erregten Muttertier mit seinen Krallenpfoten manchen blutigen Schmiß im Gesicht bei. Für den Frischling gab es anscheinend keine Rettung, keine Hoffnung mehr, und doch war sie da, aber sie kam nicht, wie der Kater gefürchtet hatte, vom Anfang, sondern vom Ende des Zuges.

Der Habicht aber, der jetzt noch niedriger kreiste, sah und hörte nicht nur, sondern empfand sogar etwas von dem Schreck, der den Räuber durchzuckte, als das Gebüsch sich bewegte und teilte und ein mächtiger Keiler hervorbrach. Als sich das große Tier am Stumpf

aufrichtete, konnte es mit seinem dolchbewehrten Rachen über die halbe Oberfläche wegfegen, und der grauröckige Wegelagerer mußte schnell ans andere Ende weichen und immer ein anderes sicheres Plätzchen aufsuchen, sooft der Keiler herumraste; aber das Kleine, dessen Schreie immer schwächer wurden, ließ er nicht los.

Da wurden der lautlose Habicht und das laut keckernde Eichhörnchen Zeugen einer merkwürdigen Tat. Der Stumpf war, wie gesagt, für den Keiler noch zu hoch, aber da lag der große Fichtenstamm am Boden, und drei Sätze weit führte ein Seitenast nach unten, der einen leichten Aufstieg gewährte. Hier kroch die Mutter hinauf, lief auf dem Stamm zurück, setzte mit leichtem Sprung auf den Stumpf und stand nun dem Raubtier gegenüber.

Es fuhr sie mit einem entsetzlichen Fauchen aus seinem wutverzerrten Gesicht an, um sie in Angst zu versetzen. Aber wie kann man eine Wildschweinmutter in Angst versetzen, deren Junges winselnd um Hilfe fleht! Wie rasend fuhr sie auf ihn los; ohne der tiefen Risse durch die scharfen Krallen zu achten, warf sie sich mit voller Wucht auf den Räuber, so daß er mit haßerfülltem Fauchen vom Stumpf herunterfiel. Er landete am Boden und wäre vielleicht entkommen, wenn ihn nicht der älteste der jungen Brut, dessen kriegerisches Blut durch den Kampf in Wallung geraten war, an der Pfote gepackt und einen Augenblick festgehalten hätte – gerade lange genug, denn schon war der Keiler zur Stelle.

Welch ein Schauspiel! Wie entsetzlich, auch wenn wir den gefallenen Feind hassen müssen! Der furchtbare Anprall des Keilers, das Klirren der Waffen, der scheußliche, flammende Haß, die tiefen, tierischen Laute, das Kratzen und Kieferschnappen, die dichte Haarwolke, das wirre Durcheinander der schnellen und verzweifelt kämpfenden Gegner, der Eintritt fast völliger Stille, dann das Zerren und Krachen zerreißenden Fells, zerbrechender Knochen und das Hin- und Herstoßen einer ungestalten Masse!

Der Keiler wurde ruhig, seine Kampfwut schwand, und die Jungen kamen eins nach dem andern, schnüffelten und schnauften und liefen fort. Ihrer Sammlung von Gerüchen hatten sie heute einen neuen hinzugefügt.

Und der kleinste Frischling lag tief im Gestrüpp auf der andern Seite des Stumpfes. Seine Mutter kam und beschnüffelte ihn, stieß ihn zärtlich an und ging fort, kehrte um und puffte ihn noch einmal leicht. Aber die Geschwister waren voll unruhigen Lebens und hatten

Durst, sie mußte sich um sie kümmern. Nachdem sie noch einmal ihre Wut an dem Mörder ihres Kleinsten ausgelassen und eine Weile gezögert hatte, führte sie die andern zum Bach. Als sie zurückkamen, waren die Jungen wieder lustig und lärmend, die Mutter aber kam wieder zu der blutigen Gestalt, berührte und liebkoste sie, aber die Augen waren schon glasig geworden. Da stieß der Vater das leblose Stück Fleisch beiseite, und alle wanderten weiter.

Dies alles hatte der Habicht mitangesehen, und ich wünschte, ich hätte seine Augen gehabt; denn das war ein Abschnitt aus Schaums und Grauchens Lebensgeschichte, und davon erzählten nur stumme kleine Zeichen, die bloß ein Jägerauge sehen und lesen konnte.

Der Schweine vertilgende Bär

Warum artet das Schweinefleischessen so oft zur Sucht aus? Warum führt es in der Regel zu schwerem Siechtum? Von keiner andern Fleischart ist eine so schlimme Wirkung bekannt. Sicher wußten die Stifter der jüdischen Religion, was sie taten, als sie den Hebräern verboten, Schweinefleisch auch nur anzurühren.

Der Kogarbär nährte sich jetzt ausschließlich von Schweinefleisch. Sein Jagdbereich war das ganze Tal, soweit es Schweine gab, und sein Nachtmahl hielt er in irgendeiner Schweinekoppel, wo die fetten und zarten jungen Mastschweine leichte Beute waren, weit, weit besser im Geschmack und viel sicherer und müheloser zu holen als die borstigen Frischlinge der Wildschweine. Es war, als wüßte er genau, wann und wo er alle Schwierigkeiten vermeiden und Ferkel finden konnte. Natürlich wußte er das in Wahrheit nicht, aber jedesmal, wenn er eine Schweinekoppel geplündert hatte, veranlaßte ihn die erhöhte Wachsamkeit, die in nächster Zeit von Jägern und Hunden geübt wurde, andere Weideplätze aufzusuchen. Kam er solchen auf seinen Streifen nahe, so führte ihn seine Nase unfehlbar zu der Fettschweinkoppel. Wohl stellte man ihm Fallen, aber er vermied sie, weil er nie zweimal hintereinander zur selben Koppel ging. So machte seine Furchtsamkeit im Verein mit der Schärfe seines Witterungsvermögens den Eindruck großen Scharfsinns; aber zu spotten brauchen wir darüber nicht, denn die Ergebnisse schienen nicht nur, sondern waren auch in gewissem Sinne die gleichen.

Ist es nicht auffallend, daß die, welche sich der Sucht nach einer bestimmten Fleischart hingeben, in ihrer Lüsternheit es von schärferem Geschmack haben wollen, bis es ihnen schließlich in an-

gegangenem und ganz verdorbenem Zustande willkommen ist? Und das kommt von der alten Gewohnheit der Tiere, die Nahrung zu vergraben, wenn sie mehr zur Verfügung haben, als sie auf einmal verbrauchen können.

So kam auch unser Schwarzbär, als er dunkel und lautlos durch die Wälder am Flusse strich, von seinem Lieblingsgeruch angelockt, zum toten Körper des kleinen Frischlings. Die Mutter war, von den andern in Anspruch genommen, nicht zur Stelle.

Der Habicht hatte nicht daran gerührt, weil der Kadaver unter Gestrüpp verborgen lag. Die orange und rot gestreiften sechsbeinigen „Totengräber" waren noch nicht da. So war es ein Glücksfall für den Bären.

Er steckte seine scheckige Nase ins Gestrüpp, zog die Beute hervor, trug sie ein Stückchen weit fort und scharrte dann ein Loch, in dem er sie tief vergrub, um sie dort zu einem künftigen Schmause heranreifen zu lassen.

Gewöhnlich behalten wilde Tiere ihren Versteckplatz gut im Gedächtnis, suchen ihn auf, wenn sie in die Nähe kommen und sehen nach, ob alles in Ordnung ist. So kam auch der Kogarbär am nächsten Tage wieder.

Verliert ein wildes Tier an einem bestimmten Platze nahestehende Angehörige, dann kommt es tagelang dorthin zurück, um, wie die Indianer sagen, zu „trauern". Das heißt, wenn es in die Nähe kommt, wendet es sich dahin, schnüffelt an der Stelle herum und stößt tiefe Klagetöne aus oder kratzt die Erde auf oder reibt sich an den Bäumen und zieht dann weiter. Am lautesten äußert sich die Trauer erklärlicherweise in den ersten Tagen und hört beim ersten Regenschauer auf, der alle erinnerungserweckenden Gerüche hinwegschwemmt.

Erst ein Tag war seit dem Ende des Frischlings vergangen, und Grauchen, die auf dem Wechsel vorüberkam, suchte die Unglücksstätte auf, und so trafen Bär und Schwein wieder aufeinander.

Wenn ein Wildschwein in große Angst gerät, stößt es den seiner Sippe eigenen weittragenden Hilferuf aus. Fürchtet es sich nicht vor einer Gefahr, so läßt es das kurze Kriegsgeschrei ertönen und macht sich an den Feind; und da beging Grauchen einen bedauerlichen Fehler. Sie stieß das Kriegsgeschrei aus und wandte sich gegen den Bären. Dieser wich zurück und beiseite; so ging es mit Drohen und Wenden im Kreise herum. Gern hätte der Bär damit aufgehört, obwohl er weit größer und stärker war. Aber die Geruchserinnerungen dieser Stelle erhöhten Grauchens Mut und Kraft, und aus der Mutterliebe wuchs eine ungewöhnliche Stärke. Sie ließ nicht ab von ihm, und der Bär wich immer weiter zurück, bis sie dem offenen Platz nahe kamen, der an der hohen abschüssigen Uferbank über dem Flusse lag. Hier hatte Grauchen auf der freien, ebenen Fläche besseres Spiel, und sie drang auf den Feind ein. Der Bär sprang beiseite und schlug mit seiner scharf beklauten Tatze zu. Der Hieb landete nicht auf den Rippen, sonst wäre es mit Grauchens Kraft zu Ende gewesen; der Bär traf nur die widerstandsfähigere Schultergegend seiner Feindin. Immerhin taumelte Grauchen zurück, und nun stieß sie den lauten, schrillen Hilferuf aus, den sie gleich am Anfang hätte von sich geben sollen und der das Blut jedes starken Wildschweins, das ihn hört, in Wallung bringt. Und aufs neue trat sie dem Bären entgegen. Langsam wandten sie sich hierhin und dorthin, Auge in Auge und nach einer guten Gelegenheit zum Angriff spähend. Grauchen machte eine Finte, der Feind schwang sich zurück, und nun ging sie auf ihn los. Der Bär fuhr etwas nach hinten, raffte sich zusammen, schwang sich ein wenig seitwärts und versetzte ihr, als sie vorbeischoß, einen mächtigen Schlag, der sie übel zugerichtet den Abhang hinunterfliegen und über die abschüssige Bank klatschend ins Flußwasser stürzen ließ.

Sie konnte gut schwimmen, tat es aber ungern. Beim Ausgreifen plätscherte sie, gab aber keinen Ton mehr von sich, denn der Schlag hatte ihr den Atem genommen. Dann trug der hilfreiche Fluß sie schnell hinab zu einem weitentlegenen, leicht ersteigbaren Landungsplatz.

Eine Bewegung im Gebüsch, ein gewaltiges Schnaufen, und auf der Uferbank tauchte ein mächtiger, rötlichschwarzer Körper auf: Schaum! Jetzt krabbelte Grauchen heraus, und mit kurzen, leisen Erkennungslauten fanden sie einander. Aber Schaum war etwas zu spät gekommen. Der Bär war fort, erfüllt von dem ungewohnten Triumphgefühl des Sieges über ein ausgewachsenes Wildschwein.

Hill Billy Bogue

Jack Prunty war wütend. Er besichtigte an diesem Morgen seinen neuen Garten und bediente sich dabei einer Sprache, die man heute nur noch in Hafenspelunken hört. Hier waren ganze Reihen Salat weg und dort ganze Rüben- und Melonenbeete. Das Spargelbeet, wenn auch zur Zeit nicht im Betrieb, war zertrampelt und eine Kohlpflanzung vernichtet.

Der schwarze Gartenarbeiter wies geflissentlich immer wieder darauf hin, daß das Unheil nur von Schweinen angerichtet sein könne, um zu verhüten, daß etwa ein falsches Licht auf einen Unschuldigen fiel. Aber das war ausnahmsweise diesmal nicht nötig. Der zerbrochene Zaun, die zahllosen Klauenspuren und Fraßzeichen an Kraut und Rüben waren Beweis genug; den Neger und seine Sippe konnte kein Tadel treffen.

Der Nachbarfarmer Jack Henty war ebenfalls wütend. Er besichtigte an dem Morgen seine weitläufigen Wirtschaftshöfe und bediente sich mehr als saftiger Kraftworte, als ihm sein getreuer schwarzer Verwalter, um falschen Deutungen vorzubeugen, zeigte, der Bär sei hier und da gewesen und habe das edelste importierte Berkshire-Schwein, die Perle und Hoffnung seiner Rasse, geholt; und das war nicht das erste Stück, das sie verloren hatten, denn Henty und seine Freunde waren reich an Vieh und hatten durch Raubtiere schon manchen Verlust erlitten. Aber das war der Gipfel. Gerade diese Sau, die Trägerin seiner schönsten Hoffnungen, hatte sich der Bär zum Opfer erkoren!

So kam es, daß Hill Billy Bogue an einem Tage zwei Einladungen erhielt, mit seinen Jagdhunden zu erscheinen und als Schützer von Garten und Hürde unsterblichen Ruhm zu gewinnen.

Die Waage senkte sich zugunsten Pruntys. Henty war nicht beliebt; er war zu reich und knauserig, er hatte sich Bogue gegenüber einer herausfordernden Sprache bedient und mit Gesetzesparagraphen für Verbrechen gedroht, die sicher von einem seiner Nachbarn begangen worden seien.

Daher stellte sich Berg-Billy bei Prunty ein mit fünf riesigen Doggen und einem neuen Gefühl gesellschaftlicher Rangerhöhung. So ähnlich wie der Leichenbestatter bei Todesfällen die erste Rolle im Haushalt spielt, so trat Berg-Billy von vornherein mit der Miene und Würde eines Oberbefehlshabers und Sachverständigen auf.

„Hoho! Was is' da los! Seht mal die Spuren – eine ganze Familie. Zum Donner! Was für 'n altes Kerlchen! Ich wett', der Keiler wiegt seine vierhundert!“

„O Väterchen“, rief Lisette, „das wird doch nicht Schaum sein?“

„Kümmert mich nicht“, sagte Prunty. „Solche Zerstörungen können wir uns nicht gefallen lassen; damit muß Schluß gemacht werden.“

Der Jäger sah sich die Fährten genauer an. Er war ein ruheloser alter Landstreicher, für stetige Arbeit nicht zu gebrauchen und ein Freund der Flasche, aber sein Geschäft als Spürer verstand er. Und er kam zu dem Schluß: „'ne richtige, alte Wildschweinfamilie, 'ne langbeinige Bache, 'n Haufen Frischlinge und 'n Keiler wie 'n Hühnerhaus."

Eigentlich war der winzige Zaun weniger ein Schutz als eine Warnung. Gewissenhafte Kühe und unerfahrene Enten konnten sich vielleicht durch ihn abhalten lassen, aber für ein Wildschwein war er tatsächlich eine Einladung, den Versuch zu machen und es sich wohl schmecken zu lassen. So etwas dachte auch Lisette, als sie sagte: „Väterchen, warum können wir nicht einen richtigen Zaun machen, einen starken, durch den kein Schwein brechen kann? Um die drei Äcker wäre das doch nicht so schwer."

„Und wer zahlt's?" sagte Prunty. „Und wozu sind überhaupt die Wildschweine da? Sie sind zu nichts gut."

„Nu", sagte der große Mann, der jetzt in einer Person Napoleon, Nimrod und Sherlock Holmes war, „haben Se nich von de drei kleinen Kitzchen in Coas Schule gehört, die 'ne Klapperschlange gebissen hat, und die Woche sind se alle verreckt, alle drei? Schlangen sind heutzutage haufenweise da, und de Leute sagen, das kommt dervon, daß se de Wildschweine ausrotten, und ich denke, se han recht!"

Dann machte sich Napoleon - Nimrod - Holmes - Bogue an die Verfolgung der Fährte im Walde. Hier hatte sich die Rotte nicht mehr zerstreut, sondern alle waren dem Führer gefolgt; so war es leicht, der Fährte einen halben Kilometer nachzugehen. Berg-Billy folgte ihr, dann kehrte er um, kettete seine fünf mächtigen Jagdhunde los, huldigte noch einmal ausgiebig seinem Flaschengötzen, langte nach der Büchse und griff nun aus mit langem, freiem Wäldlerschritt.

Prunty sollte sofort den Kogarberg aufsuchen und dann, von den Leuten im Tale unten geleitet, der Stelle zueilen, wo die Hunde die gestellten Wildschweine verbellen würden.

Lisette sollte mit dem Vater gehen.

Der kriegerische Keiler und die Hunde

Zunächst verhielten sich die Hunde gleichgültig, denn die Spur war kalt; aber Berg-Billy hielt sie ein paar Kilometer fest, bis sie zu einer Stelle kamen, wo viele Zeichen verrieten, daß erst vor kurzem eine

Anzahl Schweine hier gewesen waren. Dann konnte sich Billy die Arbeit des Fährtensuchens sparen, denn nun war der Geruch frisch, und die Hunde wurden scharf.

Laut und lustig hallte ihr Gebell durch den Wald, als sie der Fährte nachjagten und ihr Jagdlied bliesen. Von fernher hörte man andere Geräusche: raschelndes Gras und Gebüsch, kurzes Gequiek und tiefere Kehllaute und dazwischen immer das Hundegebell.

Die Jagd entfernte sich, und Billy hatte große Mühe zu folgen. Dann sammelten sich die Laute alle an einer Stelle, und Billy wußte, daß der Höhepunkt erreicht war, der vom Weidmann ersehnte Augenblick, da das gejagte Wild zum letzten Verzweiflungskampf bereit ist.

Während er eilig näher kam, hatte sich das Hundegebell verändert; es klang ein wenig Furcht daraus, und dann kam ein nicht mißzuverstehender Schmerzensschrei, zugleich aber immer wieder das Trutzgebell, das besagen will: Wir haben ein Wild gestellt, und es soll uns nicht mehr entkommen!

Mit Gewalt drängte sich Billy durch das dichte Buschwerk vorwärts bis auf zwanzig Meter vom Schauplatz des Lärms, konnte aber immer noch nichts sehen.

„Jap, jap, jap, jip, jip, jau, jau“ klangen die verschiedenen Hundestimmen. Dann ertönte das drohende „Gruff, gruff“ eines großen Tieres und ein dünner feiner Ton „Klick, klick“. – Oh, wie schwach das klang, aber wie bedeutungsvoll es war, dieses Klicken der Wildschweinshauer, diese Drohnote des kampfbereiten Keilers! Der Lärm wogte hin und her, dann schwankte das Gebüsch, man hörte ein Rauschen, Schmerz und Furcht verratendes Hundegeheul und ein Kläffen, das sich nach links hin entfernte, und wieder ein starkes Rauschen, begleitet von einem tiefen „Haurrr“ – und nichts, nichts zu sehen! Es war zum Tollwerden: Seine Hunde wurden umgebracht, und er konnte nichts dagegen tun!

Verzweifelt brach sich Bogue nach vorn Bahn, und nun war er Zeuge eines aufregenden Schauspiels. Er sah den mächtigen, borstigen Kämpen angreifen, er sah das Blitzen der goldig weißen Krummdolche, er sah nur zwei seiner Hunde – dann nur einen, den geringsten der ganzen Meute, und nun fuhr der Keiler beim Anblick seines tödlichsten Feindes am Hunde vorbei auf den Jäger los. Die Flinte flog an die Backe, aber zum Zielen war keine Zeit, und die Kugel schlug harmlos in den Schlamm.

Jetzt sprang Billy beiseite, aber der Keiler war nah, war schneller und stärker und weniger vom Gestrüpp behindert. Des Jägers letzte Stunde hätte wohl geschlagen gehabt ohne den letzten Hund, der das Wildschwein an der Hachse packte und festhielt, als gälte es sein eigenes teures Leben.

Sofort nahm Berg-Billy seinen Vorteil wahr; aus dem gefährlichen Dickicht stürzte er zu dem nächsten Baum und hatte sich auf einen sicheren Platz gerettet, als der Keiler diesen Kehricht der Meute erledigt hatte und nun mit gesträubter Mähne wutschnaubend gegen den schützenden Baum anrannte und seinem Haß in rauhen, tiefen und kratzenden Lauten Ausdruck gab.

Lisette und ein alter Freund

Welch ein Vergnügen, von einer hochgelegenen Stelle aus auf das große Laubmeer da unten hinabzublicken! Welch ein Hochgefühl, auf der Jagd den erregenden Jagdruf zu hören, wenn man weiß: Dort ist ein großes Wild, mit dem man, wenn man Lust hat, seine Kräfte messen kann! Lockende Bilder aus der Jugendzeit stiegen vor Prunty auf, als er mit Lisette eifrig lauschend der Jagd folgte. Wie hell und klar das klang, und als sich das Gebell auf einen Fleck verdichtete, da fühlte sich der alte Prunty wie ein Jüngling: Er sprang auf, stürzte vorwärts, stolperte, glitt aus, fiel hin und verletzte sich bei dem Fall seines schweren Körpers den Knöchel, so daß er sich auf einen Stamm setzen mußte und nun in nicht eben gewählten Ausdrücken über sein Mißgeschick schimpfte.

Das Gebell der Hunde hörte nicht auf. Da versuchte er zu gehen, sah sich aber außerstande dazu und rief: „Hier, Lisette, mach schnell, daß du zu Bogue kommst, und sag ihm, er soll die Geschichte so lange wie möglich hinausziehen, daß ich auch noch 'was davon habe. Ich komme langsam nach. Nimm du lieber die Flinte!“

So machte sich Lisette allein auf, nur von dem Hundegebell geleitet. Zwanzig Minuten lang war es auch ein guter Führer; dann schien es zu verklingen. Darauf kamen noch ein paar abgebrochene Töne und nun völliges Schweigen. Doch sie ging weiter, und da sie nichts hörte, rief sie laut, was Bogue hoch oben auf dem Baum nicht hörte. Sie versuchte ein anderes Mittel, ihren Pfiff, und da Bogue dachte, der andere komme ihm zu Hilfe, rief er verschiedenes herunter, was sie nicht verstehen konnte.

Dann ging sie in der Richtung seiner Stimme weiter und pfiff zu wiederholten Malen, damit ihr der Vater folgen könne. Beide hörten sie auch, aber außerdem noch ein dritter. Der große Keiler richtete seinen Kopf auf, er hörte auf, zu stampfen und zu knurren, und ließ ein fragendes Grunzen hören. Da kam wieder ein aufmunterndes Pfeifen.

Von seinem hohen Jammersitz sah Bogue Lisette plötzlich allein, aber mit einer Flinte bewaffnet, erscheinen und auf einen Stamm steigen, um weiter sehen zu können. Er schrie:

„Obacht! Er geht auf Se zu. Gehn Se, so hoch Se kennen, un' zielen Se scharf!"

Es kam ihm alles so einfach vor, er begriff nicht, daß sie in Zweifel sein könnte. Aber sie gab noch einen lauten Pfiff von sich. Eine große, rotmähnige Gestalt kam eilig durchs Gebüsch und ließ ein sehr vertrautes, gemütliches Grunzen hören. Zuerst war sie bestürzt, dann aber war alles klar.

„Schaum, Schaum, altes Schäumchen!" rief sie, und als das ungetüme Tier auf sie zutrabte, glättete sich seine gesträubte Mähne. Es richtete sich am Stamm auf, es flüsterte auf seine Art weiche Worte aus seiner rauhen Brust; es rieb seine Backe an ihrem Fuß, drückte mit der Schulter schwer gegen den Stamm und hielt dann seine mächtigen Hufe zu dem sanften Streicheln hin, das seinerzeit „französische Politur" bedeutet hatte. Schaum war nicht zufrieden, bis ihr alter Vertrag erfüllt wurde und Lisette seinen breiten, schwarzen Rücken kratzte. Auf dem Stamme neben ihm sitzend, erwies sie ihm diesen Liebesdienst, während Bogue vom Baum ängstlich herunterschrie: „Schießen Se'n tot, oder er macht Se tot!"

„Du Esel!" dachte sie. „Schieß doch! Ebensogut könnte ich auf meinen großen Bruder schießen; und Schaum würde mir nicht mehr wehe tun als seiner kleinen Schwester."

So wurde das wilde Tier durch den alten Zauber gebändigt, und nun ging der Keiler befriedigt und grunzend in seinen Wald zurück und ließ sich an diesem Tage nicht mehr sehen.

Der Bär fordert ein neues Opfer

Ja, der Bär kam an einem späteren Tage zu seinem Versteck am Fluß zu dem Schauplatz seines Sieges zurück; er betrog die Geier um ihre Beute und hielt sein ekles Mahl. Er trieb sich lange in der Nähe herum, und da hatte er wieder Glück. Als das nächstemal die Wildschweinfamilie, Wurzeln und Beeren suchend, durch den Wald zog, die Mutter vorn und der Vater zu weit hinten, um gefährlich zu sein, da kam sie auch zu der Furt durch den Fluß. Die Kleinen liebten diese Stelle nicht und blieben zurück, aber die Mutter schritt voran ins Wasser und mußte in der Mitte fast schwimmen. Die Sprößlinge zögerten noch ängstlich grunzend an der Uferbank. Eines nach dem andern sammelte Mut für den Wassersturz, bis ein einziges übrig war. Als es sich ganz allein sah, begann es kläglich zu winseln.

Das war Musik für andere Ohren, denn der alte Kogarbär kannte den Schrei eines verzweifelten Frischlings; und dabei war das Stimmchen so dünn, daß sein eigener Mut mächtig schwoll.

Schleunigst folgte er dem Schrei. Die Mutter, die ihrem Jüngsten unbedingt Gehorsam beibringen wollte, achtete des Schreies nicht, sondern ging weiter.

Während das Verlassene noch lauter quiekte, bröckelte unter einem schweren Tritt etwas vom Uferrand über dem Kleinen ab, ein mächtiger Hieb sauste hernieder, und der Frischling war auf immer stumm. Dann langte der Bär mit langem Hals und vorgestrecktem Kopf nach unten, faßte die Beute und kroch schnell die Uferbank wieder hinauf, benutzte einen angelehnten Baum, der zu der Höhe führte, und kam so über den Hügel.

Auf der andern Seite war er sicherer, als er selbst wußte, und schmauste nach Herzenslust.

Berg-Billys Niederlage

Als Berg-Billy an einem Abend heimkam, fand er drei seiner Hunde, die auf ihn warteten, einen davon übel zugerichtet und die andern höchst niedergeschlagen; zur Wildschweinjagd waren sie überhaupt kaum noch zu gebrauchen. Als er sie dazu zwang, war es ein trauriges Schauspiel, wie sie früher oder später eine abzweigende oder kreuzende Spur aufnahmen, die etwa an einem Baum endete, auf dem ein Waschbär saß, oder zu einem fernen Felsenloch führte, wo ein Opossum seine Zufluchtstätte hatte.

Berg-Billy hätte ja zur Hütte eines andern Jägers gehen und sich dort brauchbare Hunde leihen können, aber darin hätte das Zugeständnis gelegen, daß seine Meute feig sei und nichts tauge, und das ließ sein Stolz nicht zu. Er hatte ein echtes Jägerherz, das sich nicht

leicht beugte; auch war er stark und wohl imstande, selbst eine Fährte aufzunehmen, wenn es ihm der Mühe wert schien. Als Prunty ihn wieder einmal wissen ließ, sein Garten sei aufs neue verwüstet worden, und der Jäger könne ein gut Stück Geld verdienen, wenn er ihn endgültig von der Plage befreie, antwortete Billy: „Warten Se, bis 'n guter Regen kommt, dann werd' ich selber die Spur aufnehmen. Da wer'n Se was sehen."

So geschah es, daß am Morgen nach dem ersten heftigen Regen jene denkwürdige, stille Jagd stattfand, an der nur Prunty und Bogue teilnahmen. Die Jäger wollten keinen lärmenden Troß, und so wurde es in der Tat eine stille Jagd. Lisettes Bitten, doch Frieden zu halten und einen festen Zaun aufzurichten, fanden keine Beachtung. „Du sollst seine Hauer als Armband tragen, ich laß dir einen goldenen Reifen dazu machen." Damit suchte er das Gewissen der Tochter und kaum weniger sein eigenes zu beruhigen.

Der Tag des Gerichts

Starker Regen wäscht alle früheren Spuren fort und macht die neuen tief und stark; dann gibt es auch keine raschelnden Blätter und krachenden Zweige mehr, und ein guter Jäger kommt ohne Hund aus. Berg-Billy und Prunty machten sich auf, jeder mit einer Büchse bewaffnet. Zwar waren sie ungefähr gleich alt, trotzdem hatte Prunty große Mühe, mit dem schlanken, geschmeidigen Jäger Schritt zu halten, der kräftig ausgriff und dabei sorgfältig jeden Meter Boden nach Merkmalen absuchte.

Unten im Sumpf fanden sich alte Zeichen, jetzt vom Regen verwaschen. Sie kündeten alle, aber sehr schwach: „Ja, aber vor ein paar Tagen."

So strichen die Jäger am Sumpfrand entlang und am Zufluß hin, dann über die niedrigen Hügel hinauf zum Kogartal, wo Prunty atemlos haltmachte. Berg-Billy ging weiter und fand nach etwa anderthalb Kilometern, was er so sehnlichst gesucht hatte: die Fährte einer Rotte Wildschweine. Er folgte ihr nur noch ein Stückchen weiter; da fand er auch die Zehnzentimeterspur ihres Anführers, der gegenüber die andern ganz unbedeutend erschienen.

„Juhu!“ rief er rückwärts gewandt Prunty zu: „Ich hab'n! Vorwärts!“ und Billy ging weiter, nur die Fährte im Sinn.

Prunty strampelte hinterher, aber das Gehen machte ihm warm, und Berg-Billys Ermunterungsrufe wurden immer schwächer. So setzte sich Prunty müde und ärgerlich auf einen Stamm und wartete.

Eine Viertelstunde verging. Er war wieder bei Atem und fühlte sich jetzt wohler, aber kein Ton verriet ihm mehr, wo der Jäger weilte. Es verging noch eine Stunde, und Prunty verließ seinen Sitz und strebte dem Kogarhügel zu, um von dort Ausschau zu halten. Nach langsamem Aufstieg gelangte er hin und setzte sich nieder und wartete.

Im ganzen war fast eine Stunde vorüber, als er in dem Moorbruch neben dem Zufluß, der den Kogarfluß speist, Geräusche hörte von einem Etwas, das sich im Unterholz bewegte. Prunty ging darauf zu.

Nach kurzer Zeit blieb er stehen und horchte, hörte aber nur das „Dschäh, dschäh“ des Hähers. Dann wurde die Stille jäh durch den schrillen Hilferuf eines Frischlings unterbrochen. So rasch wie er laut geworden, so plötzlich brach er wieder ab.

Prunty strebte so schnell und so geräuschlos, wie er konnte, vorwärts und kam dem offenen Gehölz am Kogarflusse näher.

Jetzt wurden Geräusche hörbar, Laute, die mehr von Bewegungen als von Stimmen ausgingen, manchmal kamen auch Stimmen, Tierstimmen, die von vielen und verschiedenartigen Wesen stammten.

Prunty bot alle Wäldlerkunst seiner Jugend auf. Er schlich, wie der Panther schleicht, hob einen Fuß und setzte ihn erst wieder nieder, wenn er sicher war, daß er geräuschlos den Boden berührte. Er netzte seine Finger, um die Richtung des Windes zu erkunden, oder warf Gras in die Höhe, um sich von der Stärke des Luftzugs zu überzeugen, und veränderte seinen Standpunkt, um sich unbemerkt nähern zu können. An offenen Stellen schritt er kräftig aus und kam endlich, die Büchse schußbereit, zu einem letzten Dickicht, wo ein riesiger Stamm am Boden einen hohen und bequemen Auslug bot. Er stieg darauf, und es war, als ginge vor ihm der Vorhang in die Höhe und enthüllte ein hinreißendes Schauspiel: Kraft wider Kraft, wie in der Ritterzeit standen sich die Gegner Auge in Auge gegenüber, des Zeichens zum Angriff gewärtig.

Da stand, schwarz und wild, ein Bär, ein großer Bär, halb aus dem Gebüsch ragend, und ihm gegenüber, etwa zwölf Schritte entfernt, ein Wildschwein, ein Keiler, ebenfalls von ungewöhnlicher Größe, aber kleiner als der Bär und mit einer langen Narbe im Gesicht. Hinter und neben dem gewaltigen Wildschwein befand sich ein kleineres mit der feineren Schnauze und den kürzeren Hauern der Bache. Im nahen Erlendickicht verborgen waren Frischlinge. Zuerst dachte Prunty, es seien zwei oder drei, dann waren mehr zu sehen, manche davon sehr klein, bis es ein ganzer Haufen zu sein schien.

Dann schwang sich der Bär im Kreise nach der andern Seite des Gebüsches, aber der Keiler warf sich dazwischen, und die Frischlinge, vor dem großen Tier zurückweichend, quiekten lebhaft und suchten davonzulaufen. Sie bewegten sich schnell bis auf einen, der sich wie verkrüppelt fortschleppte und an der Seite rote Streifen und im Nakken einen dunklen Fleck hatte.

So standen sich die beiden gegenüber, bewegungslos und still. Nur ein leichtes Beben war an der scheckigen Nase des großen Bären – unserem alten Bekannten aus dem Kogartal – wahrzunehmen, und manchmal grollte es tief in der Brust. Der Keiler, der sich auf seinen weitgespreizten Beinen hoch emporreckte, machte sich durch die gesträubte Mähne seiner Rückenborsten noch größer. Die Schnauze gesenkt, mit blinzelnden Augen stand der mächtige Bursche da. Die großen Hauer glänzten; und „tschapp, tschapp" schnappte das Maul, bis der Schaum, dem er seinen Jugendnamen verdankte, ihm die Backen befleckte.

Die Frischlinge quiekten angstvoll, aber der Große bot Trotz, ohne einen Ton von sich zu geben, außer dem „Tschapp" oder „Klick" seiner Wehr.

Eine Minute lang geschah so gut wie nichts, während die beiden kampfbereit einander anstarrten.

Wer kann das Gewicht der sie bewegenden Gefühle ermessen? Den Bären treibt nur Rache und Freßgier, und manche kleinen Siege stärken ihm den Sinn. Der Keiler folgt dem Hilferuf, der jeden seiner kampfesfrohen Art erregt, wie die Alarmglocke das Pferd in der Feuerwehrhalle. Mit der Selbstvergessenheit einer hochgemuten Natur will er dem bedrängten Artgenossen helfen, findet nun aber, daß es einem seiner eigenen Brut gilt, daß eines von seiner Familie bedroht ist. So kam es zum Zusammenstoß. Hier Kraft, gewaltige Kraft, Sinnenkitzel, verderbte Sucht und zweifelhafter Mut – dort weniger Kraft bei unvergleichlichem Mut und kampfgestählte Lungen und Glieder: der Kogarbär und Schaum.

Der große Bär bewegte sich langsam nach einer Seite und schwang sich dann im Kreise herum, sei es, um einen Flankengriff auf den Keiler zu machen, sei es, um den Jungen eins auszuwischen; jedenfalls schlug sich der große Keiler immer dazwischen, entschlossen, den Kopf gesenkt, ohne unnötigen Kraftaufwand, stumm, aber hartnäckig und unverzagt.

Der Bär bewegte sich nach der andern Seite, stieg auf einen Stamm, brummte, schien angreifen zu wollen, setzte eine Tatze diesseits des Stammes nieder, und Schaum fuhr auf ihn los. Der Bär wich zurück, Schaum folgte ihm nicht. Ein zweiter Schwung, eine Finte, und der Bär fiel über ihn her. O Bär, sieh dich vor, das ist kein zarter Frischling, mit dem du anbindest!

„Sod, sod, sod" sausten die gewaltigen Pranken nieder, und der breite, borstenstarrende Keilerrücken fing sie auf. Sie ließen Schaum taumeln, brachten ihn aber nicht zu Fall, und seine weißen Messer blitzten aufwärts, dorthin gerichtet, wo die Lebensorgane am wenigsten geschützt sind. Die Kämpen ließen voneinander. Der Keiler war zerschunden, aber der Bär zeigte ein halbes Dutzend blutige Rippen. Schweres Seufzen, Stöhnen und heftiges Schnaufen wurden laut; und von dem Haufen dahinten stieg geradezu ein Chorgesang gemischter Furcht- und Wutschreie empor.

Das war der erste blutige Gang. Nun standen sie sich wieder gegenüber und schwangen hierhin und dorthin. Jeder kannte das Spiel des andern oder schien es doch zu kennen. Der Keiler mußte auf den Füßen bleiben, sonst war er verloren, der Bär mußte den Keiler werfen und mit seinen Tatzen tödlich packen, ehe er ihn mit den Hinterpranken zerreißen konnte. Beide hatte tolle Kampfwut ergriffen.

Im Kreise ging der Schwarze, nach einem günstigen Angriffspunkt spähend, um den Borstenträger herum. Der ließ ihn nicht aus den Augen. Wieder waren sie aneinander, und der Bär, der sich mit voller Wucht auf Schaum warf, hätte ihn durch sein Gewicht gefällt, aber das stämmige Wildschwein schlitzte so arg an dem triefenden Bauch, daß der Bär, zuckend vor Schmerz zurückfuhr. Immer wieder maßen sie sich mit den Augen, um eine gute Gelegenheit abzupassen. Der Bär fühlte sich sicherer auf dem Stamm. Da stand er und machte Ausfälle und Finten, bis Schaum vorwärtsstürzte. Der Stamm lag ihm im Weg; er setzte darüber, aber das war ein Fehler von ihm. Waren die Stämme für den Bären ein Gewinn, für Schaum waren sie ein Nachteil. Wieder waren sie aneinander, der Bär sprang ihm auf den Rücken und wuchtete mit aller Kraft nach unten. Wohl arbeiteten die scharfen, langen, beinernen Klingen, daß das Blut am Bären niederströmte, aber Schaum sank zu Boden. Da griff in das lautlose, tödliche Ringen der beiden Kämpfer ein dritter ein und fiel den Bären an: Grauchen kam über ihn mit all ihrer frischen Kraft, schnell und schneidig gingen ihre Messer, und der Bär taumelte zurück. Sie packte ihn an einer Hinterpranke und biß und quetschte sie; Schaum schüttelte sich das Untier vom Rücken, wandte sich und schlitzte und riß. Der Bär brach zusammen. O ihr Rachegeister des Waldes! Was für ein Gemetzel! Die klickenden, mörderischen Messer, das schauerliche, tiefe Stöhnen und halberstickte Brüllen, der schwächer werdende Widerstand, das strömende Blut, das letzte Aufraffen zu verzweifelter Flucht, das hoffnungslose Heulen! Und wieder sank der Bär zu Boden mit den beiden an sich, die wie Dämonen wüteten. Im Fallen umklammerte er als letzten Rettungsanker einen Stumpf. Aber sie zogen ihn ganz herunter. Sie schlitzten seine zottigen Flanken auf, bis das letzte Ächzen verstummte, jede Regung erstarb.

Und Prunty starrte hin wie einer, der von Zeit und Ort nichts weiß und sich nur des einen bewußt ist, daß er selbst dort mitkämpfte. Er sah das starke, kriegerische Wildschwein den Sieg davontragen und glaubte, selber Sieger zu sein. Er liebte es, ja er liebte es, wie ein Mann einen tapferen, festen Streiter lieben muß. Er sah, wie das mächtige, mutige Tier rasch wieder zu sich kam, wie die kleinen Frischlinge ängstlich herbeitrippelten und an dem gefallenen Feinde rupften und zerrten und bei einem eingebildeten Lebenszeichen davonstoben. Er sah auch, wie zärtlich die beiden Alten zueinander waren und wie hundert Kleinigkeiten von der Innigkeit der Familienbande zeugten. Es war tierische, körperliche Liebe, wenn man so will, aber die Liebe, die erduldet und kämpft und weiter dauert. Und der Mann blickte auf den Gegenstand, den seine Hände umklammert hielten, das lange, schimmernde, tödliche Ding, zum Mord gerichtet und im Augenblick zur Tat bereit. Ein Gefühl wie Scham überkam ihn und wurde immer stärker. „Er hat meinem Kind das Leben gerettet, und nun vergelt' ich's ihm." Und dann kam wieder das überwältigende Gefühl, das er damals hatte, als Lisette, das Einzige auf Erden, das er lieben konnte, heimkam und ihm vom Kampf mit der Klapperschlange erzählte – mit Macht kam dieses Gefühl, und er war tief bewegt, wie damals. Jetzt bekamen ihre Worte auf einmal Wert. Ja, sie hatte ganz recht: Die Gartenbeete konnte er auf andere Weise schützen.

Stark stieg in ihm eine mannhafte Freude an Kraft und Kampf auf, und er polterte los: „Himmel, was für'n Stückchen! So hat mir noch kein Kampf gefallen, Herr, was für'n Reißen und Schmeißen! Ihn totschießen? Zum Donnerwetter, meinetwegen kann er sich's im Sumpfe wohl sein lassen, bis er vor Alter nicht mehr leben kann."

Jetzt wandte sich Frau Schaum und führte ihre Sprößlinge fort. Sie sprangen lustig davon, an letzter Stelle das verwundete; die Allerletzte war sie selbst, mit manchem Schlitz und Riß, aber mit ungebrochener Kraft, und während sie dahinzog, machte sie plötzlich halt und schaute auf den besiegten Feind zurück, aber der war still, ganz still; sie zog weiter. Die Farnkrautwedel verhüllten den Wechsel, der Vorhang ging nieder. Und die Aasvögel zogen ihre Kreise, denn da war ja ein Schlachtfeld, und ein Schlachtfeld bedeutet einen Festschmaus.

WEH-ATSCHA

Der Waschbär von Kildercreek

Mutter Natur, die du den Wald erschufst, viele Wesen hast du hervorgebracht und wieder verworfen: den Bären, weil er zu groß, den Hirsch, weil er im Schnee zu leicht sichtbar und hilflos, den Wolf, weil er zu wild und ein zu arger Fleischfresser ist; sie alle schienen dir nicht dem Geist des Baumlandes zu entsprechen. Und du hast dich weiter versucht, bis der Waschbär deiner Hand entsprang, der mit seiner schwarzen Maske nächtens durch den Hochwald wandert. Ihn hast du mit den Gaben der Dryade, der Baumnymphe, ausgestattet, ihn, den harmlosen Bewohner der hohlen Eiche, das Wahrzeichen der vom Pflugland am weitesten abgelegenen Sümpfe, die hallende Stimme, die der Rothaut vertraut ist.

Oh, steh dem Besinger des Waldes bei, wenn er vom Waschbären kündet; von seiner Güte, seiner Stärke, seiner Lebensfreude im hohlen Baum, den der Farmer verschmähte, weil er so hohl war! Und wenn er von seinem Liede kündet, das er auf der nächtlichen Wanderung singt, und weshalb er singt, und warum der Wäldler sein wildes, schreiendes „Jaup" liebt, ganz, wie er den Gesang des Indianers liebt, in dem der Geist des brennenden Waldes lodert!

Hilfst du ihm diese Dinge künden, daß sie die Welt rühren, wie sie ihn selbst gerührt haben, so soll der unerbittliche Forstmann nicht bis ans bittere Ende gehen. Er soll den hohlen Baum stehenlassen und den ringelschwänzigen Einsiedler des Waldes nicht vertreiben, noch seinen Windgesang im Tollen Mond verstummen lassen!

Was der Waschbär für uns bedeutet, läßt sich nicht in dürren Worten ausdrücken, aber soviel sei gesagt: Er ist ein Sinnbild für vieles, was gemütvolle Naturen lieben; und setzen die stockblinden Ratgeber der Nation ihren üblen Willen durch und fällt der hohle Baum samt ihm zum Opfer, dann bedeutet das, daß der letzte Winkel dieses Landes dem Dollar und seinen Anbetern untertan wird. Möge ich lange dahingefahren sein, wenn dies eintritt!

Auf der Suche nach dem Heim

Der März mit seinem Krähengeschrei und seinem Spechtgehämmer nahm vom Walde Besitz. Die Sonne war untergegangen, und ein sanftes Sternenlicht auf dem schmelzenden Schnee genügte den scharfen Augen der nächtlichen Wanderer. Zwei von ihnen kamen daher; schnell liefen sie durch den Wipfel eines gefallenen Baumes am liegenden Stamm entlang durch den Schnee und benutzten dann jeden passenden Baumstamm als eine Art Bürgersteig. Es waren große Tiere, das heißt größer als Füchse, von gedrungener Gestalt, mit buschigem Schwanz, ihrem Artmerkmal, an dem die scharfen Nachtaugen einer vorbeistreichenden Eule die dunklen Streifen sehen konnten.

Voran ging das kleinere der beiden Tiere, das sich von Zeit zu Zeit gereizt und ungeduldig umdrehte, als wollte es das größere hinter ihm beißen; vor ihm zu fliehen schien es aber nicht. Der größere Waschbär folgte mit geduldiger Gelassenheit. Ein Waldkundiger hätte sofort gewußt, daß es sich um ein Pärchen handelte. Wie es bei den Tieren Regel ist, hat die Mutter alle Vorbereitungen für die kommende Brut zu treffen. Sie muß die Kinderhöhle aussuchen, sie muß die rechte Zeit wissen, sie allein ist die Führerin auf diesem Streifzuge. Er ist nur zum Schutze dabei für den Fall, daß sie einem Feind begegneten.

Hinab durch das Erlendickicht am Fluß ging es und durch das niedere Strauchwerk und weiter, bis sie den ausgedehnten Waldstrich erreichten, den man hatte stehen lassen, weil das Land tief lag und dürftig war. Es war viel alter Bestand darunter, und die Waschbärin, die künftige Mutter, ging schnell von einem Stamm zum andern und suchte – was?

Der Wäldler weiß, daß eine hohle Fichte selten, ein hohler Ahorn häufig vorkommt und eine hohle Linde die Regel ist. Er hätte den gesuchten Stamm bei Tage wohl erkannt, denn ein hohler Baum hat einen toten Wipfel, aber die Waschbärin schien in der Dunkelheit mit voller Gewißheit von einer großen Säule zur nächsten zu gehen und, ohne hinaufzuklettern, zu wissen, daß sie nicht für sie geeignet seien. An der Biegung schließlich, wo Bach und Fluß sich vereinen, kletterte die Waschbärin auf einen großen abgestorbenen Ahornbaum wie eine, die Bescheid weiß.

Das ist die beste Wohnung für einen Waschbären. Hoch oben auf einem großen, weitragenden Baum, in einem tiefen, gefährlichen

Sumpf, unweit fließenden Wassers mit seinem Zauber und seinem Reichtum an Nahrung, eine geräumige bequeme Kammer, trocken und mit dem weichsten Mulm gepolstert, ein enger, eben noch das Hineinschlüpfen gestattender Eingang und in der Nähe ein großer Ast, den am Tage der volle Sonnenschein trifft. Das ist die beste Wohnung, und das hatte die Mutter Waschbärin gefunden.

Das Heim

Im April waren die Jungen angekommen, fünf Stück mit Ringelschwänzen und schwarzen Masken wie ihre Eltern und hatten viel Arbeit gemacht.

Ihre Säuglingszeit war vorüber, und nun im Juni waren sie alt genug, an hellen Tagen herauszukommen und in einer Reihe auf dem dicken Ast zu sitzen, um ein Sonnenbad zu nehmen. Sehr früh im Leben traten ihre persönlichen Eigenheiten hervor. Da war das Furchtsame, dessen Schwanz um einen Ring zu kurz war; das fette Graue, das immer zuletzt aus dem Neste kroch; und das mit der schwärzesten Maske, groß, lebhaft und immer zu allem bereit: das Junge, das später den Namen Weh-Atscha erhielt. In der molligen Kinderstubenzeit sind die Gebote des Waschbärenlebens einfach: Iß, wachse und verhalte dich ruhig – für alles andere sorgt Mutter! Sind sie aber erst einmal so alt, daß sie das Nest verlassen können, dann fangen sie an, selbst Erfahrungen zu sammeln und die anderen Gebote zu lernen. Der Sonnensitz stand allen frei, und auch höher hinauf am Baum, zwischen den kleineren Zweigen durften die Jungen kriechen, nicht aber unter das Nest, wo der Stamm eine ganze Strecke weit völlig ohne Rinde und sehr glatt war, also eine schwierige und gefährliche Stelle für den Kletterer. Sobald daher eines der Kleinen Miene machte, sich hinunterzuwagen, rief die Mutter es mit scharfen, zornigen Tönen zurück.

Weh-Atscha (Mutter nannte ihn wie die andern „Wirr", nur noch mit etwas kräftigerem Schnurren) war schon ein paarmal nachdrücklich zurückgeholt worden, aber das machte ihn nur noch erpichter auf die verbotenen Kletterpartien. Mutter war drinnen, als er wieder einmal von dem sonnigen Ast auf der rauhen Rinde hinabglitt und weiter zu der glatten Stelle. Hier war der Stamm zwanzigmal zu dick, als daß Weh-Atschas Ärmchen ihn hätten umfassen können. Natürlich fiel er hinunter, obwohl er sich an allem hielt, was er er-

langen konnte; alles krachte und riß, und die Blitzfahrt endete mit einem Platsch im tiefen Wasser unten.

Durch das plötzliche Keuchen der andern beunruhigt, kam die Mutter eilends heraus und sah ihren Ältesten im Bache zappeln. Schleunigst glitt sie zu seiner Rettung hinunter, aber die Strömung hatte ihn gegen eine Sandbarre getrieben; er strampelte heraus, ohne großen Schaden genommen zu haben, und wandte sich dem Heimatbaum zu. Mutter war halbwegs unten; da sie ihn aber schon wieder heraufklettern sah, kehrte sie zu der Reihe gespannter Gesichter auf dem Ast oben zurück.

Weh-Atscha klomm tapfer hinauf, bis er die lange, rindenlose Stelle erreichte. Hier versagte seine Kletterkunst, und in seiner Verzweiflung brach er in ein langes, winselndes Gewimmer aus. Mutter war wieder an der Höhle, aber sie wandte sich nun, stieg hinunter, packte den Gescheiterten ziemlich unsanft im Genick, nahm ihn zwischen ihre Vorderpfoten, trug ihn um den glatten Stamm herum, auf die Seite, wo zwei Risse den Krallen einigen Halt boten, schob ihn hinauf und hielt ihn dabei, daß er nicht fallen konnte, puffte ihn aber auf dem ganzen Weg bis zum sicheren Heim.

Lehrzeit

Etwa zwei Wochen später hielt die Mutter die Zeit für gekommen, die Jungen in die große Welt hinunterzuführen, und dazu wartete sie einen Vollmond ab. Alte Waschbären können sich sehr gut in dunkler Nacht behelfen, aber wenn sie an die Ausbildung der Jungen gehen, brauchen sie etwas Licht.

Vater ging zuerst hinunter, um bereit zu sein, falls sich ein Feind zeigte, und nun lernten die Jungen erst, mit dem kahlen Stamm fertigzuwerden. Nur an einer Stelle bot sich eine sichere Gelegenheit: da, wo die beiden Risse ein festes Einkrallen möglich machten. Mutter machte es ihnen vor, und die Jungen taten ihr nach.

Für die war alles neu und überraschend; jeder Gegenstand mußte berochen und angefaßt werden: Steine, Baumstämme, Gras, Erde, Schlamm und vor allem das Wasser. Das glänzende Wasser, das sich nicht fassen ließ, war für sie alle ein Rätsel, nur nicht für Weh-Atscha, der es schon kannte oder sich doch einbildete, es zu kennen.

Die Jungen trieben es lustig; sie jagten auf den Stämmen umher und suchten einander in kleine Löcher zu stoßen, aber Mutter hatte

Ernsteres mit ihnen vor; sie sollten den ersten Unterricht darin erhalten, wie sie ihren Lebensunterhalt zu erwerben hätten, und das geschah in der Hauptsache durch ihr Beispiel.

Wenn ein Waschbär auf der Nahrungssuche ist, so pflegt er am Wasser zu stehen, beide Vorderpfoten hineinzustecken, den Schlamm mit flinken und feinfühligen Fingern abzutasten und dabei Frösche, Fische, Krebse und dergleichen zu ergattern; zugleich läßt er seine Blicke über das Gehölz fern und nah, rechts und links schweifen, um auch sonstige gute Fanggelegenheiten wahrzunehmen und sich vor Feinden zu wahren. So machte es Mutter vor, und die Jungen sahen zu, fragten aber mehr nach der Beute als nach der Fangart.

Dann drängten sie sich aneinander, um besser zu sehen, das heißt, sie standen in einer Reihe am Ufer. Unwillkürlich steckten sie die „Hände" ins Wasser und taten es sofort der Mutter nach. Was für eine sonderbare Empfindung, wenn man den Schlamm so durch die Finger gleiten fühlte, dann vielleicht eine Wurzel wie eine Schnur oder eine runde weiche, die sich schlängelt! Was das für einen Schauer gibt! Denn der Instinkt sagte ihnen, das sei eine Beute, das sei ihr Ziel.

Unser Weh-Atscha, der den Fund machte, hielt die Kaulquappe fest, ohne daß man es ihn geheißen hatte, und nahm sie zwischen die Zähne, bekam aber den Mund voll Schlamm und Sand. Er spuckte aus, Schlamm, Kaulquappe und alles. Mutter nahm das Zappelige mit dem silberigen Bauch, wusch es in dem klaren Wasser und gab es Weh-Atscha zum Verschlingen. Nun wußte er Bescheid und hielt sich hinfort an den Brauch seiner Artgenossen, jeden Bissen gewissenhaft zu spülen und zu säubern, ehe er ihn verzehrte. Der scheue Bruder mit dem kurzen Schwanz war zu furchtsam, von der Mutter weit wegzugehen, und lernte daher nur wenig. Die andern beiden zankten sich um einen vollkommen wertlosen alten Knochen. Jeder hatte „ihn zuerst gefunden", und der Sieger hatte nichts davon, Graurück war weit draußen auf einem Holzstamm über dem Wasser und wollte darin den widerspiegelnden Mond fangen, aber der vom Erfolg berauschte Weh-Atscha war nur aufs Jagen versessen. Am schlammigen Rande watschelte er entlang und spähte eifrig hierhin und dorthin,

---

Der Waschbär — Bewegungsstudien und Einzelheiten aus Ernest Thompson Setons Skizzenbuch.

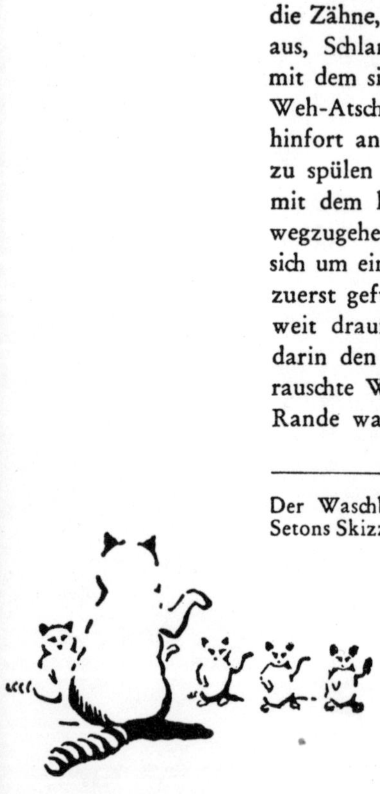

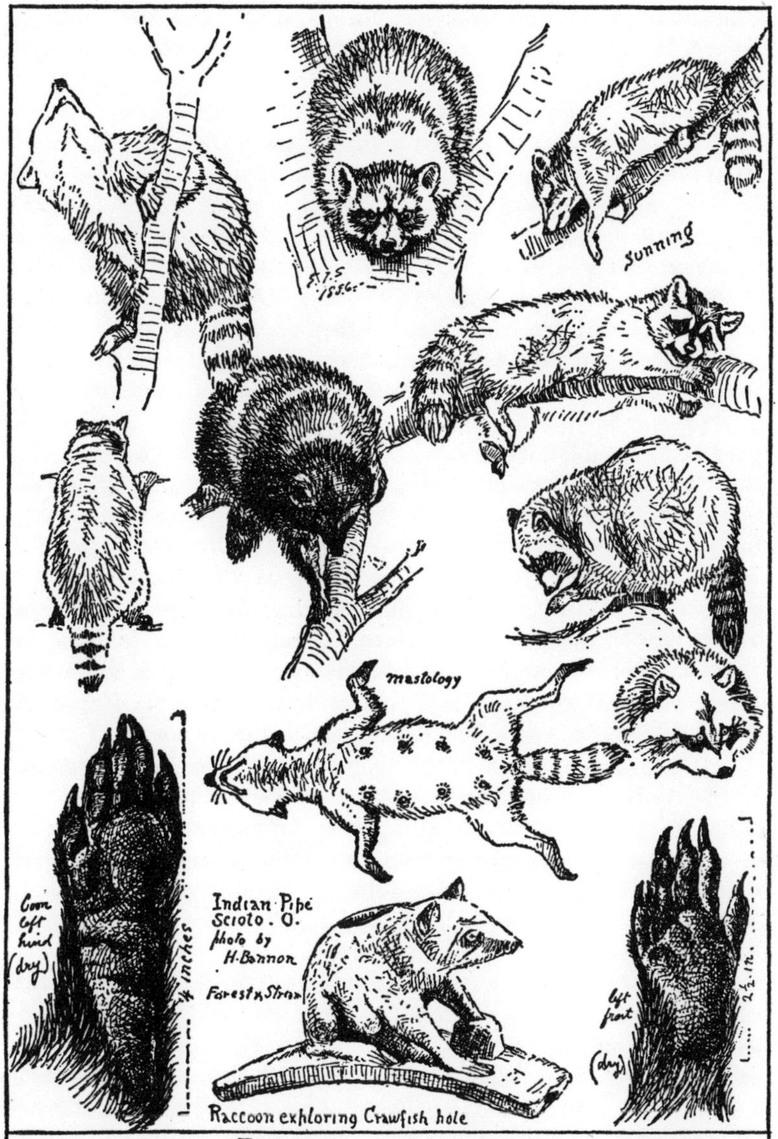

Raccoon – poses & details by E.T.S.

ganz wie Mutter, und stocherte überall im Schlamm und ließ ihn durch die Finger gleiten, ganz wie Mutter, hielt zwei Hände voll empor, um daran zu riechen, ganz wie Mutter, umspannte eine unbrauchbare Wurzel, die sich zu winden schien, und spuckte sie knurrend aus, ganz wie Vater. Das war ein Spaß! Und als seine ruhelosen kleinen Finger schließlich den glatten, zappelnden Körper eines im Schlamm versteckten Frosches faßten, durchzuckte Weh-Atscha solch ein Freudenschauer, daß sich ihm alle Haare auf dem Rücken sträubten, und er stieß das Feldgeschrei der Waschbären aus, das nichts weiter ist als ein wunderlicher Mischlaut, halb Brummen, halb Knurren. Das war ein Augenblick des Triumphs, aber Weh-Atscha vergaß nicht, was er vorher gelernt hatte, und spülte den Frosch so sauber, wie Wasser ihn machen konnte, ehe er ihn verschmauste.

War das aufregend! Und er hoffte auf endloses weiteres Vergnügen, als plötzlich ein Zeichen vom Vater alle seine Absichten über den Haufen warf. Vater hatte weit unten am Flußufer Wache gehalten, während die Mutter mit den Jungen am Bache weilte. Jetzt ließ er einen Warnruf hören, den Mutter nur allzu gut kannte; es war ein leiser Ton, etwa wie „Fuuf" klingend, dem ein tiefes Brummen folgte. Mutter lockte die Jungen mit leichtem Gebrumm. Sie ahnten die Bedeutung nicht, aber ein Gefühl der Unruhe hatte sie ergriffen, und eine Minute später krochen in regelrechtem Zuge sechs Pelzkugeln den gewaltigen Ahornbaum hinauf, genau in den beiden Ritzen und dann sofort in ihr bequemes Schlafzimmer.

Fernher vom Fluß unten kam ein tiefer, hallender Klang, zweifellos das Gebrüll eines schrecklichen Tieres. Mutter horchte vom Eingang aus. Jetzt kam Vater den Stamm heraufgeklettert, naß, weil er durch den Fluß geschwommen war, nachdem er, um den Feind wegzulocken, eine Fährte gelegt hatte; und er war auf einem neuen Wege, am oberen Rand eines Zaunes entlang, heimgekehrt, so daß keine Spur geblieben war, und das Gebell des Hundes verklang.

In dieser Nacht hatte Weh-Atscha einige der großen Ereignisse, die für das Leben eines Waschbären von Bedeutung sind, kennengelernt und mitempfunden: die Mondscheinjagd, die wachsame Mutter, den wehrhaften Vater, den schrecklichen Hund, die sichere Heimkehr mit Hilfe der Spurunterbrechung. Aber Gedanken darüber hatte er nicht. Ihn bewegte nur die Erinnerung an die freudige Erregung, als er den fetten, zappligen, saftigen Frosch in den Fingern quetschte, und in der nächsten Nacht sehnte er sich nach einer neuen Jagd.

Die geheimnisvolle Warnung

Viele Wesen haben einen sechsten Sinn, ein Etwas, das sie vor drohender Gefahr warnt, ein Etwas, das früher auch die Menschen besaßen, und das sie einen „Fernsinn kommender Dinge" oder einen „Glückssinn" nannten. Am stärksten scheint diese Fähigkeit bei Müttern entwickelt zu sein, die Junge haben. Und als die nächste Nacht heraufzog, fühlte sich Weh-Atschas Mutter unruhig. Etwas war nicht in Ordnung. Sie zögerte, die runde Treppe hinabzusteigen und lag, gespannt spähend und lauschend, auf dem sonnigen Ast, bis alle mißmutig und hungrig waren. Weh-Atscha konnte es vor Ungeduld einfach nicht mehr aushalten. Vater lief den Stamm hinunter, kam aber bald wieder herauf. Die Kinder winselten; doch Mutter gab nicht nach. Ihre Ohren wandten sich mehrmals dem Flusse zu, aber nichts Besonderes ließ sich vernehmen. Der Mond war untergegangen, und jetzt, in der größten Dunkelheit, führte die Mutter endlich ihre Sprößlinge hinunter. Alle hatten großen Hunger und liefen plätschernd und spritzend am Ufer dahin. Weh-Atscha fing einen Frosch und Klein Kurzschwanz eine Kaulquappe. Dann fingen sie alle miteinander Frösche, und die ganze Welt war wie eine einzige große, lustige Jagd ohne Sorgen, ohne Schmerz.

Jetzt fand Weh-Atscha auf einer Sandbarre eine neue Art von Frosch. Er glich zwei nebeneinanderliegenden flachen Knochen und roch angenehm. Weh-Atscha langte danach, aber sofort schlossen sich die beiden Knochen über seinen Zehen und quetschten sie so, daß er flehend um Hilfe schrie. Natürlich eilte die Mutter sofort herbei, während Weh-Atscha vor Schmerz und Furcht auf und nieder hopste. Die Alte kannte die Muscheln zur Genüge. Sie nahm das harte Ding zwischen die Zähne, zerdrückte das Schloß und machte so der Not ein Ende. Jetzt hatte der Gekniffene das Vergnügen, das Fleisch von den Schalen zu lösen, im Fluß zu spülen und als eine neue Art Frosch zu verschlingen, und alles erschien ihm wieder rosenrot.

Aber Vater erklomm eine Wurzel, schnaufte, witterte und horchte, und Mutter prüfte alle Gerüche und Spuren, die am Wege weiter ab vom Ufer waren. Zum Jagen war sie heute kaum gekommen. Ihr geheimer Sinn war stark in ihr, und sie gab das Zeichen zur Rückkehr.

Die Jungen folgten sehr widerwillig, und Weh-Atscha wurde fast aufrührerisch. Nach seinem Urteil hatten sie allen Grund zu bleiben, und keinen, sobald nach Hause zu gehen. Aber das beste Urteil vermag nichts gegen höhere Gewalt. Mutters Pfoten waren stark, und Vater konnte sehr grob werden. So stiegen die sieben Haarbälle wie zuvor die steile Ahorntreppe hinauf.

Der Rotfuchs vom Berghang jappte dreimal, ein kleiner Singvogel sang unweit des Ahornbaums dreimal laut im Traum, und Mutter Waschbär hörte es, ohne darauf zu achten. Später kam dann ein anderer Laut, ganz leise und fern, ganz schwach. Die Jungen vernahmen ihn nicht, aber der Alten sträubten sich die Haare. Es war ein ganz anderer Ton und kam von irgendwoher im Norden, der harmlose Wind machte manchmal solche Geräusche, aber hier war noch ein starkes Krachen dabei und ein paarmal Gebell, das von Hunden stammen mußte.

Die Geräusche kamen näher und wurden lauter, rote Sterne erschienen zwischen den Bäumen, und bald zeigte sich eine Schar von Männern mit Hunden, eine schwere Bedrohung für jedes lebende Wesen im Walde. Die frische Fuchsfährte da unten zog die Aufmerksamkeit der Hunde auf sich; so kamen sie dem Waschbärenbaum nicht nahe, und Mutter wußte, daß sie alle in dieser Nacht einer großen Gefahr entgangen waren.

Die Jäger

Am folgenden Abend hatte Mutter Waschbär Augen und Ohren auf allen Seiten und prüfte jeden Windhauch, während der Mond bei vier Bäumen vorüberging und ganz nahe bis zum Höhleneingang schien, ehe sie die Kinder zur gewöhnlichen Jagd hinunterließ. Die glaubten natürlich, sie würde sie wie sonst am Fluß hinabführen, aber sie tat es nicht. Flußaufwärts ging es; auch machte sie nicht halt zum Jagen, sondern wanderte weiter. Sie gelangten zu einem Strich am Ufer, wo überall aus dem Schilfgras Frösche ins Wasser sprangen. Das schien verheißungsvoll, aber Mutter ging noch weiter. Dann ward ein lautes Geräusch vernehmbar, als erhöbe sich ein Wind, nur manchmal plätscherte es wie ein Frosch oder gar eine Bisamratte. Dann kamen sie zur Quelle des Geräusches; es war der Bach selbst, der über eine Felsleiste in einen Teich hüpfte, glitzernd im Mondlicht, geräuschvoll in der Stille der Nacht. Mutter hielt die Jungen ein Weilchen zurück, während sie scharf nach vorn und ringsumher spähte. Dann duckte sie sich; ihr Haar sträubte sich, sie grollte. Vater trat neben sie.

Die Jungen hatten jetzt kein Verlangen mehr, vorwärtszueilen. Denn dort, am wildreichen Wasser, waren andere Jäger, die plätscherten, Frösche fingen und schmausten. Sie sahen aus wie sie selbst, und drehte einer von ihnen seinen Schweif herum, so sah man daran unfehlbar die sieben Ringel, das Wahrzeichen der Waschbärensippe.

Aber die eine der beiden Parteien war widerrechtlich hier. Welcher Familie gehörte dieser Jagdgrund? Das ist im Wald immer eine ernste Frage. Vater Waschbär reckte sich hoch auf, plusterte den Pelz auf und stelzte aus der Deckung vorwärts, am offenen Rand entlang. Die andere Familie geriet in lärmende Aufregung; dann liefen drei der Jungen winselnd zur Mutter, und ihr Vater reckte sich hoch auf den Beinen, plusterte seinen Pelz auf und stelzte steif und offen auf Weh-Atschas Vater los. Jeder brummte leise, als wollte er sagen: „Du da, verschwinde, oder ich geb' dir's." Da aber keiner wegging, standen sie einander gegenüber. Jeder meinte, er sei im Recht und der andere im Unrecht. Jeder fühlte, er müßte seine Familie beschützen und die Eindringlinge vertreiben, und so standen sie und maßen einander mit den Blicken, während sich die Jungen auf jeder Seite hinter der Mutter zusammendrängten.

Die Revierordnung ist bei den Tieren so: Wer sich zuerst einen Jagdbezirk wählt, hat das Besitzrecht. Er muß ihn aber an den Hauptpunkten zeichnen, wozu er sich der Duftdrüsen nahe am Schwanz bedient, die ihm von der Natur für solche Zwecke gegeben sind. Haben zwei Jäger gleichberechtigte Ansprüche, so kämpfen sie, und der Stärkere behält das Revier. Weh-Atschas Eltern hatten den Jagdgrund seit Wochen nicht gezeichnet, und ihr Duftstempel war fast ganz weggewaschen. Die andere Familie war zwar später gekommen, hatte aber das Revier viel benutzt und auch markiert. Also hatten beide gleichviel Recht, und nur der Kampf konnte den Streit entscheiden.

Die Hauptregeln im Waschbärenkampf sind: Geh los auf den Feind, wobei du ihm den geschützten Rücken und die Schultern darbietest, packe ihn um die Hüften und wirf ihn so, daß er auf dich fällt! Denn der untenliegende Waschbär hat die beste Gelegenheit, dem andern mit den Hinterbeinen, die frei sind, den Bauch aufzuschlitzen; und während er ihn mit den Vorderbeinen, die ebenfalls frei sind, hält, kann er ihm mit den Zähnen die Kehle bearbeiten.

So lief Weh-Atschas Vater den Gegner, ein wenig seitwärts geneigt, an, und der andere, der ihn als an Größe überlegen erkannte, hielt sich besorgt etwas zurück.

Der Größere machte einen Ausfall, der Kleinere parierte. Sie drehten sich im Kreise, ohne daß einer von ihnen Boden gewann oder verlor. Ein zweiter Ausfall, da glitt der Größere ein wenig aus, der neue Waschbär warf sich auf ihn, und der Kampf begann. Aber keiner konnte den Griff machen, den er wollte. Die Kräfte waren fast gleich. Sie wälzten und zerrten sich, während ihre Angehörigen laut schrien, und in einem Augenblick gingen sie beide taumelnd hinunter – plantsch – in den tiefen Teich. Nichts kühlt mehr ab als kaltes Wasser. Die Kämpfer ließen voneinander, und als sie herauskrabbelten, war bei beiden eine merkwürdige Veränderung vor sich gegangen. Keiner hatte mehr Lust zu kämpfen, und die Tatsache, daß der andere auf seinem Grunde jagte, ließ ihn ganz gleichmütig.

Ein paar wütende Blicke gab es wohl noch und hin und wieder leises Knurren, aber beide Familien gingen am Teich auf Nahrung aus, die eine mehr auf der offenen Seite, die andere, wo das Dickicht stand.

Das war der Anfang, und nach und nach wurden sie allesamt gute Freunde, denn für beide gab es hier reiche Beute. Die Kleinen schmausten, bis ihre Bäuche kugelrund waren, und wohlgemut kletterten sie endlich wieder auf ihren großen, glatten Baum.

Der kleine Eigensinn

Weh-Atscha war mit vielem, was seine Mutter tat, sehr unzufrieden. Wollte sie bachabwärts, zog es ihn bachaufwärts. Ließ sie sich durch irgendein nichtssagendes Geräusch zur Zeit der Abendmahlzeit abhalten, auf die Abendjagd zu gehen, so war das überaus ärgerlich. Ließ sie sich von dem sonderbaren Geruch an einem Steine beim Ufer erschrecken, nun, ihn erschreckte er eben nicht, und dabei blieb es.

Als sie wieder einmal eines Nachts auf die Nahrungssuche gingen, hatte sich Mutter, nachdem sie den Wind geprüft, für den Weg bachabwärts entschieden. Weh-Atscha dagegen träumte vom Teich mit seinem mannigfaltigen Getier.

Er hielt sich zurück, und als die Mutter rief, war er weit hinten. Dann erspähten seine scharfen Augen eine Bewegung am Rande des nahen Wassers. Mit der Leidenschaft des angehenden Jägers sprang er darauf und zog einen schönen großen Krebs heraus. Den spülte er sorglich ab und verzehrte ihn mit Haut und Haar, ohne der Rufe der Mutter zu achten, als sie die andern wegführte. Eingebildet auf seine Errungenschaft, fühlte er sich so siegesbewußt und selbständig, daß er

der Mutter den Rücken kehrte und sich, wie es von vornherein seine Absicht gewesen war, dem oberen Teich zuwandte.

Nachdem ihm noch ein paar kleine Fänge geglückt waren, erreichte er das hüpfende Wasser. Dort war an demselben Tage auch ein anderer Besucher gewesen. Der Indianer-Peter, ein Fallensteller, hatte den Teich und um ihn herum Fährten von Bisamratte und Waschbär entdeckt. Zu dieser Jahreszeit hat das Pelzwerk keinen Wert, aber Peter brauchte die Tiere zur Nahrung; so verbarg er im Schlamm eine große Stahlfalle, und an einem kleinen Stecken weiter draußen im Wasser rieb er einen Lappen mit einer Mischung von tierischen Ölen und Moschus.

Aha, hier war er wieder, der Geruch, vor dem die ängstliche Mutter solche Furcht hatte! Den wollte er jetzt untersuchen. Er kam hinunter zu der Stelle, schnüffelte herum und griff dann nach seiner Gewohnheit in den Schlamm, während er seine Blicke umherwandern ließ; da ging es plötzlich schnapp-klatsch, und der arme Weh-Atscha war mit einer Pfote in einer Stahlfalle gefangen.

Jetzt dachte er an die Mutter und ließ ein langes, leises Wimmern hören, wie es seiner Art eigen ist, aber Mutter war weit fort; davon hatte er sich ja selbst überzeugt. Und er erinnerte sich an die kneifende Muschel, aber alle seine Versuche, die Pfote herauszuziehen oder das scheußliche harte Ding abzubeißen, waren vergebens; es saß fest an der Pfote, und eine Art starke, gedrehte Wurzel hing auch daran. Die ganze Nacht hindurch schrillte, wimmerte und wand er sich vergeblich, der Ungehorsame, und als die Sonne aufging, war er zu Tode erschöpft und stockheiser. Mit Verwunderung fand der Indianer am nächsten Morgen in seiner Falle statt einer Bisamratte einen jungen Waschbären, halbtot vor Kälte und Angst und so schwach, daß er nicht einmal beißen konnte.

Der Trapper nahm das kleine Geschöpf aus der Falle und steckte es lebend in seine Tasche, ohne recht zu wissen, was er damit anfangen sollte.

Auf dem Heimwege kam er bei Pigotts Gehöft vorüber und zeigte den Kindern seinen Gefangenen.

Der kleine Waschbär war noch ganz kalt und elend, und als die älteste Tochter ihn in ihre Arme nahm, schmiegte er sich so innig an, daß er ihr das Herz bewegte und sie dem Vater so lange mit Bitten zusetzte, bis er Weh-Atscha, wie der Indianer den Gefangenen in seiner Sprache nannte, kaufte.

So fand der kleine Eigensinn ein neues, ganz anderes Heim. Hier wurde er so gut versorgt, daß er sich in wenigen Tagen recht wohl fühlte. Statt seiner Geschwister hatte er jetzt Kinder zu Spielgenossen, und an Stelle der Frösche bekam er viele sonderbare Dinge vorgesetzt, aber noch immer steckte er seine braunen Pfoten gern in Schlamm oder irgend etwas Feuchtes. Milch und Brot verzehrte er nicht wie eine Katze oder sonst ein wohlerzogenes Geschöpf; regelmäßig steckte er seine Pfötchen hinein, das Brot, Stückchen für Stückchen, herauszufischen, und meistens war das Ende vom Liede, daß er die Milch verschüttete.

Lustiges Farmleben

Ein Mitglied des Haushaltes versetzte Weh-Atscha in große Furcht; es war Roy, der Schäfer-, Haus- und allgemeine Hofhund. Als sie sich zum ersten Mal sahen, knurrte Roy, und Weh-Atscha schrillte. Bei beiden verrieten die gesträubten Schulterhaare die tiefe Erregung, und in jedem von beiden rief der Geruch des andern eine jahrhundertealte Feindschaft wach. Die Pigottschen Kinder konnten nur durch Ausübung ihres Gebieterrechts den Frieden wahren. Roy lernte mit der Zeit den Waschbären dulden, der kleine Bär wurde ein ergebener Freund von Roy, und es waren noch keine zwei Wochen vergangen, als Weh-Atscha auf Roys haariger Brust sein Schläfchen zu halten pflegte, tief in die Wolle gedrückt, und von den vier Hundebeinen eng umschlossen.

Als er größer wurde, machte er sich recht unnütz. Halb wie ein Affe, halb wie ein Kätzchen, war er immer zu Posen aufgelegt und für Liebkosungen empfänglich – und immer hungrig. Bald wußte er auch, wo er sich Leckerbissen holen konnte. Die Kinder pflegten eine Näscherei für ihn in der Tasche zu haben, und das war Weh-Atscha so gut bekannt, daß er, wenn ein Fremder ins Haus kam, ihm an den Beinen hinaufkletterte und die Taschen nach etwas Eßbarem durchsuchte.

Einmal war er ein paar Stunden lang nicht sichtbar, stets ein verdächtiger Umstand. Als Frau Pigott in die von Sommervorräten strotzende Vorratskammer kam, wurde sie von einem winselnden Weh-Atscha begrüßt, der geschäftiger war, als Worte beschreiben können. Bis zu den Augen mit Pflaumenmus beschmiert, wirkte er an einem damit angefüllten großen Steinguttopf wie eine Waschfrau vor

ihrem Zuber. Er hatte sich vollgestopft, bis er nichts mehr hinunterbrachte, und nun fingerte er, von seinen alten Walderinnerungen getrieben, in Mus und Tunke herum, um alle Pflaumensteine auszulesen, die einer nach dem andern untersucht und beiseite geworfen wurden. Der Boden war voll von Steinen, die Bretter starrten von dem Mus aus den zahlreichen untersuchten Töpfen. Das Bärchen war bis auf seine glänzenden Äuglein unkenntlich; aber es kam watschelnd, triefend, glucksend vom Gestell herunter auf Frau Pigott zu und wollte an ihr emporklettern und liebreich getätschelt werden. Er wurde grausam enttäuscht.

Eines Tages setzte Frau Pigott eine Henne zum Brüten auf dreizehn Eier. Am nächsten Tag war Weh-Atscha nicht zu sehen. Als man herumging und nach ihm rief, vernahm man eine schwache Erwiderung aus dem Hühnerhause: das freundliche Schrillen, mit dem er gewöhnlich zu antworten pflegte. Als sie die Tür öffneten, sahen sie Weh-Atscha auf dem Hühnernest mit vollem Bauch lang ausgestreckt liegen, und die verstreuten Schalen der dreizehn Eier verrieten, was er angestellt hatte. Roy war der berufene Hüter des Hühnerhauses, und kein Strolch, kein Fuchs, kein wilder Waschbär konnte hinein, solange er Wache stand. Aber ach, Liebe und Pflicht wiesen verschiedene Wege, und in seiner Verlegenheit war der Hund unwissentlich der Vorschrift eines gewissen großen Mannes gefolgt, der da sagt: „Im Falle des Zweifels handle wie ein Freund."

Farmer Pigott ertrug Weh-Atschas Streiche mit Geduld, weil die Kinder den kleinen Übeltäter so gern hatten. Aber eines Tages wurde der Höhepunkt erreicht, als der Waschbär, der sich allein im Hause befand, hinter die Tintenflasche kam. Zuerst zog er den Korken heraus und verschüttete die Tinte, dann plantschte er in seiner gewöhnlichen Art mit den Fingern darin, und es bereitete ihm ein neues Vergnügen, seine tintigen Pfoten auf alles zu legen, was einen guten Abdruck annahm. Zuerst bemalte er den Tisch, dann fand er, daß die Schulhefte der Kinder viel geeigneter waren und die besten Erfolge ergaben. Er stempelte sie mit seinen Pfoten inwendig und auswendig, und dann veranlaßte ihn wieder der angenehme Kitzel des Plantschens, seine Pfoten recht oft zu schwärzen. Sodann schien die Tapete dringend einer Zier zu bedürfen. Von den Tapeten ging es zu den Fenstervorhängen und den Kleidern der Mädchen, worauf Weh-Atscha, da das Schlafzimmer offenstand, aufs Bett kroch. Es war wirklich hübsch anzusehen, wie der schneeweiße Überzug die süßen kleinen Pfotendrucke

annahm, wenn er mit großem Wohlgefallen darüber hingaloppierte. Er war ein paar Stunden allein und brauchte die ganze Tinte auf, so daß es, als die Kinder von der Schule heimkamen, aussah, als wären hundert kleine Waschbären dagewesen und hätten schwarze Fährten hinterlassen. Die arme Frau Pigott brach tatsächlich in Tränen aus, als sie ihre schönen Betten, den Stolz ihres Herzens, erblickte. Aber sie hörten auf zu fließen, als Bärchen ganz wie sonst auf sie zulief, seine tintigen Ärmchen ausstreckte und „errr err" machte, um aufgenommen und gestreichelt zu werden, als wäre er der beste Waschbär der Welt.

Aber was zuviel war, war zuviel! Auch die Kinder hatten nichts zur Entschuldigung vorzubringen; ihre Kleider waren ruiniert. Weh-Atscha mußte fort, und so kam es, daß nach dem Indianer-Peter geschickt wurde. Weh-Atscha gefiel der Mann nicht, aber er hatte keine Wahl. Er wurde in einen Sack gesteckt und von dem Halbblut mitgenommen, sehr zu Roys Verwunderung, denn er verabscheute das Halbblut und verachtete dessen Hund. Warum man den Fremden ein Mitglied seiner Familie mitnehmen ließ, war ihm ein Rätsel. Roy knurrte ein wenig, schnüffelte stark an den Beinen des Jägers und wedelte nicht ein einziges Mal mit dem Schwanz, als Indianer-Peter mit dem zappelnden Sack davonging.

Der Sommer ging zu Ende, der Jagdmond stand bevor. Der Jäger hatte einen neuen Hund abzurichten, und jetzt bot sich die erwünschte Gelegenheit, sich dabei eines Waschbären zu bedienen. Peter hatte keinen Grund, Weh-Atscha zu schonen, und nichts macht einen Hund geschickter zur Waschbärenjagd, als wenn er sich am lebenden Tier üben kann.

Es sollte also Weh-Atschah Los sein, bei der Abrichtung eines Hundes geopfert zu werden. Als Peter sich seiner Hütte näherte, kam dieser Hund, ein schwerfälliger Bastard, angesprungen, dessen lärmendes Jappen sich noch verdreifachte, als er den Sack beschnüffelte, in dem Weh-Atscha steckte.

Das Abrichtungsverfahren Indianer-Peters war folgendes: Im Stalle erhielt der Waschbär einen Stand oder kleinen Verschlag, wohin er wenigstens sein Leben vor dem Hunde retten konnte. Der Heuler wurde an einer Kette hereingebracht und mit lautem „Faß ihn!" zum Angriff auf den Waschbären gereizt. Beim Anblick eines so kleinen Feindes tapfer wie ein Löwe, sprang er darauf los, wurde jedoch von der Kette zurückgehalten, denn es war noch zu früh zum „Ausmachen".

Weh-Atscha war ganz verdutzt. Die anderen zweibeinigen Wesen hatten sich doch so freundlich gezeigt, warum war dieses so feindlich, und warum war Roy ein so guter Kamerad gewesen und dieser gelbe Rohling so böse und grausam? Jedesmal, wenn der Hund anrannte, fühlte der kleine Weh-Atscha das kriegerische Blut seines tapferen Geschlechts aufwallen und trat dem Angreifer knurrend und zähnefletschend entgegen.

Aber es wäre wohl sehr bald um ihn geschehen gewesen, hätte Indianer-Peter die Kette nicht festgehalten. Nur einmal ließ er dem Hund freies Spiel. Er packte das junge Tier im Genick, um es zu Tode zu schütteln, aber die Natur hat dem Waschbären ein starkes, loses Fell gegeben. Weh-Atscha fühlte das Schütteln kaum und setzte seine Zähne so kräftig am Bein des Heulers an, daß dieser laut aufgellte und das Halbblut den Hund wegzog. Das war die erste Lektion. Von nun an haßten sie einander.

Am nächsten Tage lernten beide wieder etwas Neues: Weh-Atscha, daß das Loch, der ihm zugewiesene Verschlag, eine sichere Zufluchtsstätte war, und der Köter, daß der Waschbär nicht nur beißen, sondern auch kratzen konnte.

Es kam der dritte Tag und brachte die dritte Lektion. Am kühlen Abend packte der Jäger den Waschbären, steckte ihn in einen Sack, nahm sein Gewehr von der Wand und machte sich auf zum nächsten Waldstück; denn die Fährte des Waschbären zu verfolgen und ihn auf einen Baum zu treiben, war die höchste Stufe im Abrichtungskurs.

Im Holz angekommen, war das erste, was Peter tat, daß er den Hund an einen Baum band. Warum? Sicher nicht aus Rücksicht für den Waschbären, sondern weil dieser Gelegenheit haben mußte, fortzulaufen und aus der Sicht zu kommen, damit der Hund sich veranlaßt sähe, der ersehnten Beute auf deren Fährte zu folgen. Muß er dies erst einmal tun, um sein Ziel zu erreichen, so macht ihn sein eigener Instinkt zum Spürhund, und er folgt der Spur, bis er das Beutetier erblickt. Dann greift er es an oder springt den Baum an, auf das sich es geflüchtet hat, und läßt so den Jäger wissen, daß sich da oben der Waschbär befindet. So pflegt man einen Hund auf den Waschbären abzurichten, und das war auch der Plan Indianer-Peters.

Der Hund wurde also an ein Stämmchen gekettet und der Waschbär aus seinem Bereich getragen und aus dem Sack geschüttet. Verdutzt zunächst, doch unerschrocken schaute er sich um, und als er seinen großen Feind ganz nahe sah, stürzte er mit offenem Maule auf ihn

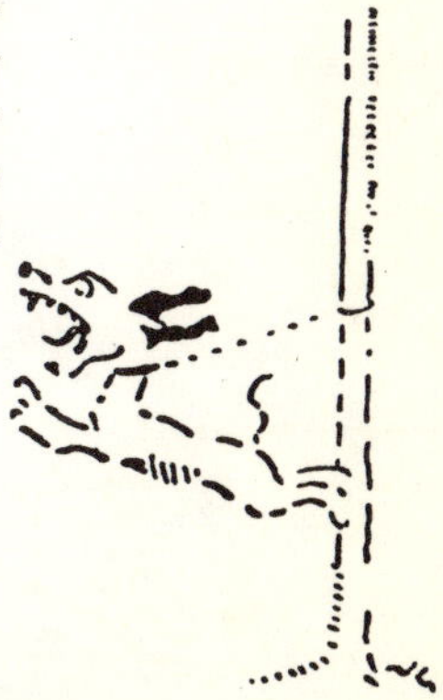

zu. Indianer-Peter rannte etwas erstaunt, aber lachend, weg. Der Hund fuhr auf den Waschbären los, bis die Kette ihn mit einem Ruck zum Halten zwang, und nun war der Waschbär vor jedem Angriff sicher und konnte laufen. Und wie er lief! Mit dem Instinkt des gejagten Wildes stürzte er hinter einen Baum, um außer Sicht zu kommen, und setzte im Zickzack davon, der dichtesten Deckung zu; er rannte wie nie zuvor.

Nun kam das Halbblut zurück, den Hund freizumachen. Straff wie ein Segeltau war die Kette, die den blindwütenden Köter festhielt, so straff, daß Peter nicht das Stückchen lose Kette in die Hände bekommen konnte, das er brauchte, um den Karabinerhaken aufzudrücken. Er fluchte auf den Hund, riß ihn immer wieder zurück und bemühte sich, den Kettenverschluß zu öffnen, aber je mehr er riß und schrie, um so stärker riß und bellte auch der Hund und machte es seinem Herrn noch schwerer. Zwei, drei Minuten hatte dieser zu tun, bis die Kette glücklich los war, und dann mußte er noch den Hund fangen und halten, um ihm sein Halsband abzustreifen. Dann erst sprang der Hund dahin, wo er den Waschbären zuletzt gesehen hatte.

Aber das Opfer war nicht mehr da; die drei kostbaren Minuten bedeuteten so viel, und auf des Jägers „Faß ihn! Faß ihn!" raste der Hund herum. Seine Nase fand die Fährte, instinktmäßig bellte er, dann folgte er ihr und bellte wieder bei jedem Satz. Zuweilen verlor er sie, fand sie wieder, bellte und folgte ihr nun langsamer, denn wenn er zu schnell lief, verlor er sie immer wieder. Peter rannte mit und feuerte ihn durch Zurufe an, denn das alles lag in seinem Plan. Zweifellos rannte der Waschbär davon, aber der Hund würde ihn bald finden, und dann – oh, das bleibt nicht aus – klettert der Waschbär auf den am leichtesten zu erklimmenden Baum, und das ist immer ein kleiner, der darunter bellende Hund leitet dann den Schützen hin, der kommt herbei und schießt den Waschbären an, so daß er herunterfällt und vom Hunde abgewürgt wird. Dieser hat so seinen Anteil an späteren Waschbärjagden kennengelernt und ist hinfort, vom Sieg berauscht, noch mehr auf die Jagd versessen als sein Herr.

Ja, so war Peters Plan. Er war vorher oft erfolgreich gewesen und würde es auch diesmal sein, ganz sicher. Nur eins stimmte nicht: Weh-Atscha kletterte nicht auf einen schlanken Baum! Sobald er weit genug entfernt war und die beiden hinter sich herlärmen hörte, kletterte er auf einen Baum der Art, der seiner Erinnerung nach die sicherste Zufluchtsstätte bot. Der dicke, hohle Ahorn war der schützende Hafen

seiner Jugend gewesen, und auf den allerdicksten Baum, den er fand, stieg er nun.

Sein Feind kam heran, der Hund lernte schnell und hielt sich fest an die Fährte. Sein Herr folgte, bis sie die mächtige Sykomore erreichten und Heuler sagte: „Hier, hier haben wir ihn auf dem Baum!" Was das Halbblut sagte, können wir uns denken. Sein Gewehr hatte er mitgenommen, aber keine Axt. Der Waschbär hatte sich in irgendeine große Asthöhle gerettet; denn zu sehen war er nirgends, und ein Mensch konnte den Baum nicht erklettern. Es wurde Nacht, und Peter ging mit seinem keuchenden Hunde als Besiegter heim.

Der gesegnete hohle Baum

So war das Glück mit Weh-Atscha, das Glück und die Erinnerung an seine Kindheitstage, die, vom Instinkt verstärkt, ihm das Geheimnis seines Geschlechts erschloß: Das ist eure wahre Wohnstätte – der große hohle Baum. Der schlanke Nachwuchs ist eine Versuchung und eine Falle, aber der mächtige hohle Baum ist eine starke Festung und sichere Rettung.

Ausgeruht und unternehmungslustig war er, als die dunkelsten Stunden mit ihrer begnadeten Stille kamen; und nach manchem Ohrenspitzen und Äugen schwang er sich im tiefen Walde auf den Boden und trabte fort, immer weiter und machte nicht einmal halt, um seinen Hunger zu stillen, bis er fern war im weiten Sumpfland am Kilderbach, in der Heimat seiner ersten Lebenstage, im Land seiner Sippe.

Ein Waschbär, der nach Monaten zurückkehrt, ist für sein Volk ein Fremdling; seine Gestalt ist vergessen oder eine andere geworden; sein Platz ist ausgefüllt. Nur eins bleibt dauernd in diesem Geschlecht von Nasentieren, das ist sein Geruch. Und das war auch Weh-Atschas Paß, ein Beweis, daß er zu den Seinigen gehöre. Langsam lebte er sich bei ihnen ein, nicht als ein Junges, sondern als ein vollzähliges Mitglied, und er blieb bei ihnen, lernend und lehrend. Aber auch bei ihm wird, wie bei allen seinen Altersgenossen, der Tag kommen, wo der innere Drang sich geltend macht und die bisherigen Bande gebrochen werden, um einer Lebensgefährtin willen. Dann verlassen sie ihr Heim und suchen, wie es ihre Eltern taten, eine ruhige Stelle auf, wo riesige, mächtige Stämme noch den Platz behaupten, wo wertloses Land noch schön ist. Und hier, von der Allmutter geleitet, ziehen sie ihre Brut auf und lehren sie noch etwas mehr, als sie selbst gelernt haben, denn die Zeiten sind andere geworden. Die Reihen dicker hoher Bäume gibt es nicht mehr, nur kümmerliche Reste stehen noch am Wasser, nur noch unnütze Stämme auf unnützem Land, wie die Ackerbauer meinen. Sie sind nicht mehr die sicheren Häfen der ehemaligen Könige des Waldes, sondern locken nur den schwarzgelarvten Bewohner der hohlen Stämme an. Er ist ein kluges Tier und bedarf der Klugheit immer mehr. Am Tag kommt er nicht mehr zum Vorschein, und nachts geht er nicht weit weg. Jeden Zaun benutzt er, um darauf zu laufen, und unterbricht dadurch seine Fährte. Seine Nahrung holt er sich im Walde am Bachufer. Jedes Zusammentreffen mit Menschen vermeidet er. Er zeigt sich ihnen nie, wenn sie nicht zufällig seine Wege kennen. Manchmal liegt er mittags hoch oben, vom Tagesgestirn bestrahlt, dessen Einfluß manches Siechtum heilt, und nachts, bei untergehendem Monde, geht er am sumpfigen Ufer plantschen und fangen. Spuren verschiedener Größe geben am nächsten Tag Kunde von der nächtlichen Streife. Aber zu sehen bekommt man ihn im seltensten Fall; denn seine Sinne sind schärfer als die des Menschen, und er ist stets bereit, in seinem hohlen Baum zu verschwinden. Die Welt hat viele jagende Hunde, aber nur einen Roy. Der Waschbär kennt dich nicht, aber er weiß, daß es viele Indianer-Peter gibt.

Ihr möchtet ihn finden und kennenlernen, ihr Waldfreunde! Ihr versprecht Rücksicht, ja Hochachtung vor der Dryade der hohlen Bäume.

Oft habe ich nach ihm gesucht und mit Liebe gesucht in den tiefen, feuchten Wäldern des Kilderbaches. Oftmals habe ich auf Astgabeln und anderen Altären lockeres Welschkorn als mein Opfer für den Ringelschwänzigen gelegt. Und das Korn ist immer verschwunden, nie weiß ich recht, wie – aber von Zeit zu Zeit sehe ich Spuren und Abdrücke der geschickten, handähnlichen Pfote oder die Muschelschalen mit zerbissenem Schloß oder die Flossen des Katzenfisches, und ich weiß, daß er noch in der Nähe haust, daß er noch mit Verachtung die Hunde bellen hört und nur eine große Furcht kennt, die vor der Axt, die ihm seinen geweihten Baum rauben will. Was gäbe ich darum, könnte ich ihn dahin bringen, daß ich ihn sehen darf wie ein naher Freund, aber das will er eben nicht. Mein ganzes Vorrecht besteht darin, daß ich die kleinen, menschlich anmutenden Spuren sehe, wenn ich in den Morgenstunden am Seeufer suchend dahinwandere; oder manchmal, in dunkler Herbstnacht, schlägt an mein Ohr der langgezogene, wiegende, rollende Singsang: „Whill – ill – ill – a – lu, whill – ill – ill – a – lu, whill – a – lu", das Liebeslied Weh-Atschas, des ringelschwänzigen Waschbären, der noch wandert, liebt und lebt, wie der übriggebliebene Prophet eines vergangenen einfachen Glaubens, der gewißlich zu seiner Zeit wiederkommen und herrschen wird. Jetzt aber wartet er in der Verborgenheit, wartet, bis das Feuer vorüber ist.

TITO

Die Geschichte einer Präriewölfin*

Ein Regentropfen kann den Blitz ablenken, ein Haar die Vernichtung eines Reiches herbeiführen. Ohne einen kleinen Kieselstein hätte sich vielleicht auch die Geschichte von Tito, die ich erzählen will, nie zugetragen.

Dieser Kiesel lag auf einer Wagenspur im Ödland Dakotas und klemmte sich in einer heißen, dunklen Nacht im Hufe eines Pferdes fest, das von einem betrunkenen Cowboy geritten wurde. Der Mann stieg ab, um nachzusehen, warum sein Pferd lahmte. Doch statt die Zügel mit sich herunterzunehmen, ließ er sie auf dem Nacken des Pferdes, und das Tier, das sich dieses technische Versehen zunutze machte, rannte in der Dunkelheit davon. Da war dem Cowboy klar, daß er zu Fuß war, er legte sich in eine Vertiefung unter ein paar Sträucher und schlief seinen Rausch aus.

Als die Strahlen der frühen Sommersonne in den wunderbaren Bergrippen des Ödlands von einer Kuppe zur andern sprangen, hätte man eine alte Präriewölfin auf der Fährte am Garnerscreek entlangtrotten sehen können; sie trug ein Kaninchen im Maule, das Frühstück für ihre Familie.

Zwischen dem Geschlecht der Präriewölfe und den Rinderhirten jener Gegend hatte schon lange grimmige Fehde geherrscht. Mit Falle, Büchse, Gift und Hunden war man den Wölfen zu Leibe gegangen, und die wenigen Überlebenden hatten erfahren, wie bitter nötig es war, bei jedem Schritt Vorsicht walten zu lassen. Aber die Menschen zeigten sich so erfinderisch im Vernichtungskampf, daß der Tiere immer weniger wurden.

Sehr bald verließ die alte Wölfin den Pfad, denn für ihresgleichen ist alles, was der Mensch gemacht hat, gefährlich. Sie strich einen niedrigen Erdrücken entlang, dann quer durch eine kleine Senke, wo ein

* Kojote, ein kleinerer Verwandter des Grauwolfs

paar Sträucher wuchsen, und nachdem sie gründlich an einer schon sehr alten Menschenfährte gerochen hatte, ging sie über einen zweiten unweit gelegenen Rücken, auf dessen Sonnenseite sich das Lager ihrer Welpen befand. Wieder machte sie einen vorsichtigen Bogen, äugte nach allen Seiten und witterte. Da sie aber kein Zeichen von Gefahr entdeckte, lief sie hinunter zum Eingang ihrer Höhle, die an einem Salbeistrauch lag, und ließ ein tiefes „Wuf, Wuf" hören. Sofort kamen die kleinen Präriewölfe lustig herausgepurzelt und fielen mit leisem Gebell und Geheul über den Schmaus her, den die Mutter gebracht hatte, schlangen und balgten sich abwechselnd, während sie zuschaute und sich des munteren Spiels freute.

Wolfjakob, der Cowboy, war um Sonnenaufgang aus seinem frostigen Schlummer erwacht und hatte eben noch einen Blick auf die hinter der Bodenerhebung verschwindende Präriewölfin werfen können. Sobald sie außer Sicht war, rappelte er sich auf und ging bis zur nächsten Krümmung, wo er Zeuge des reizenden Familienfrühstücks wurde, das sich ein paar Meter vor ihm abspielte, ohne daß die Darsteller die Gefahr ahnten.

In ihm rief der Anblick keinen anderen Gedanken wach, als den an den Preis, der auf jeden erlegten Präriewolf ausgesetzt war. So zog er seinen mächtigen Revolver heraus, nahm die Mutter aufs Korn, die gerade eines der Jungen ablenkte, und schoß sie tot.

Die erschreckten Jungen flohen in die Höhle, und Jakob, dessen zweiter Schuß fehlging, kam herbeigeeilt, verbaute den Eingang zur Höhle mit Steinen und machte sich, auf sein verschwundenes Pferd fluchend, zu Fuß auf den Weg nach der nächsten Farm, während seine sieben Gefangenen sich quiekend und heulend am äußersten Ende der Höhle zusammendrängten.

Am Nachmittag kehrte er mit seinem Pferde und mit Werkzeug zum Graben zurück. Die Jungen waren den ganzen Tag in dem dunklen Loch zusammengekauert liegengeblieben; sie wunderten sich, daß ihre Mutter nicht kam, sie zu füttern, daß es so dunkel und alles so verändert war. Aber spät am Nachmittage hörten sie etwas am Eingang rumoren, dann drang Tageslicht herein, und schon liefen ein paar der weniger vorsichtigen Jungen hin, der Mutter entgegen. Aber ihre Mutter war nicht da, sondern nur zwei große, gefährlich aussehende lange Tiere, die anfingen, ihre Höhle aufzureißen, Wolfjakob und sein Dienstherr.

Nach einer Stunde kamen die beiden bis ans Ende der Höhle und stießen auf die wolligen, helläugigen Jungen, die sich im äußersten Winkel zusammengedrängt hatten. Doch ihre unschuldigen Kindergesichter machten auf den grimmigen Feind keinen Eindruck. Eins nach dem andern wurde gepackt – ein scharfer Schlag, und eine zukkende, widerstandslose Masse flog in einen Sack, der mit seinem Inhalt zur nächsten Behörde getragen werden sollte, die zur Auszahlung der Wolfsprämie berechtigt war.

Sogar in diesem zarten Alter zeigten die Jungen bereits eine gewisse Individualität. Ein paar winselten, als man sie hervorzog, und andere heulten. Einige versuchten zu beißen. Dem einen war die Ahnung einer Gefahr am spätesten aufgegangen, es lief zuletzt davon, war daher den Verfolgern am nächsten und wurde so dem Tode zuerst überliefert. Eines hatte gleich die Gefahr begriffen und war unter seine Geschwister gekrochen. Kalten Blutes und erbarmungslos wurden die andern Stück für Stück umgebracht, und jetzt war das letzte, das kluge Junge an der Reihe. Es lag vollständig regungslos, auch als Wolfjakob es anfaßte, und seine Augen waren halb geschlossen, da es, vom Instinkt getrieben, den Feind durch seinen Scheintod zu täuschen versuchte. Als einer der Männer es aufhob, gab es keinen Ton von sich und sträubte sich nicht im geringsten. Da sagte Wolfjakob, der selten eine Gelegenheit versäumte, sich mit seinem Dienstherrn gut zu stellen: „Wissen Sie, wir wollen eins für die Kinder aufheben." So wurde das letzte Mitglied der Familie lebendig zu den toten Geschwistern in den Sack geworfen und lag dort, geschunden und erschrocken, still, ohne etwas von dem, was vorging, zu verstehen. Nur das eine wurde ihm klar, daß es nach einer langen Zeit großen Lärms und grausamen Schüttelns durch einen neuen Griff am Nacken wieder halb erwürgt und herausgezogen wurde in einem Raum, wo sich noch mehr solcher Geschöpfe wie die beiden befanden.

Dies waren die Bewohner der Kamin-Ranch, die als Wahrzeichen ihrem Vieh einen breiten Pfeil einzubrennen pflegten, und unter ihnen befanden sich auch die Kinder, denen man den kleinen Wolf mitgebracht hatte. Unschwer ließ sich der Wolfjakob von seinem Dienstherrn bewegen, den Dollar anzunehmen, den ihm der kleine Präriewolf als Prämie eingetragen hätte, worauf das Geschenk den Kindern überreicht wurde. Auf ihre Frage, was für ein Tier das sei, antwortete ein zufällig anwesender mexikanischer Viehhirte: „Ein Cojotito" – was soviel bedeutet wie kleiner Kojote oder Präriewolf, und daraus entstand der Name des kleinen Gefangenen: Tito.

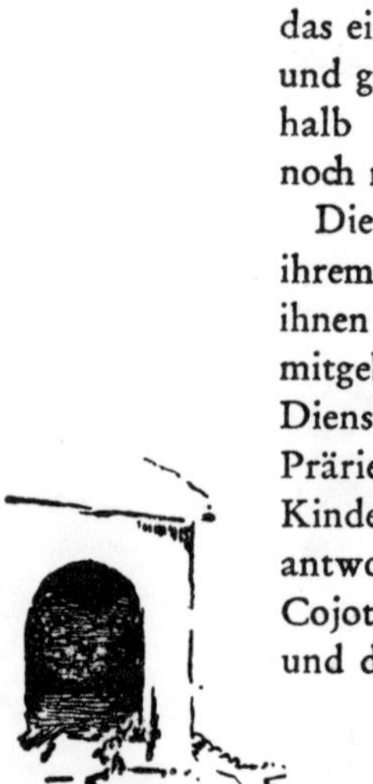

Tito war ein hübsches kleines Geschöpf mit wolligem Körper, einem unschuldigen Ausdruck, wie ihn alle jungen Tiere haben, und einem Kopf, der zwischen den Ohren auffallend breit war.

Aber als Kinderspielzeug taugte sie – es stellte sich heraus, daß es ein weibliches Junges war – nicht recht, denn sie blieb ängstlich und scheu. Sie fraß, was man ihr bot, und schien gesund zu sein, aber nie ging sie auf Annäherungsversuche ein, nie kam sie aus ihrer Hütte, wenn man sie rief. Wahrscheinlich lag das daran, daß die Freundlichkeit der Kinder zunichte gemacht wurde durch die rauhe Behandlung durch die Männer und Halbwüchsigen, die sie ohne weiteres an der Kette aus ihrem Häuschen zogen, wenn sie sie sehen wollten. Bei solchen Gelegenheiten duldete sie alles schweigend und stellte sich tot, denn das schien ihr das Vorteilhafteste zu sein. Sobald man sie in Ruhe ließ, zog sie sich sofort in den dunkelsten Winkel des Häuschens zurück und beobachtete ihre Peiniger mit Augen, die manchmal grün schillerten.

Unter den Kindern des Farmbesitzers befand sich auch ein dreizehnjähriger Junge. Obwohl er in späteren Jahren seinem Vater, einem freundlichen, kräftigen und verständnisvollen Manne glich, war er damals ein unverschämter, roher Bursche.

Wie alle Jungen in jener Gegend übte er sich im Lassowerfen. Pfähle und Pfosten als Versuchsobjekte machten keinen Spaß; die kleinen Geschwister standen unter dem Schutz der Eltern; die Hunde liefen davon, wenn sie ihn mit dem Lasso kommen sahen. So blieb als Übungsziel nur die unglückliche Tito. Schon nach kurzer Zeit fand sie heraus, wie sie sich einigermaßen der Plage entziehen konnte: Sie verkroch sich in den hintersten Winkel ihrer Hütte oder legte sich auf die Erde, wenn sie draußen überrascht wurde. So lehrte John die Präriewölfin – ohne es zu wollen –, welche Gefahren vom Lasso drohen und wie man ihnen entgehen kann. Insofern war der Junge ihr verkappter Wohltäter. Als er mit dem Lasso nicht mehr zum Ziele kam, ersann er einen neuen Spaß. Er verschaffte sich eine große Falle, bedeckte sie mit Erde, wie er es seinen Vater hatte tun sehen, und bestreute sie mit Fleischstückchen. Nach einer Weile kam Tito, vom Fleischgeruch angezogen, heraus, kroch hungrig darauf zu und fing sich fast augenblicklich mit einem Fuß in der Falle. Der Junge, der sie aus einem nahen Versteck beobachtet hatte, stieß vor Entzücken ein wildes Indianergeheul aus und stürzte dann vorwärts, um die Präriewölfin, die sich in die Hütte zurückgezogen hatte, herauszuzerren. Nach

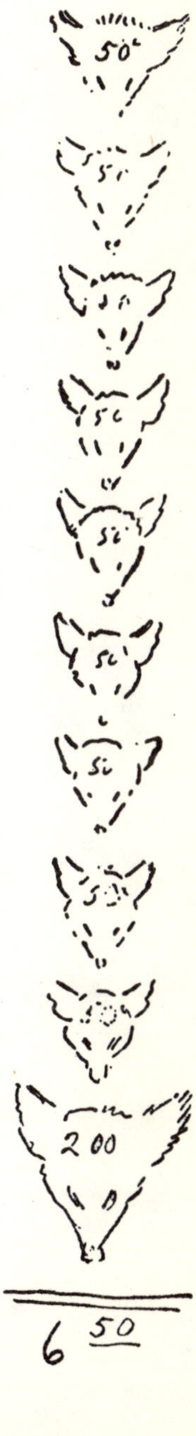

einigen weiteren Jauchzern beförderte er seinen Lasso über Titos Körper, und mit Hilfe eines jüngeren Bruders, eines sehr gelehrigen Schülers, gelang es ihm, die Wölfin aus der Falle zu befreien, ehe die Großen hinter diesen neuen „Spaß" gekommen waren. Mehrere Erfahrungen dieser Art brachten Tito einen tödlichen Schrecken vor Fallen bei. Sie lernte den Stahlgeruch kennen und war imstande, dieses Metall zu entdecken und zu vermeiden, mochte John sein Eisen noch so geschickt im Staube versenken, während der jüngere Bruder seinen Rock vor Titos Hütte hielt, um ihr solange die Sicht zu nehmen.

Eines Tages löste sich der Befestigungsring der Kette; Tito ging fort, ohne zu wissen, wohin sie sich wenden sollte, und schleppte die Kette hinter sich her. Aber sie wurde von einem der Männer gesehen, der ihr eine Schrotladung nachschickte. Das Brennen und Stechen und die Überraschung über die unbegreiflichen Begebnisse veranlaßten sie, sich an den einzigen Ort zurückzuziehen, den sie kannte, nämlich in ihre Hütte. Man machte die Kette wieder fest, und Tito hatte zwei neue Dinge gelernt: einen Abscheu vor Feuerwaffen und Pulvergeruch und dazu eine weitere Taktik: das Ducken.

Die bittere Lehrzeit war noch lange nicht zu Ende. Ein täglicher Gesprächsstoff der Farmleute war das Giftlegen für Wölfe. So brauchte man sich nicht zu wundern, daß John private Versuche mit der jungen Präriewölfin vornahm. Das todbringende Strychnin verwahrte man zu gut, als daß er es hätte erreichen können. Deshalb tat der Junge „etwas" Rattengift in ein Stück Fleisch, warf es dem Häftling vor und setzte sich daneben, um den Erfolg abzuwarten – so froh gelaunt und so reinen Gewissens wie ein Professor der Chemie, der ein neues Experiment macht.

Tito beroch das Fleisch, denn bei ihr mußte alles die Nasenprobe bestehen. In diesem Falle war das Urteil ihrer Nase nicht ganz eindeutig. Neben dem guten Fleischgeruch war da noch ein unbekannter, aber unangenehmer Geruch von menschlichen Händen, und dazu kam ein sonderbarer neuer. Da es aber kein Fallengeruch war, verschlang sie den Bissen. Schon nach wenigen Minuten empfand sie furchtbare Magenschmerzen, und gleich darauf setzten Krämpfe ein. Nun hat die Wolfssippe die instinktive Gewohnheit, alles, was zuwider ist, von sich zu geben; auch Tito suchte auf diese Weise Erleichterung. Um doppelt sicher zu gehen, verschluckte sie hastig ein paar Grashalme, und nach einer knappen Stunde befand sie sich wieder wohler.

John hatte genug Gift hineingetan, um ein Dutzend Wölfe umzu-

bringen. Das war Titos Glück gewesen, denn sonst hätte sie die Pein erst gefühlt, wenn es zu spät gewesen wäre. So erholte sie sich wieder, vergaß aber nie mehr den Geruch, der so schreckliche Schmerzen nach sich zieht. Außerdem war sie hinfort geneigt, sogleich die Kräuterkur, die von der Natur überall geboten wird, anzuwenden. Ein derartiger Instinkt entwickelt sich, wenn ihm einmal Folge geleistet worden ist, sehr schnell. Erst nach minutenlangem Leiden hatte Tito nach dem Linderungsmittel gegriffen; von nun an war es ihr erster Impuls, sobald sie Schmerzen empfand. In der Tat gelang es dem jungen Unhold noch einmal, sie einen kleinen Giftbrokken aufnehmen zu lassen; aber jetzt wußte sie, was sie zu tun hatte und empfand daher fast gar keine Schmerzen.

Später schenkte ein Verwalter dem Jungen einen Bullterrier, und dessen Ankunft war für den Bengel eine neue Quelle des Vergnügens und für die Wölfin eine zusätzliche Quälerei, aus der sie erneut die Lehre zog, daß ducken, ruhig verhalten und sich verstecken die einzige Hilfe waren. Endlich merkten die Großen, was der Junge und sein Hund mit Tito anstellten und griffen ein; der Terrier durfte nicht mehr den kleinen Hof betreten, wo die Präriewölfin angekettet lag.

Man darf nicht meinen, Tito sei immer das untadelige, unschuldige Opfer gewesen. Sie hatte beißen gelernt; sie hatte, indem sie sich schlafend stellte, verschiedene Küchlein gefangen und getötet, die innerhalb der Reichweite ihrer Kette Futter zu suchen wagten. Auch konnte ihr die Neigung, ein Morgen- und Abendlied zu singen, nicht ausgetrieben werden, was ihr manche Prügel eintrug. Aber sie lernte still zu sein, sobald nach den einleitenden Tönen Türen oder Fenster knarrten, denn diesen Beweisen menschlicher Nähe folgte häufig ein Knall und eine Schrotladung, die zwar keinen ernstlichen Schaden anrichtete, aber das Fell recht empfindlich jucken ließ. Alle diese Erfahrungen trugen dazu bei, ihren Abscheu vor Feuerwaffen und deren Trägern zu steigern. Was eigentlich der Zweck dieser musikalischen Ergüsse war, ließ sich schwer sagen. Gewöhnlich erfolgten sie zur Zeit der Abend- und Morgendämmerung; manchmal wurden sie auch durch irgendein lautes Geräusch bei Vollmond hervorgerufen. Der Gesangsvortrag bestand aus einer raschen Folge kurzabgebrochener, bellender Töne mit eingestreuten gemütvollen Seufzern, die nie verfehlten, die Hunde in Aufruhr zu bringen und zum Einstimmen zu veranlassen; hin und wieder kam von den fernen Hügeln die Antwort eines wilden Artgenossen.

Tito hatte eine kleine Eigenart entwickelt, die rein instinktiver Natur, das heißt, eine ererbte Gewohnheit war. Im Hintergrund ihrer Hütte hatte sie ein kleines Versteck für Knochen angelegt, und sie wußte genau, wo ein paar Fetzen angegangenen Fleisches innerhalb ihres begrenzten Bereiches lagen. Näherte sich einer diesen verborgenen Schätzen, so folgte sie ihm mit ängstlichen Augen, unterließ aber jede weitere Kundgebung. Sah sie, daß dem Fremden die Plätze bekannt waren, nahm sie die erste Gelegenheit wahr, die Schätze anderswo unterzubringen.

Nach Jahresfrist war Tito voll ausgewachsen und hatte in der geschilderten Weise vieles gelernt, was ihre wilden Verwandten nicht hätten lernen können, ohne dabei ihr Leben zu verlieren. Sie kannte die Fallen und fürchtete sie; sie hütete sich vor Giftbrocken und kannte die Gegenmittel, die gegebenenfalls anzuwenden waren. Sie wußte, was Gewehre sind; sie hatte gelernt, ihr Morgen- und Abendlied kurz abzumachen; sie hatte die Hunde so weit kennengelernt, daß sie alle haßte und allen mißtraute. Vor allem aber hatte sie das eine erkannt: Wenn Gefahr droht, entgeht man ihr am besten, indem man sich duckt, sich still verhält und nichts tut, was Aufmerksamkeit erregen könnte. Vielleicht barg sich hinter den gelben Augen noch weit mehr Kunde von den Menschen, aber das ließ sich nicht ergründen.

Tito war völlig ausgewachsen, als der Farmer ein Paar echte Windhunde – wundervolle Renner – erstand. Mit ihrer Hilfe hoffte er die noch übrigen Präriewölfe, die hin und wieder ein Schaf oder ein Kalb rissen, völlig auszurotten; zugleich sollte ihm der Sport der Wolfsjagd zum Vergnügen dienen. Die Wölfin im Hof hatte er satt, er beschloß, sie zum Trainieren der Hunde zu verwenden, ließ sie in einen Sack stecken, vierhundert Meter weit forttragen und dann herauswerfen. Zugleich führte man die Windhunde hinaus und hetzte sie auf das Wild. Fort rannten sie in ihrem unvergleichlichen Tempo, fort lief auch die Wölfin, verängstigt durch den Lärm der Menschen wie durch die eigene Freiheit. Ihr Vorsprung von vierhundert Meter schrumpfte bald auf die Hälfte zusammen, dann auf hundert Meter, und immer noch stürmten die Windhunde mit unverminderter Schnelligkeit vorwärts. Offenbar gab es für Tito keine Rettung, näher und näher kamen die Verfolger, in der nächsten Minute war sie verloren – kein Zweifel. Aber auf einmal machte sie halt, wandte sich und ging, munter wedelnd, die Ohren entschieden freundschaftlich aufgerichtet, auf die Hunde zu. Windhunde haben die Eigenheit, alles, was davon-

läuft, fangen und womöglich töten zu wollen; was ihnen dagegen ruhig entgegentritt, hört sofort auf, ein Gegner zu sein. Da die beiden ihren Lauf nicht so rasch bremsen konnten, sprangen sie über die Wölfin hinweg, an ihr vorbei und kehrten dann ganz verblüfft wieder um. Vielleicht erkannten sie auch die Präriewölfin aus dem Hofe wieder, als diese schweifwedelnd vor ihnen stand. Nicht minder verblüfft waren auch die Männer und konnten sich eines Gefühls des Mißerfolgs nicht erwehren; der wirkliche Sieger war offenbar die unerschrockene kleine Präriewölfin.

Die Windhunde wollten ein Tier nicht angreifen, das mit dem Schwanze wedelte und nicht davonlief; und die Leute nahmen, da die Wölfin sich in sicherem Abstand hielt, ihre Lassos und machten sie bald wieder zur Gefangenen.

Am nächsten Tage beschlossen sie, den Versuch zu wiederholen, gesellten aber den beiden Windhunden noch den Bullterrier bei. Die Wölfin verfuhr wie am Tage zuvor. Wieder weigerten sich die Windhunde, einen so freundlich gesinnten Bekannten anzugreifen. Der Bullterrier aber, der jappend und keuchend drei Minuten später auf dem Schauplatz erschien, teilte diese Bedenken nicht. Er war nicht so groß, aber schwerer als die Wölfin. Unverweilt packte er sie am dichten Halsfell, schüttelte sie, bis sie nach kurzer Zeit starr und leblos dalag. Dies schien den Beifall der Männer zu finden, und sie lobten den Terrier, während die Windhunde unruhig hin und her liefen.

Ein Teilnehmer an der Jagd, ein erst vor kurzem gelandeter Engländer, fragte, ob er die Rute – den Schwanz, setzte er hinzu – haben könne, und mit einem scheußlichen Ruck seines Messers schnitt er ihn in der Mitte durch, worauf die Wölfin schrill schreiend zu Boden fiel. Sie war ja nicht tot, sondern hatte sich nur so gestellt. Nun sprang sie auf und rannte, schmerzvoll klagend, in ein nahes Dickicht von Kaktus und Salbei.

Für die Windhunde war dies das Signal, die Jagd wieder aufzunehmen, und so rannten die beiden Langbeinigen und auch der Weiße mit der breiten Brust hinter der flüchtigen Wölfin her. Aber quer über ihren Weg kreuzte zum Glück wie der Blitz ein brauner Körper, auf dem ein schneeiges Schwänzchen saß, die sichtbare, schnell entschwindende Flagge eines Präriehasen. Die Wölfin war jetzt nicht in Sicht, wohl aber der Hase; nun flogen die Hunde diesem nach. Der machte sich das Loch eines Präriehundbaues zunutze und suchte im Schoße von Mutter Erde sein Heil. Aber auch die Wölfin konnte sich retten.

Freilich hatte ihr die rauhe Behandlung durch den Terrier arg zugesetzt, und ihr verstümmelter Schwanz schmerzte sie, sonst aber war sie Herrin ihrer Kräfte. Sie lief, immer in Senken Deckung suchend und leicht ausgreifend, davon und entging ihren Feinden. Bei den Präriewölfen des Kleinen Missouri begann sie ein neues Leben.

Tito stand nun zum erstenmal der ganzen Schwierigkeit des Lebens gegenüber.

Für ein wildes Tier gibt es drei Quellen des Wissens: erstens, die Erfahrung seiner Vorfahren. Sie wird als Instinkt vererbt, als angeborenes Verhalten, das der Rasse während langer, langer Zeiträume auf dem Wege der Zuchtwahl und der Bedrängnis wie mit Hammerschlägen eingeprägt wird. Diese Quelle ist die wichtigste, weil sie dem Tier, und zwar jedem normalen Tier vom Augenblick seiner Geburt an zum Schutze dient.

Zweitens, die Erfahrung seiner Eltern und Kameraden, die hauptsächlich durch das Beispiel wirkt. Diese Quelle wird besonders ergiebig, sobald das Junge laufen kann.

Drittens, die persönliche Erfahrung des Tieres selbst, die immer wichtiger wird, je mehr es an Alter zunimmt.

Der Wert des Instinkts wird durch seine Starrheit beeinträchtigt; er kann sich nur schwer und langsam veränderten Verhältnissen anpassen. Die zweite Quelle leidet unter der Unfähigkeit des freien Gedankenaustausches, das Tier hat ja keine Sprache. Die dritte endlich kann nur unter mehr oder minder großer Gefahr für Leib und Leben erworben werden. Aber alle drei zusammen ergeben eine starke Waffe.

Für Tito lag die Sache ganz eigenartig. Vielleicht war noch nie zuvor ein Präriewolf dem Ernst des Lebens mit so außergewöhnlichen Vorteilen der Erfahrung gegenübergetreten; Eltern und Kameradenerziehung hatte sie nicht gekannt, der Instinkt war noch wenig geweckt.

Schnell entfernte sich Tito von den Farmern, indem sie sich immer außer Sicht hielt und von Zeit zu Zeit ihren Schwanzstumpf leckte. Schließlich gelangte sie zu einer Kolonie von Präriehunden. Von den Insassen waren viele draußen, die den Eindringling ankeiften, aber schleunigst in ihren Bauen verschwanden, als er näher kam. Instinkt lehrte Tito, nach den Nagetieren zu laufen, um eins zu fangen; nachdem sie es eine Weile vergebens versucht hatte, gab sie es auf. Sie hätte an diesem Tage hungrig schlafen gehen müssen, hätte sie nicht im langen Gras am Fluß ein paar Mäuse gefunden. Keine Mutter hatte sie jagen gelehrt, aber der Instinkt hieß sie es tun, ihre ungewöhnliche Auffassungsgabe ließ sie schnell aus ihrer Erfahrung Gewinn ziehen.

Tito hatte bald gelernt, ihren Lebensunterhalt zu erwerben, denn an Mäusen, Erdhörnchen, Kaninchen, Hasen und Eidechsen war kein Mangel, und viele davon ließen sich in offener Jagd erhaschen. Doch ehe die offene Jagd anfangen kann, muß man sich langsam möglichst dicht heranschleichen, und dann erst kommt der Sprung auf die ahnungslose Beute! Noch ehe der Mond gewechselt hatte, verstand es unsere Wölfin aufs beste, sich reichlich Nahrung zu verschaffen.

Mehrmals sah sie die Männer mit den Windhunden aus der Ferne auf sich zukommen. Unter diesen Umständen hätten die meisten Präriewölfe herausfordernd gebellt oder wären auf einen hochgelegenen Punkt gelaufen, von wo aus sie den Feind beobachtet hätten. Tito handelte nicht so töricht. Sie ließ sich, wo sie stand, fallen und blieb ausgestreckt liegen, bis die Gefahr vorüber war. So kam ihr gut zupaß, was sie im Farmhof gelernt hatte, und was ihre Schwäche war wurde zur Stärke. Das Geschlecht der Präriewölfe war so lange für seine Schnelligkeit berühmt gewesen und hatte so lange gelernt, sich auf seine flinken Beine zu verlassen, daß es den Tieren nicht einmal im Traum einfiel, es könnte ein Geschöpf kommen, das ihnen an Geschwindigkeit überlegen sei. Sie waren gewöhnt, mit ihren Verfolgern zu spielen, und hatten so selten Gelegenheit, die schnellen Füße der Windhunde kennenzulernen, bis es zu spät war. Nur Tito, an einer Kette großgeworden, war eine schlechte Läuferin; sie konnte sich nicht auf ihre Beine verlassen und verließ sich lieber auf ihre Schlauheit, darum blieb sie am Leben.

Den Sommer über blieb sie am Kleinen Missouri und lernte alle Feinheiten und Kniffe der kleinen Jagd, die sie schon vor dem ersten Zahnwechsel hätte lernen sollen, und wurde kräftiger und schneller. Immer hielt sie sich weit ab von den Farmhäusern, versteckte sich beim Anblick eines Menschen oder eines ihr unbekannten Tieres und verbrachte so den Sommer allein. Tagsüber fühlte sie sich nicht einsam, erst wenn die Sonne unterging, trieb es sie, den barbarischen, für die Präriewölfe so bedeutungsvollen Gesang anzustimmen.

Er ist nicht die Erfindung eines einzelnen Tieres, sondern entwickelte

sich allmählich aus dem Empfindungsleben aller Präriewölfe aller Geschlechterfolgen. Er ist ein Ausdruck ihrer Natur und der weiten Hochflächen, denen sie sich angepaßt haben. Einer fängt an, die andern nehmen die Melodie auf, wie die Pfeifer- und Trommlerchöre bei den Soldaten. Sie antworten, wenn ein bestimmter Ton angeschlagen wird, mit dem gleichen und keinem andern Ton. Der Präriewolf m u ß antworten, sei er in der Freiheit oder in der Gefangenschaft aufgewachsen.

Sie singen das Lied nach Sonnenuntergang als Sammelruf für das Wolfsgeschlecht, als freundlichen Anruf für den Nachbarn; sie singen es, um auszudrücken: „Alles in Ordnung. Ich bin hier. Wo bist du?" Den aufgehenden Mond singen sie an: Jagdzeit. Sie singen oder, was die Sache genauer bezeichnet, sie heulen auch beim Anblick eines Lagerfeuers. Ganz anders klingt ihr Lied vor Tagesgrauen – bevor sie sich still aus der offenen Ebene vor dem Lager wegstehlen –, eine wilde, wehmütige, die Sinne erregende, eintönige Melodie:

Wau – wau– wau– wau – wau wa-u w-a-u-u-uh ... Zweifellos enthalten ihre musikalischen Ergüsse noch manche Variationen, die der Mensch so wenig unterscheiden kann wie der Präriewolf die Worte eines fluchenden Cowboys.

Instinktiv stimmte Tito ihr Lied zur rechten Zeit an: aber traurige Erfahrungen hatten sie gelehrt, sich kurz zu fassen und nicht laut zu werden. Ein paarmal kam aus der Ferne von einem Artgenossen Antwort, und Tito verstummte sofort und stahl sich aus der Nachbarschaft.

Als sie sich eines Tages am Oberlauf von Garnerscreek befand, kam sie auf eine Fährte, auf der ein Stück Fleisch fortgeschleift worden war. Ein merkwürdig lockender Duft stieg ihr in die Nase, und sie folgte ihm, zum Teil aus Neugierde. Bald stieß sie auf das Fleisch selbst. Sofort fühlte sie Hunger, sie war jetzt immer hungrig, und obwohl dem Fleisch noch ein ganz besonderer Geruch anhaftete, war es doch zu verführerisch, und sie verschlang es. Nach einigen Minuten spürte sie einen furchtbaren Schmerz. Die Erinnerung an den vergifteten Brocken, den ihr der Junge vorgeworfen hatte, war noch frisch. Schaum stand ihr vor dem Maul, als sie ein paar Grashalme abriß und schluckte, worauf ihr Magen das Fleisch wieder von sich gab; dann fiel sie, von Krämpfen geschüttelt, um.

Die Fleischfährte und der vergiftete Köder waren tags zuvor vom Wolfjakob gelegt worden. Als er jetzt am Morgen der breiten Schleifspur nachritt, bemerkte er weit vor sich Tito, wie sie sich auf der Erde wälzte. Aha, da hatte es einen erwischt! Schnell ritt der Mann näher, und ebenso schnell ließen auch die Krämpfe nach. Mit einer gewaltigen Anstrengung richtete sich die Wölfin beim Klang der Hufschläge vorne hoch. Jakob zog den Revolver und feuerte einen Schuß ab, er ging fehl, steigerte aber Titos Unruhe und Angst. Sie versuchte zu laufen, das ging nicht, ihre Hinterläufe waren gelähmt. Sie setzte alle Kraft daran, die versagenden Gliedmaßen nachzuziehen, und da das Gift nicht mehr im Magen war und wirkte, vermochte ihre Willenskraft viel. Hätte Tito liegen bleiben dürfen, sie wäre in fünf Minuten tot gewesen; aber die Revolverschüsse und das Nahen des Mannes trieben sie zu höchster Energie. Mit der Kraft der Verzweiflung bemühte sie sich immer wieder, die Hinterläufe zu bewegen. Was ist der Nerv anderes als Wille? Tito spürte, wie das taube Gefühl nachließ. Jeder ins Blaue gefeuerte Revolverschuß verlieh neue Energie. Noch ein unbändiger Ruck, und schon gehorchte der eine Hinterlauf, noch ein paar mühsame Sätze, und auch der andere ließ sich bewegen. Dann ging es flott dahin zwischen den Erdwellen der endlosen Ebene, dem Krampf zum Trotz, der in den Eingeweiden wühlte.

Hätte Jakob jetzt von der Verfolgung abgelassen, Tito hätte sich doch niedergelegt und wäre gestorben; aber er blieb ihr weiter auf den Fersen und schoß von Zeit zu Zeit drauflos, bis sie nach weiteren zwei Kilometern frei von Schmerzen dahinrannte, gerettet vor dem Feinde – durch ihn selbst. Denn er hatte sie gezwungen, die einzige aussichtsreiche Kur anzuwenden.

Aus den schmerzlichen Erfahrungen dieses Tages wuchs ihr eine neue Kenntnis: Jener sonderbare Geruch, der dem Fleisch anhaftete, bedeutet Todesnot! Und nie vergaß sie es, sie kannte es fortan – das Strychnin.

Glücklicherweise kann man nicht gleichzeitig mit Hunden, Fallen und Strychnin Krieg führen, denn Hunde können ebensogut wie Präriewölfe in die Fallen geraten oder vergiftet werden. Wäre an jenem Tag nur ein einziger Hund dabei gewesen, so hätte Titos Geschichte hier ihr Ende gefunden.

Als die Witterung gegen Ende des Herbstes kühler wurde, hatte Tito schon zum großen Teil ausgeglichen, was in der Ausbildung ihrer

natürlichen Gaben versäumt worden war. Ihre Gewohnheiten entsprachen jetzt schon mehr denen anderer Präriewölfe. Sie war auch mehr geneigt, ihr Abendlied aus voller Kehle zu singen.

Als sie eines Abends Antwort erhielt, gab sie dem Drange nach, wieder einzustimmen, und bald darauf tauchte ein großer Präriewolf auf. Schon die Tatsache, daß er hier lebte, bewies seine ungewöhnliche Begabung, denn die Viehzüchter führten, wie gesagt, einen erbarmungslosen Krieg gegen sein Geschlecht, und nur die schlauesten und kräftigsten Tiere konnten der Vernichtung entgehen. Vorsichtig kam er näher; Titos Haare sträubten sich unter dem Eindruck der gemischten Gefühle, die sie beim Anblick eines Artgenossen erfüllten. Sie duckte sich flach nieder und wartete. Der Fremde schritt mit der Nase am Wind steifbeinig vorwärts und näherte sich ihr, immer am Wind. Dann umkreiste er Tito, damit auch sie ihn wittern könne; dabei hob er seine Rute und ließ sie freundlich wedeln. Seine ersten Schritte bedeuteten bewaffnete Neutralität, aber der letzte war ein zweifellos freundschaftliches Zeichen. Endlich trat er heran, und Tito erhob sich mit einem Ruck zu ihrer vollen Höhe und ließ sich beriechen. Dann wedelte sie ebenfalls mit ihrem Schwanzstummel, und damit war die Bekanntschaft geschlossen.

Der Ankömmling war um die Hälfte höher als Tito, und der dunkle Fleck um seine Schultern war so ausgedehnt und so lebhaft gefärbt, daß die Cowboys dem Wolf, als sie ihn kennenlernten, den Namen „Sattelrücken“ gaben. Von dieser Zeit an blieben die beiden fast unzertrennlich, das heißt, sie waren nicht immer dicht beieinander, tagsüber lagen oft viele Kilometer zwischen ihnen, aber abends stieg der eine oder der andere auf eine hohe offene Stelle und sang sein lautes: „Jap - jap - jap - wau - wau - wau - wau - wau -“, und bald waren sie, menschlich ausgedrückt, zu einem Plauderstündchen beisammen oder verabredeten einen gemeinsamen Raubzug.

Sattelrücken war körperlich der Gefährtin überlegen, aber die größere Schlauheit war auf seiten Titos, und so übernahm sie immer mehr die Führung. Ehe ein Monat vergangen war, hatte sich ein neuer Präriewolf eingestellt und war ebenfalls ein Mitglied dieser lose verbundenen Gemeinschaft geworden; später kamen noch zwei dazu, denn nichts zieht mehr an als der Erfolg. Die kleine stummelschwänzige Wölfin hatte den seltenen Vorzug genossen, gerade in

der Beziehung, in der es die andern am meisten fehlen ließen, ausgebildet zu sein: Sie kannte die Absichten und das Verfahren der Menschen. Zwar konnte sie ihre Gefährten nicht mit Worten aufklären, vermochte aber manches mit wenigen Zeichen anzudeuten und wirkte besonders durch ihr Beispiel. Bald zeigte sich, daß die Methoden, die sie beim Jagen anwandte, erfolgreich waren, während die Wölfe, wenn sie ohne sie gingen, oft Pech hatten.

Ein Viehzüchter in der Boxfelder-Ranch hatte zwanzig Schafe; denn da es eine Rinderfarm war, durfte er nach den Vorschriften jenes Bezirks nicht mehr Schafe besitzen. Zum Schutz der Tiere hielt er sich einen großen, bissigen Collie. An einem Wintertage wollten zwei Präriewölfe diese Schafherde überfallen, holten sich aber nur zerzauste Felle. Einige Tage darauf kamen die Wölfe in der Abenddämmerung wieder. Wie Tito das Unternehmen einleitete, läßt sich nicht genau sagen. Man kann nur vermuten, wie sie jedem einzelnen des Rudels seine Rolle zuwies. Sicher ist, daß die Wölfe folgendermaßen verfuhren: Sie versteckten sich im Weidengebüsch, dann wandte sich Sattelrücken, der Kühne und Schnelle, offen den Schafen zu und ließ ein zorniges Bellen hören. Mit gesträubter Mähne und wütendem Gebell sprang der Collie auf und stürzte dem Feind entgegen. Jetzt galt's! Sattelrücken ließ den Schäferhund so nahe kommen, daß dieser ihn beinahe packte, und lockte ihn auf diese Weise tief in den Wald, während die anderen Präriewölfe unter Titos Führung die Schafe in zwanzig Richtungen auseinanderjagten; dann nahmen sie die am weitesten getriebenen aufs Korn, bissen einige tot und ließen sie im Schnee liegen.

In der Abenddämmerung mühten sich Herr und Hund, die noch am Leben gebliebenen Schafe zu sammeln, aber am nächsten Morgen mußten sie sich davon überzeugen, daß vier weit fortgetrieben und umgebracht worden waren und die Präriewölfe einen Festschmaus gehalten hatten.

Der Schäfer vergiftete, was übriggelassen war und ließ die Körper liegen. In der nächsten Nacht kamen die Präriewölfe wieder. Tito beroch das nun gefrorene Fleisch, entdeckte das Gift, stieß ein warnendes Geheul aus und streute Unrat darüber, damit niemand von ihrem Rudel die gefährliche Nahrung anrühre. Ein voreiliges törichtes Wölflein jedoch ließ sich durch Titos Warnung nicht abschrecken und lag bald vergiftet im Schnee.

Jetzt kamen Wolfjakob von allen Seiten Klagen zu Ohren, die

Präriewölfe trieben es ärger als je. So machte er sich mit vielen Fallen und viel Gift ans Werk, die Wölfe am Garnerscreek zu vernichten, während er selbst in kurzen Zeitabständen mit den Hunden die Gegend am Kleinen Missouri und östlich der Kamin-Ranch absuchte; denn in Gegenden, wo Fallen und Gift gelegt waren, durfte man natürlich mit Hunden nicht jagen gehen. In dieser geschäftigen Weise arbeitete er den ganzen Winter hindurch und hatte auch zweifellos einigen Erfolg. Er brachte einige Graue Wölfe zur Strecke – wie es hieß, die letzten ihres Geschlechts – und auch ein paar Präriewölfe, von denen der eine oder andere zu Titos Rudel gehört hatte, offenbar die am wenigsten gewandten und gewitzten Tiere.

Dennoch verzeichnete man in diesem Winter eine Reihe von Untaten, die von Präriewölfen ausgeführt worden waren, und meist ließ sich aus der Fährte oder aus den Berichten von Augenzeugen feststellen, daß ein kleiner Wolf mit gestutztem Schwanze der leitende Geist des Ganzen gewesen war.

Ein Vorfall wurde von Farmern und Jägern viel besprochen. Kurz nach Sonnenuntergang ließ sich das herausfordernde Bellen der Präriewölfe vor den Toren der Kamin-Ranch hören. Ein Dutzend Hunde antworteten wie gewöhnlich darauf. Aber nur der Bullterrier stürzte vorwärts, der Stelle zu, von der die Herausforderung der Wölfe ausgegangen war, weil er als einziger nicht an der Kette lag. Sein Bemühen war umsonst, und ärgerlich knurrend kam er wieder zurück. Zwanzig Minuten später ertönte von neuem das aufreizende Gebell der Präriewölfe, diesmal ganz in der Nähe. Fort raste der Terrier wie das erstemal, und nach einer Minute hatte er, wie man aus seinem leidenschaftlichen Belfern entnehmen konnte, sein Wild in Sicht bekommen, und die Jagd ging an. Sein wütendes Gebell verlor sich immer mehr in der Ferne und ward nie wieder gehört. Am nächsten Morgen konnten die Männer aus den Fährten im Schnee lesen, wie sich die Sache zugetragen hatte. Der erste Kriegsruf der Präriewölfe sollte dazu dienen, festzustellen, ob alle Hunde los seien; als sie dann herausgefunden hatten, daß alle außer dem einen an der Kette lagen, machten sie einen Plan. Fünf von ihnen versteckten sich längs der Fährte; einer ging näher und bellte, bis er den Terrier herausgelockt hatte, und führte ihn direkt in den Hinterhalt. Was konnte der Hund gegen sechs ausrichten? Sie zerrissen und verschlangen ihn ohne Erbarmen. Und am nächsten Morgen kamen die Männer und sahen, daß das Ganze planmäßig angelegt und ausgeführt worden war, und wiederum unter der Leitung einer schlauen kleinen Wölfin mit gestutztem Schwanze.

Die Männer ärgerten sich, und John war wütend; aber Wolfjakob bemerkte: „Nun, ich denke, der Stutzschwanz ist wiedergekommen und hat seine Rechnung mit dem Terrier beglichen."

Mit dem Nahen des Frühlings kam auch für die Präriewölfe wie alle Jahre die Zeit der Liebe. Sattelrücken und Tito waren den ganzen Winter über nur wie gute Kameraden beieinander gewesen, jetzt aber wurde ein neues Gefühl mächtig. Von Werben war nicht viel die Rede, Sattelrücken wies einfach allen, die etwa seine Nebenbuhler werden konnten, die Zähne. Auch Zeremonien ersparten sie sich. Monatelang waren sie Freunde gewesen, und jetzt schlossen sie sich ohne weiteres auf Grund der neuen Gefühle noch enger zusammen und bildeten ein Paar. Namen wie die Menschen geben die Präriewölfe einander nicht, aber sie haben einen besonderen Laut – ein abgebrochenes Heulen –, das im Anruf so viel bedeutet wie Mann oder Frau.

Jetzt löste sich die lose Jagdbrüderschaft der Präriewölfe auf, denn andere Paare sonderten sich ebenfalls ab, und da das wiederkehrende warme Wetter die Präriehunde und das kleine Wild herauslockte, so war man weniger auf gemeinsame Jagdzüge angewiesen. Für gewöhnlich schlafen die Präriewölfe nicht in Höhlen oder an bestimmten Plätzen. Die ganze Nacht über streifen sie herum, und dann schlafen sie am Tage ein paar Stunden in der Sonne auf einem stillen Berghang, von wo aus sie auch die Gegend im Auge behalten können. In der Paarungszeit ändert sich diese Gewohnheit etwas.

Als die Witterung wärmer wurde, machten sich Tito und Sattelrücken daran, eine Höhle für den erwarteten Familienzuwachs herzurichten. In einem warmen kleinen Tal säuberten, vergrößerten und vertieften sie einen alten Dachsbau. Blätter und Gras wurden in ziemlicher Menge eingetragen und ein nach Wolfsbegriffen äußerst bequemes Lager geschaffen. Der trockene, sonnige Winkel zwischen den Hügeln lag fast einen Kilometer westlich vom Kleinen Missouri. Nur dreißig Meter entfernt fand sich ein Erdrücken, der einen weiten Blick über die grasigen Abhänge und das Baumgestrüpp am Flusse gewährte. Menschen hätten es eine schöne Gegend genannt.

Tito wurde jetzt schon von den ihrer harrenden Pflichten in Anspruch genommen. Ohne sich viel zu bewegen, blieb sie in der Nähe und nährte sich von dem, was Sattelrücken brachte oder sie selbst leicht ergattern konnte, wie auch von den kleinen Vorräten, die sie in der guten Zeit verscharrt hatte. Jeden Präriehundbau in der Runde kannte sie und ebenso auch die Stellen, wo es die meisten Mäuse oder Kaninchen gab. Unweit der Höhle lag derselbe große Präriehundbau, den sie an jenem unvergeßlichen Tage gekreuzt hatte, als sie ihre Freiheit gewann und die Hälfte ihres Schwanzes einbüßte. Oh, sie hatte ein gutes Gedächtnis!

Etwas abseits von den übrigen hatte ein Präriehund seine Höhle angelegt, und als Tito die Kolonie musterte, ließ er sich eben, etwa zehn Meter von der Tür seines Hauses entfernt, das Gras schmecken. Natürlich läßt sich ein Präriehund, der von den andern entfernt ist, leichter fangen als einer mitten in der Kolonie. Darum hatte Tito es gerade auf diesen einen abgesehen und ging stracks auf ihn zu. Wie konnte sie dies aber tun, wenn keinerlei Deckung da war, nichts als niedriges Gras und ein paar Kräuter? Der Eisbär weiß die Robbe auf dem offenen Eise zu beschleichen und der Indianer an den äsenden Hirsch auf Treffweite heranzukommen. Tito verstand sich auf den gleichen Kunstgriff. Ein Präriehund sieht nur dann gut, wenn er aufrecht sitzt, ein Männchen macht, steckt er aber seine Nase ins Gras, so nützen ihm seine Augen nicht viel, und das wußte Tito. Sodann ist ein gelbbraunes Tier in einer gelbbraunen Landschaft unsichtbar, solange es sich nicht bewegt. Auch das schien Tito zu wissen. So ging sie langsam gegen den Wind auf den Präriehund zu. Gegen den Wind – nicht um den Präriehund zu hindern, sie zu wittern, sondern um ihn im Geruch zu behalten. Sobald der Präriehund sich aufsetzte, wurde Tito starr wie eine Bildsäule; nur wenn er die Nase ins Gras steckte, ging sie näher, ohne ihn aus den Augen zu lassen, um sofort wieder stehenbleiben zu können, wenn er sich etwa aufsetzen und Umschau halten sollte, warum seine Brüder so bellten. Ab und zu schienen ihn die Warnrufe der andern zu beunruhigen, da er aber nichts Auffälliges sah, äste er ruhig weiter. Bald hatte Tito die Entfernung von fünfzig Meter auf zehn und von zehn Meter auf fünf verringert und war noch nicht bemerkt worden. Als sich der Präriehund wieder einmal auf alle viere niederließ, machte sie einen raschen, sicheren Satz und trug das zappelnde, quiekende Nagetier als gute Beute fort. So schlägt der Würgeengel die, die sich achtlos und gleichgültig von der Gesellschaft absondern und nur der eigenen Kraft vertrauen.

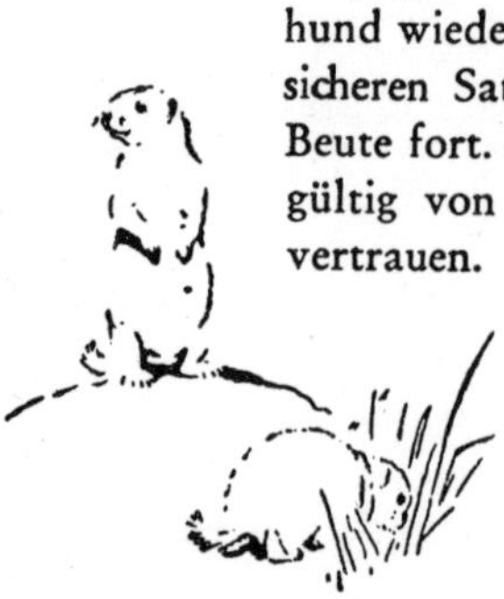

Manchmal lief es für Tito nicht so gut ab. Einmal war sie nahe daran, ein Antilopenjunges abzufangen, da erschien im letzten Augenblick die Mutter und versetzte der Verfolgerin einen so schmerzhaften Stich in die linke Kopfseite, daß sie an diesem Tage nicht mehr auf die Jagd ging. Diesen Fehler beging Tito nicht wieder, denn sie hatte ein vorzügliches Gedächtnis. Mehrmals konnte sie sich nur durch einen Seitensprung vor dem Biß einer Klapperschlange retten. Öfters schossen auch Jäger mit langen Büchsen nach ihr, und dazu mußte sie sich auch immer mehr vor den schrecklichen Grauen Wölfen hüten. Der Graue Wolf ist bekanntlich weit größer und stärker als der Präriewolf, aber dieser hat den Vorteil der größeren Schnelligkeit und kann sich auf offenem Felde stets retten. Nur muß er sich vorsehen, daß er nicht in eine Sackgasse gerät. Gewöhnlich gehen die Präriewölfe, wenn sie einen Grauen heulen hören, ruhig an einer anderen Stelle ihren Geschäften nach.

Tito hatte eine merkwürdige, bei Wölfen und Kojoten öfters zu beobachtende Neigung, in ihrem Maule nichteßbare Gegenstände meilenweit zu tragen. Manchmal hätte man sie weite Strecken mit einem Büffelhorn oder einem verlorenen Hufeisen laufen sehen können — Schätze, die sie sofort fallen ließ, wenn ihr etwas anderes besser gefiel. Für diese Eigentümlichkeit haben die Cowboys eine Erklärung: Sie meinen, es geschehe, um die Kiefer zu strecken oder zu trainieren.

Wie Hunde und Wölfe haben auch die Präriewölfe die Gewohnheit, an bestimmten Punkten ihrer Wechsel zum Zeichen ihrer Anwesenheit ein Andenken zu hinterlassen. Diese Punkte – man kann sie geradezu Stationen nennen – sind Steine, Bäume, Pfähle, ein alter Büffelschädel oder dergleichen, und jeder neue Präriewolf, der dort anlangt oder haltmacht, kann aus dem Geruch und der Spur des letzten Besuchers erkennen, wer dieser Besucher war, woher er gekommen und wohin er gegangen ist. Das ganze Land ist mit einem Netz solcher Poststationen bedeckt.

Nun kommt es oft vor, daß ein Präriewolf, der nicht viel zu tun hat, einen gebleichten Knochen oder sonst etwas Unnützes im Maule trägt; erblickt er aber den „Briefkasten", dann begibt er sich dorthin, um die letzten Neuigkeiten zu erfahren und als Gegendienst selbst „einen Brief zu schreiben". Dabei legt er wohl den Knochen, oder was er sonst schleppt, beiseite und vergißt, ihn wieder aufzunehmen. So pflegt an diesen Poststationen im Laufe der Zeit eine Sammlung von allerlei Kuriositäten zu entstehen.

Diese sonderbare Gewohnheit war die Ursache, daß die Windhunde der Kaminfarm von einem unseligen Verhängnis ereilt wurden und den Präriewölfen in ihrem Kampfe mit Menschen und Hunden ein entsprechender Gewinn erwuchs. Wolfjakob hatte auf dem westlichen Ufer eine Reihe vergifteter Brocken gelegt. Tito wußte, was diese Fleischstücke zu bedeuten hatten und verschmähte sie wie gewöhnlich; als sie aber noch mehr fand, nahm sie drei oder vier ins Maul und kreuzte damit den Kleinen Missouri nach dem Ranchhaus zu. Dieses umkreiste sie in sicherer Entfernung; als die Hundemeute aus irgendeinem Grunde ein lautes Gebell anschlug, ließ sie die Brocken fallen. Als man am nächsten Morgen die Hunde hinausließ, fanden und verschlangen sie die vergifteten Fleischstücke und waren nach zehn Minuten tot. So war das Ende der Windhunde, die vierhundert Dollar gekostet hatten. Nach diesem Unfall wurde das Legen von Giftbrocken im ganzen Bezirk verboten – für die Präriewölfe ein großer Gewinn.

Bald hatte Tito gelernt, daß man nicht nur jeder Wildart in besonderer Weise nachstellen muß, sondern daß man vorteilhafterweise manchmal auch bei verschiedenen Individuen derselben Art verschiedene Methoden anzuwenden hat. Jener Präriehund, der seinen Bau abseits der großen Kolonie hatte, war in der Tat eine leichte Beute geworden, nachdem er aber weggeholt war, bildete die übrige Bewohnerschaft eine zusammenhängende Bevölkerung. Fast im Mittelpunkt der Niederlassung wohnte ein schöner großer, fetter Präriehund, das reine Bild eines wohlgenährten Ratsherrn, den Tito schon mehrmals vergebens zu schnappen versucht hatte. Das eine Mal hatte sie sich schon beinahe bis auf Sprungweite herangeschlichen, als das zornige „Bis – s-s –" einer Klapperschlange hörbar wurde, die sich in ihrer Ruhe gestört fühlte. Tito, von instinktiver Furcht vor dem Reptil erfüllt, mußte die Jagd aufgeben. Sich offen an den Ratsherrn heranzupirschen, wie sie es vorher bei dem Einsiedler getan hatte, erwies sich als aussichtslos, denn bei der zentralen Lage seines Baues diente ihm jeder Bewohner der Stadt als Schildwache. Aber er war ein zu verlockendes Ziel, als daß Tito es fertiggebracht hätte, ihn ganz aufzugeben; darum wartete sie, bis die Umstände die Anwendung einer neuen Methode erlaubten.

Ältere Präriewölfe pflegen von einer hochgelegenen Warte aus zu beobachten, ob sich etwas auf den Straßen fortbewegt. Ist es vorüber, so gehen sie hinunter und untersuchen die Fährte. Auch Tito hatte diese Gewohnheit, hielt sich aber stets gewissenhaft außer Sicht.

Eines Tages fuhr ein Wagen vorüber, nach Süden zu. Sofort legte sich Tito nieder, beobachtete das Gefährt und sah, daß etwas herunterfiel. Sobald der Wagen außer Sicht war, schlich sie hinab, um zuerst die Spur zu beriechen und sodann nachzusehen, was zu Boden gefallen war. Es war ein Apfel, aber Tito sah nur einen wenig anziehenden runden Gegenstand, der einen sonderbaren Geruch ausströmte. Sie beschnüffelte ihn und wollte schon weitergehen; aber die Sonne schien so hell darauf, und er rollte so merkwürdig, als sie ihn mit der Pfote anstieß, daß sie ihn doch ins Maul nahm und über die Höhe zurücktrottete, hinter der sich die Niederlassung der Präriehunde befand. Gerade zu dieser Zeit erschienen zwei Raubvögel und kreisten über der Präriehundestadt, deren Bewohner in ein heftiges, stoßweises Gebell ausbrachen und bei jedem Beller krampfhaft mit den Schwänzen zuckten. Im Nu waren alle in ihrer Unterwelt verschwunden. Tito ging zu dem Loch des Dicken, der ganz besonders ihren Appetit reizte, ließ unwillkürlich den Apfel einen Meter vom Rand des Kraters, der in den ratsherrlichen Palast führte, auf den Boden fallen und fuhr mit der Nase nach unten, um sich an dem köstlichen Geruch des Präriehundes zu weiden. Dann entfernte sie sich ruhig hinter einen Fettholzbusch an einer etwas tiefergelegenen, zwanzig Meter entfernten Stelle und legte sich flach nieder. Nach ein paar Sekunden lugte ein neugieriger Präriehund heraus, und da er nichts sah, so rief er bellend: „Alles in Ordnung!" Einer nach dem andern kam heraus, und in zwanzig Minuten war die Ansiedlung so belebt wie zuvor. Unter den letzten, die sich herauswagten, war unser fetter alter Ratsherr. Vorsichtig spähte er ein paarmal umher und kroch dann behäbig auf seinen Lugaus. Die Löcher des Präriehundes sind nämlich wie ein gerade nach unten verlaufender Trichter. Um seinen oberen Teil wird ein hoher Rand errichtet, der als Ausguck dient und auch die Sicherheit gewährt, daß der Bewohner, ganz gleich, wie er in der Eile ausgleitet, bestimmt in den Trichter rutscht und von der allbehütenden Erde aufgenommen wird. Nach außen fällt der Boden langsam nach allen Seiten ab. Als nun der Ratsherr das sonderbare runde Ding nicht weit von seiner Schwelle sah, fürchtete er sich zuerst; eine zweite Besichtigung ließ ihn glauben, es sei doch nichts Gefährliches, wahrscheinlich sogar etwas Unterhaltendes. Vorsichtig näherte er sich, beroch es und versuchte, daran zu nagen; aber der Apfel rollte fort, denn er war rund und der Boden glatt und abschüssig.

Der Präriehund folgte ihm und biß hinein. Der Versuch gab ihm die angenehme Überzeugung, daß der merkwürdige Gegenstand gut zu essen sei; leider rollte er jedesmal, wenn der Dicke anbiß, weiter fort. Das Feld schien klar, alle anderen Präriehunde waren draußen, somit trug der fette Herr keine Bedenken, dem bald hierhin, bald dorthin rollenden Apfel nachzueilen. Natürlich ging es immer mehr der Senke zu, wo der Fettholzbusch stand. Die kleinen Stücke, die der Dicke abbeißen konnte, reizten nur seinen Appetit, und so entfernte er sich immer mehr von seinem Loch. Tito machte sich bereit und maß die noch verbleibende Entfernung, bis sie sich auf nicht mehr als drei Sätze verringert hatte – dann, wie ein Pfeil auf, und vorwärts auf den schreckensstarren Fettwanst!

Ob es nun Zufall oder Absicht war, was sie den Apfel hatte hinlegen lassen, wird man niemals entscheiden können, jedenfalls erwies es sich als bedeutungsvoll, und wenn dergleichen einem klugen Präriewolf ein- oder zweimal begegnet – und meist sind es die klugen, an die so etwas kommt –, dann kann sich daraus leicht eine neue Jagdlist entwickeln.

Nach einem herzhaften Mahl verscharrte Tito den Rest, nicht um ihn loszuwerden, sondern um ihn für den Notfall aufzuheben, und als sie bald darauf zu schwerfällig wurde und nicht mehr auf große Jagd ziehen konnte, kamen ihr die verschiedenen Vorräte dieser Art sehr zustatten. Allerdings war das Fleisch nichts weniger als wohlriechend geworden, aber Tito war nicht heikel, Furcht vor Mikroben und Mikrobentheorien waren ihr unbekannt, und so schadeten sie ihr auch nicht.

Der Frühling war gekommen und legte seine Hand auf alles in dem jetzt märchenhaften Ödland. Ach, warum nennt man es Ödland, diese wilden, phantastischen, von Leben strotzenden Hügel, strahlend von den buntesten Blumen, voll abwechslungsreicher waldiger Grotten, weiter Präriestriche und schäumender Flüsse und Seen! Hier im Vordergrund vor unseren Augen – dort, wo weithin die Ebene sich erstreckt und weiterhin auf den fernen Hügeln, deren Bild bei jedem Schritt wechselt, sehen wir die reichen Gaben der Natur verschwenderisch ausgestreut; mit farbenreichem Himmel oben und farbenreichem

Land unten und dem fernen Abschluß der Berge aus kostbaren Steinen und Erzen und gefärbt wie von immerwährendem, unaussprechlich schönem Sonnenuntergang. Und doch hat der blinde Mensch für dieses prächtige und verzauberte Wunderland keinen anderen Namen gefunden als Ödland!

Die kleine Niederung im Westen der Kaminzinne war mit frischem Gras bestanden. Auch die gefährlich aussehenden Spanischen Bajonette, die im Winter mit allen lebenden Wesen Krieg zu führen scheinen, gaben ihren Beitrag zu dem friedevollen Triumph des Lenzes in Gestalt von Blumen, die selbst die kühlen Männer der Wissenschaft verlockt haben, sie Gloriosa zu nennen. Und die Kakteen, diese seltsamen Pflanzen, setzen die Welt durch prachtvolle Blüten in Erstaunen, Blüten, die ihnen so wenig gleichsehen wie die Perle ihrer Muttermuschel. Salbei und Fettholzbusch liehen ihr Gold, und die Sandanemone färbte die Ödlandhügel, daß sie aussahen wie bläulicher Schnee. In der Luft, auf der Ebene und den Hügeln ruhte, wie man fühlte, der fruchtverheißende Segen des Frühlings! Winterliches Darben hatte nun ein Ende, der Festschmaus des Sommers begann, und dies war auch die von der Natur gesetzte Zeit, zu der die kleinen Präriewölfe geboren werden sollten.

Eine Mutter braucht nicht erst die Liebe zu ihrer hilflosen zappelnden Brut zu lernen. Sie bringt die Liebe mit, nicht viel oder wenig, nicht meßbare, sondern vollkommene Liebe. Und in dem schwach erleuchteten Raume, wo Titos Sprößlinge zur Welt kamen, liebkoste sie die Hilflosen, leckte und hegte sie mit einer Zärtlichkeit, die in ihrem Leben nicht minder eine neue Epoche als in dem der Jungen bedeutete.

Aber ebenso groß wie die Freude und Liebe zu den Jungen, war die Besorgnis um ihre Sicherheit. Alles, was sie in ihrer merkwürdigen Jugendzeit gelernt, alles, was sie seitdem in sich aufgenommen hatte, das mußte bisher dem einen Hauptziel dienen: ihrer Selbsterhaltung. Jetzt hatte ihre Brut sich zwischen sie und ihrem Egoismus gedrängt. Titos Hauptsorge ging nun dahin, ihre Höhle nicht entdecken zu lassen; das war anfangs nicht schwer, denn sie ging nur fort, wenn ihre eigenen Bedürfnisse sie dazu zwangen.

Mit großer Vorsicht kam und ging sie, und das nur, nachdem sie das Gelände ringsum gemustert hatte, so daß niemand sehen konnte, wo ihr Schatz verborgen war. Für die Hirten war die Wölfin nichts als ein schlauer Räuber auf vier unermüdlichen Beinen, ein Schäd-

ling, ihren Jungen dagegen erschien sie als eine liebevolle, freundliche, mächtige Beschützerin. Für sie war ihre Brust weich und warm und unendlich zart. Sie fütterte und wärmte; sie war die kluge und wachsame Wächterin. Immer bot sie Nahrung, wenn die Hungrigen danach verlangten, immer war sie so klug, die Schlauheit der Feinde zunichte zu machen, und immer führte ihr mutiges Herz die Pläne, die sie zum Besten der Jungen gefaßt hatte, zu erfolgreichem Ende.

Ein neugeborener Präriewolf ist ein formloses, vernunftloses, zappelndes und – für jeden außer der Mutter – höchst uninteressantes Pelzklümpchen. Aber wenn sich die Augen geöffnet, die Beine entwickelt haben, wenn das Wölflein gelernt hat, in der Sonne mit seinen Geschwistern zu spielen oder auf den freundlichen Ruf der Mutter, die ihm Jagdbeute heimbringt, zu hören, dann wird der junge Präriewolf einer der schlauesten, süßesten Kerlchen der Welt. Und als die neun, die Titos Wurf ausmachten, diese Stufe erreicht hatten, da bedurfte es nicht mehr der verklärenden Mutterliebe, um sie als entzückende Geschöpfe erscheinen zu lassen.

Jetzt stand der Sommer vor der Tür, die Jungen begannen, an Fleisch Geschmack zu finden. Tito, einigermaßen von Sattelrücken unterstützt, hatte sich fleißig zu regen, um den eigenen Bedarf und den der Brut herbeizuschaffen. Manchmal brachte sie einen Präriehund, ein andermal kam sie mit einem Maul voll gestreifter Präriehörnchen und Mäusen heim, und hin und wieder glückte es ihr, einen großen Hasen für die Kleinen zu ergattern.

Nach dem Schmause pflegten sie eine Weile in der Sonne zu liegen. Tito stieg als Schildwache auf einen Vorsprung und ließ ihre Blicke über die Erde und durch die Luft schweifen, damit kein Feind ihr glückliches Tal finde. Und die munteren Jungen spielten Haschen, jagten Schmetterlinge nach oder rauften miteinander, zerrten und rissen an den Knochen und Federn, die jetzt um die Schwelle ihres Heims herumlagen. Eines, das am wenigsten entwickelte, stand unweit der Mutter, kroch ihr auf den Rücken oder zupfte sie am Schwanz. Sie boten, wie sie spielten, ein drolliges Bild, und die raufende Gruppe schien der Mittelpunkt des Ganzen zu sein. Doch bei schärferem Hinsehen wäre des Beschauers Blick an der Mutter hängengeblieben, wie sie ruhig, wachsam, nicht ohne Besorgnis, aber vor allem mit einem Ausdruck mütterlicher Zärtlichkeit dastand. Oh, sie war stolz und glücklich, und sie saß dort und bewachte ihre Sprößlinge, bis es Zeit war, heimzugehen, oder bis sich eine Spur nahender

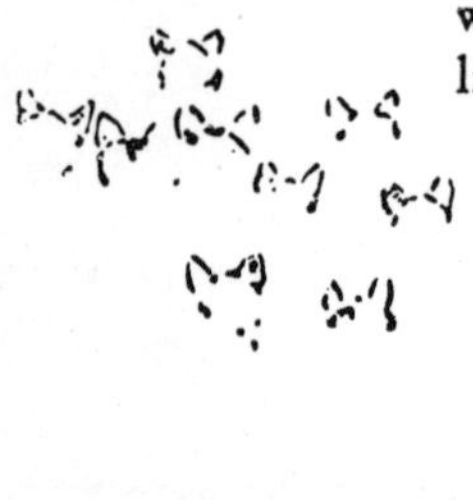

Gefahr zeigte. Dann gab sie durch leises Heulen das Zeichen, und im Augenblick waren alle außer Sicht; aber sie, die Mutter, machte sich auf, der Gefahr entgegenzutreten und sie abzuwenden oder aufs neue auf die Jagd zu gehen.

Dem Wolfjakob schwebten verschiedene Pläne vor, wie er sein Glück machen wollte, aber er gab einen nach dem andern wieder auf, sobald er sah, daß man dabei arbeiten mußte. Mindestens einmal in ihrem Leben pflegen Menschen dieser Art ihr Heil in der Geflügelzucht zu sehen. Sie stellen sich die Sache in ihrer Phantasie so vor, als tue dann das Geflügel die ganze Arbeit. Und ohne sich wegen der Einzelheiten den Kopf zu zerbrechen, verwandte Wolfjakob einen zufälligen kleinen Dollarregen für den Ankauf von einem Dutzend Truthühner. Die Truthühner wurden in einem Verschlag in Wolfjakobs Hütte eingestellt, daß sie vor Nachstellungen gesichert zu sein schienen. Einige Tage hindurch schenkte er ihnen auch das größte Interesse und versorgte sie in der Tat nur zu gut. Aber schon am dritten Tage war der Reiz der Neuheit gewichen, und Wolfjakob hatte für seine Truthühnerfarm nur noch wenig Eifer, der bald ganz wich. Denn erstens gab es jetzt Gelegenheit, in der fernen Stadt Feste mitzufeiern, und sodann gewann die alte Neigung, müßige Stunden auf der Höhe der Gebirgswände zu verbringen sowie die lockende Erinnerung an die Gastfreundschaft, die er bei anderen Viehzüchtern zu genießen pflegte, aufs neue Macht über ihn. Die armen Truthühner hatten nicht mehr die geringste Pflege, mußten selbst zusehen, wie sie zu Futter kamen, und jedesmal, wenn Wolfjakob nach ein paar Tagen Abwesenheit in seine wenig einladende Hütte zurückkehrte, fand er, daß die Zahl kleiner geworden war, bis schließlich nur noch der alte Hahn übrigblieb.

Wolfjakob fragte im Grunde wenig nach dem Verlust, aber er war wütend über den Dieb.

Inzwischen war Wolfjakob auch als Wolfsjäger für den Distrikt zugelassen worden, das heißt, man lieferte ihm Gift, Fallen und Pferde, und er hatte Anspruch auf die ausgesetzten Prämien. Einem zuverlässigen Mann hätte diese Stellung noch manchen Nebenverdienst eingetragen, denn die Viehzüchter sind nicht knauserig, aber Wolfjakob war eben nicht zuverlässig.

Wie jedem Wolfsjäger bekannt ist, zeigt sein Geschäft je nach der Jahreszeit ganz bestimmte Züge. Am Ende des Winters und am An-

fang des Frühlings – der Paarungszeit der Wölfe – jagen die Hunde keine Wölfin. Sie verlassen dann die Spur eines männlichen Wolfes und nehmen die der Wölfin auf, tun ihr aber, wenn sie die Fliehende eingeholt haben, kein Leid an. Im August und September fangen die jungen Präriewölfe an, allein zu laufen und lassen sich dann leicht in Fallen fangen oder vergiften. Etwa einen Monat später haben die Überlebenden besser gelernt, sich vor Schaden zu bewahren, aber im Anfang des Sommers gibt es, wie jeder Wolfsjäger weiß, überall in den Bergen Höhlen voll kleiner Wölfe. In jeder befinden sich fünf bis fünfzehn Stück, und die einzige Schwierigkeit liegt darin, die Örtlichkeit dieser Wolfskinderstuben ausfindig zu machen.

Eine Methode, die Höhlen aufzufinden, besteht darin, daß man auf irgendeinem hohen Felsenvorsprung Wache hält, bis man einen Präriewolf bemerkt, der seinen Jungen Nahrung zuträgt. Da diese Art der Wolfsjagd viel Veranlassung zu müßigem Stilliegen gibt, paßte sie unserem Jäger ausgezeichnet. So verwandte er denn, von Amts wegen mit einem Pferde versehen und mit einem Feldstecher ausgerüstet, Woche um Woche auf das Aufsuchen von Wolfshöhlen, das heißt, er legte sich an einem Punkte schlafen, von wo aus er gelegentlich, wenn ihm das Stilliegen zu langweilig wurde, die Landschaft bequem übersehen konnte.

Aber die Präriewölfe hatten gelernt, die ungedeckten Wechsel zu meiden und wählten meist gedeckte Senken für den Heimweg. Immer ließ sich das nicht machen, und so bemerkte Wolfjakob eines Tages, als er seinem sauren Tagewerk in dem Gebiet westlich der Kaminhöhle oblag, durch sein Glas einen dunklen Punkt, der sich offen am Hang des Hügels fortbewegte. Er war grau und sah aus wie die nebenstehende Figur zeigt.

Wolfjakob wußte, daß dies einen Präriewolf bedeutete. Ein Grauwolf hätte nämlich wie die Figur darunter ausgesehen, mit waagrecht getragener Rute, ein Fuchs wie die dritte und ein Hirsch wie die vierte.

Der dunkle Schatten, der vom oberen Ende herabhing, besagte, daß er etwas im Maule trug – wahrscheinlich dem Lager zu –, und das deutete auf eine Höhle voll Jungen.

Sorgfältig prägte sich Wolfjakob die Stelle ein und kehrte dann am nächsten Tage zu weiterer Beobachtung zurück, wählte aber diesmal zu seiner Warte eine hochragende Zinne unweit des Punktes, wo er den Präriewolf seine Beute hatte forttragen sehen. Jedoch der ganze nächste Tag verging, ohne daß er etwas zu Gesicht bekam. Aber am dritten Tage erspähte er einen dunklen Präriewolf – es war unser alter bekannter Sattelrücken –, der einen großen Vogel trug, und mit Hilfe seines Fernglases stellte Wolfjakob fest, daß es ein Truthahn war. Da wußte er sofort, daß sein Geflügelhof jetzt ganz leer war. Zugleich ging ihm ein Licht darüber auf, wo die neun vorher gestohlenen geblieben waren, und er schwur fürchterliche Rache, wenn er die Höhle finden sollte. Soweit er konnte, folgte er Sattelrücken mit den Augen, das war keine große Strecke, und stieg dann hinunter, um den Versuch zu machen, der Fährte weiter zu folgen; er fand aber keine Merkzeichen und kam auch zufällig nicht in die kleine Senke, die den Spielplatz für Titos Kinder bildete.

Inzwischen war Sattelrücken schon dort angekommen und ließ den leisen Lockruf ertönen, der stets die ungebärdige Schar der neun Wildfänge aus der Erde beschwor. In wildem Durcheinander stürzten sie sich auf den Truthahn, zerrten und zausten ihn, bis er ganz zerrissen war. Jeder, der ein Stück erwischt hatte, lief beiseite und machte sich still ans Verzehren, nahm aber sofort alles ins Maul, wenn ihm ein anderer zu nahe kam, und heulte mit seinem dünnen Stimmchen, während das Bräunlich-Weiße der Augen sichtbar wurde bei dem Bemühen, den Zudringlichen zu beobachten. Diejenigen, die die weicheren Stücke des Puters ergattert hatten, waren gut daran. Aber die drei andern mußten alle ihre Energie an das Gestell des alten Tieres wenden, und darüber wogte eine grimmige Schlacht. Hierhin und dorthin zogen und schoben sie, rissen hin und wieder ein Stückchen ab, hinderten sich aber am Fressen, bis Tito eingriff und den Truthahn mir nichts dir nichts in drei, vier Stücke teilte. Nun machte sich jedes mit seinem Preis davon, kaute und schmatzte und stemmte seinen Kopf nach unten und seitlich, um auch den hintersten Zähnen etwas zum Beißen zu geben, während das zurückgebliebene Muttersöhnchen in die Höhle kroch, triumphierend seinen Anteil mit sich schleppend: den Kopf und den Hals des Truthahns.

Wolfjakob hatte die Empfindung, es sei ihm von dem Präriewolf, der ihm die Truthühner gestohlen hatte, bitteres Unrecht angetan, ja, er sei von ihm geradezu ruiniert worden. Bei lebendigem Leibe wollte er, so gelobte er sich, den Jungen, wenn er sie fände, das Fell abziehen. Sattelrückens Fährte zu folgen, war ihm nicht geglückt, und all sein Suchen nach der Höhle war vergebens, aber er hatte sich auf alles vorbereitet. Für den Fall, daß er die Höhle fand, hatte er Hacke und Schaufel sich mitgebracht, wo nicht, so wollte er mittels einer lebendigen weißen Henne, die er mit sich führte, zum Ziele kommen.

Diese Henne brachte er auf einen offenen Platz, nicht weit von der Stelle, wo er Sattelrücken gesehen hatte, und dort band er sie an ein Stück Holz, das sie nur mit Mühe fortziehen konnte. Dann machte er es sich unfern auf einem Beobachtungsposten bequem und legte sich nieder, um aufzupassen. Natürlich lief die Henne so weit, wie der Strick es zuließ, und lag dann auf dem Boden, sinnlos mit den Flügeln schlagend. Jetzt gab das Holz ein wenig nach, so daß die Schnur nicht mehr so straff gespannt war, worauf sich die Henne mehr zufällig nach einer andern Richtung wandte und aufstand, um sich umzusehen.

Langsam ging der Tag dahin, und Wolfjakob rekelte sich gemächlich auf seiner Decke. Gegen Abend kam Tito, die auf Beute ausging, vorüber. Dies war nicht auffallend, denn die Höhle war keinen Kilometer entfernt. Unter anderem hatte Tito auch gelernt: „Laß dich nie am Horizont sehen!“ Früher pflegte sie auf den Hügelrücken entlangzutrotten, um so nach beiden Seiten Ausschau halten zu können. Aber ihre Erfahrungen mit Menschen und deren Gewehren hatten sie gelehrt, daß man sich so als sichere Zielscheibe darbiete. Daher machte sie es sich zur Regel, ein wenig unterhalb des Rückens zu laufen und von Zeit zu Zeit nach der andern Seite hinüberzuspähen.

So machte sie es auch an diesem Abend, als sie ausging, um ihren Kindern ein Nachtessen zu besorgen. Ihr Blick fiel auf die weiße Henne, die unsinnig hin und her rannte, Tito wußte nicht, woran sie war. Das war etwas Neues. Es sah nach guter Beute aus. Sie umkreiste den Platz, immer auf möglichst vollständige Deckung bedacht, dann beschloß sie, lieber nicht heranzugehen. Als sie weiterlief, erregte ein schwacher Rauch ihre Aufmerksamkeit. Vorsichtig ging sie ihm nach, und unterhalb einer Felsrippe, weit weg von der Henne, fand sie Wolfjakobs Lager. Da war sein Bett, sein angepflocktes Pferd, und über dem glimmenden Feuer befand sich ein Topf, der einen ihr von den Lagern der Menschen her wohlbekannten Geruch ausströmte – den Geruch von Kaffee. Diese sicheren Zeichen von der Anwesenheit eines Menschen erfüllten sie mit Unruhe, aber sie ging trotzdem ihrer Jagd nach und hielt sich immer möglichst gedeckt, so daß Wolfjakob überhaupt nichts von ihr bemerkte.

Um Sonnenuntergang nahm der Wolfsjäger seinen Lockvogel heim, da zahlreiche Eulen umherflogen, und begab sich zurück zu seinem Lager.

Am nächsten Tage wurde die Henne wieder als Köder ausgesetzt, und am späten Nachmittag kam Sattelrücken vorbeigetrottet. Sobald sein Auge auf die weiße Henne fiel, machte er halt, stand mit schief geneigtem Kopfe da und lugte. Dann schlug er einen Bogen, um den Wind zu bekommen, kam vorsichtig schleichend näher, sehr vorsichtig und etwas verblüfft, bis ihn ein Hauch erreichte, der die Erinnerung an den Platz, wo er die Truthühner gefunden hatte, wachrief. Von Angst ergriffen, wollte die Henne fortlaufen, aber Sattelrücken stürzte auf sie los und packte sie mit solcher Heftigkeit, daß die Schnur riß, worauf er mit der Beute dem heimischen Tal zueilte.

Wolfjakob war eingeschlafen, aber das Aufkreischen der Henne weckte ihn, und als er sich aufrichtete, konnte er eben noch sehen, wie Sattelrücken sie zwischen seinen Zähnen davontrug.

Sobald der Räuber mit seiner Beute außer Sicht war, nahm Wolfjakob die Spur der weißen Federn auf. Zuerst war es leicht, denn die Henne hatte bei ihrem verzweifelten Sträuben viele Federn gelassen; dann aber, als sie totgebissen zwischen Sattelrückens Zähnen hing, waren nur noch wenige Federn gefallen, ausgenommen dort, wo der Weg durch Gebüsch führte. Aber Wolfjakob folgte ruhig und seiner Sache gewiß, denn Sattelrücken war mit der gefährlichen, verräterischen Beute fast in gerader Linie heimwärts zu seinen Jungen gegangen. Nur ein paarmal, wenn der Wolf seine Richtung ein wenig geändert hatte oder über eine offene Strecke getrabt war, wußte Jakob nicht weiter, aber eine einzige weiße Feder genügte für fünfzig Meter. Als das Tageslicht verschwunden war, befand sich Wolfjakob nicht mehr als zweihundert Meter von der Höhle, in der die jungen Wölflein gerade eine köstliche Freude an der Henne hatten, die sie, fressend und heulend, die weißen Federn von den Nasen schnäuzend und aus den Kehlen hustend, in Stücke rissen.

Wäre der Wind von ihnen nach dem Manne zu gegangen, so hätte ein Luftzug einen Schwarm weißer Federn oder sogar den munteren Lärm der Schmausenden dem Jäger zuführen können, und die Höhle wäre sofort entdeckt gewesen. Aber das Glück wollte es, daß um diese Zeit die abendliche Windstille eingesetzt hatte und alle entfernteren Geräusche in dem krachenden Lärm untergingen, den Wolfjakob bei dem Versuch machte, durch das letzte Dickicht zu brechen.

Zu derselben Tageszeit etwa kehrte Tito mit einer Elster heim, die sie lange belauert und endlich gepackt hatte, als diese eben ihre Atzung zwischen den Rippen eines toten Pferdes suchen wollte. Auf dem Rückweg kam sie auf Wolfjakobs Fährte. Nun ist ein Mann zu Fuß in dieser Gegend schon an und für sich eine bedenkliche Erscheinung. Sie folgte der Spur eine Strecke, um zu sehen, wohin sie führte, und erkannte dies auch bald am Geruch. Wie das möglich ist, kann niemand sagen, und doch ist allen Jägern die Tatsache bekannt. Tito merkte, daß die Fährte direkt auf ihre Höhle zuführte. Von neuer Furcht ergriffen, versteckte sie den Vogel, den sie erbeutet hatte, und folgte der Spur des Mannes. Nach wenigen Minuten hörte sie ihn durch das Gebüsch brechen und sah nun die drohende Gefahr in ihrer vollen Größe. Schnell und lautlos schlug sie einen Bogen um den Jäger, eilte der Höhle zu und traf hier die kleinen Vagabunden, nachdem sie zuvor den Lockruf ausgestoßen hatte, damit die Kleinen nicht etwa bei ihrem unerwarteten Anblick zu laut würden; aber sicher gab es ihr einen Stich ins Herz, als sie sah, wie leicht kenntlich und auffindbar jetzt die Höhle und das ganze kleine Tal war. Überall lagen schneeweiße Federn in Fülle herum. Da gab sie das Gefahrsignal, das alle in der Erde verschwinden ließ, und die kleine Schlucht lag still und einsam da.

Da für Tito selbst die Nase ein so zuverlässiger und steter Führer war, wird sie die Federn nicht für so verräterisch gehalten haben; aber soviel war ihr klar, daß ein Mann, und zwar einer, den sie von jeher als einen heimtückischen Feind kannte, einer, dessen Geruch regelmäßig Unheil für sie bedeutete, der bei allen ihren Nöten mitgewirkt hatte und die Ursache fast aller ihrer verzweifelten Gefahren gewesen war, daß dieser Mann ganz nahe bei ihren Kindern weilte, daß er ihrer Spur folgte und die Jungen voraussichtlich in wenigen Minuten in seiner Gewalt haben würde.

O die Angst um die Kinder, das Gefühl drohender Gefahr! Aber sie stachelte auch ihre ganze Schläue auf. Nachdem Tito die Kleinen in die Höhle gescheucht und Sattelrücken durch Zeichen von ihrer Beunruhigung verständigt hatte, kehrte sie schnell zu dem Feinde zurück. Dann kreuzte sie vor ihm und dachte in ihrer dumpfvernünftigen Art, der Mann könne gar nicht anders als einem Fußgeruch folgen, gerade wie sie es selbst getan hätte, er müsse aber natürlich der schärferen

Spur nachgehen, die sie eben legte. Sie konnte ja nicht wissen, daß der Mensch auf seine Augen und auf Tageslicht angewiesen ist. Dann trottete sie auf eine Seite, und um ihre Verfolgung mit doppelter Sicherheit herbeizuführen, gab sie die grimmigste Aufforderung von sich, die sie in der Kehle hatte, wie damals, als sie die Hunde auf ihre Fährte zog:

„Grrr – wau – wau – w-e-e-eh . . .!“

Jetzt stand sie still, rannte dann näher und wiederholte ihre Herausforderung, dann noch viel näher, und noch einmal bellte sie! So fest war sie entschlossen, den Jäger auf ihre eigene Fährte zu zwingen.

Natürlich konnte Wolfjakob nichts mehr von Tito sehen, denn schon brach die Nacht herein. Auf keinen Fall konnte er jetzt die Jagd fortsetzen. Wenn er auch im einzelnen die Dinge völlig anders auffaßte, als es die Wolfsmutter tat, so kam es am Ende doch auf dasselbe heraus. Es war ihm klar, daß das Wolfsgeheul die Stimme der um ihre Jungen besorgten Mutter darstellte, die ihn weglocken wollte. Daraus schloß er, die Brut müsse ganz in der Nähe sein, und er brauche nur am Morgen zurückzukehren und die Nachforschungen zu Ende führen. Zunächst kehrte er zum Lager zurück. –

Sattelrücken glaubte, sie hätten die Schlacht gewonnen. Er war seiner Sache sicher, denn der Fußgeruch, dem der Mann gefolgt war, mußte ja am nächsten Morgen verweht sein! Tito freilich fühlte sich nicht so siegesgewiß. Dieses zweibeinige Ungeheuer war dicht bei ihrem Heim und ihren Kleinen, es war mit Not und Mühe abgelenkt worden; vielleicht kam es wieder!

Der Wolfsjäger tränkte sein Pferd und pflockte es wieder an, fachte sein Feuer zu frischer Lohe, kochte Kaffee und verzehrte sein Abendessen; dann rauchte er eine Weile, ehe er sich niederlegte, und dachte dabei von Zeit zu Zeit an die kleinen wolligen Köpfe, die er sich am nächsten Morgen holen wollte.

Als er sich in seine Decke wickelte, drang aus der finsteren Ferne das Abendlied der Präriewölfe an sein Ohr, die dröhnende Herausforderung aus mehr als einer Kehle. „Heult nur zu! Morgen früh sehn wir uns wieder.“

Es war das gewöhnliche Lagergeheul der Präriewölfe. Nachdem es verklungen war, versank alles wieder in tote Ruhe, und Wolfjakob vergaß es bald in seinem benommenen Schlafe.

Das Geheul ging von Tito und Sattelrücken aus und war kein bloßer Schall. Es hatte einen bestimmten Zweck, nämlich den, sicher zu erfahren, ob der Feind Hunde bei sich habe; und da kein Antwortgebell erfolgte, wußte Tito, daß keine Hunde da waren.

Dann wartete sie eine Stunde oder länger, bis das flackernde Feuer erloschen war und die einzigen Geräusche um das Lager nur von dem weidenden Pferd herrührten. Tito kroch leise näher, so leise, daß das Pferd sie erst bemerkte, als sie nur noch sechs Meter entfernt war. Dann machte es einen Ruck, daß das angespannte Seil in die Luft flog, und wieherte leise. Tito kam ruhig heran, öffnete ihre spitze Schnauze, nahm das Seil zwischen die großen Backenzähne und kaute ein paar Sekunden daran. Die Fasern lösten sich rasch, und unter Beihilfe des mit aller Macht zerrenden Pferdes gaben die letzten Strähnen nach, und das Tier war frei. Sehr verängstigt war das Pferd nicht, es kannte ja den Geruch der Präriewölfe; nachdem es drei Sätze und doppelt soviel Schritte gemacht hatte, blieb es stehen.

Der dumpfe Laut der Hufschläge auf dem harten Prärieboden weckte den Schläfer. Er blickte auf; da er aber das Pferd, vielmehr dessen schwäche Umrisse ruhig auf der Stelle verharren sah, drehte er sich um und schlief wieder ein, in der Meinung, alles sei in Ordnung.

Tito war weggeschlichen, kam aber jetzt wie ein Schatten zurück, umging den Schläfer, kroch ans ausgebrannte Feuer, beschnüffelte den Kaffee und staunte dann eine Blechkanne an, während Sattelrücken den Lagerzwieback in der Bratpfanne untersuchte und dann Pfanne wie Zwieback verunreinigte. Auf niederem Gebüsch hingen die Zügel; ohne zu wissen, was es war, bissen die Präriewölfe sie in Stücke. Dann nahmen sie die Beutel, in denen der Mann seinen Speck und sein Mehl verwahrte, trugen sie weit weg und verscharrten sie im Sand.

Nachdem sie so möglichst viel Unheil angerichtet hatten, machte sich Tito mit ihrem Gefährten nach einer waldigen Schlucht auf, die mehrere Kilometer entfernt war. Dort befand sich ein Loch, das zuerst von einem gestreiften Präriehörnchen angelegt, dann aber von verschiedenen Tieren erweitert worden war, darunter auch von einem Fuchs, der versucht hatte, die ersten Bewohner auszugraben. Tito machte halt und entschloß sich, nachdem sie noch mehrere andere Stellen in Betracht gezogen hatte, für diese. Dann begann sie zu graben. Sattelrücken war ihr gefolgt, ohne ihre Absicht voll zu verstehen, bis er sah, was sie tat. Als sie dann, müde vom Graben, her-

auskam, kroch er ins Loch, beroch es genau und fuhr fort, die Erde mit den Hinterfüßen hinauszuwerfen; als sie dann hinter ihm aufgehäuft war, kam er heraus und schob sie noch weiter weg.

Und so arbeiteten sie mehrere Stunden lang, ohne einen Ton von sich zu geben und doch mit genügendem Verständnis für das vorschwebende Ziel, um sich gegenseitig bei der Arbeit abzulösen. Als der Morgen dämmerte, hatten sie eine Höhle fertig, die sich zwar mit der im Grastal nicht vergleichen ließ, aber ihren Bedürfnissen genügte, falls sie umziehen mußten.

Wolfjakob erwachte kurz vor Sonnenaufgang. Mit dem Instinkt eines Präriemenschen wandte er den ersten Blick seinem Pferde zu. Es war nicht mehr da. Was das Schiff für den Seemann, Flügel für den Vogel, Geld für den Kaufmann, das ist für den Präriebewohner sein Roß. Ohne Pferd ist er hilflos, gescheitert, flügellahm, arbeitsunfähig. Zu Fuß in der Prärie, das ist die Höhe des irdischen Schreckens. Sogar Wolfjakob konnte sich dieser Erkenntnis nicht verschließen; noch ehe sein schwerfälliger Geist die Größe seines Mißgeschicks erfaßt hatte, gewahrte er die Stute, die, in der Ferne ruhig weidend, sich immer weiter vom Lager entfernte. Ein zweiter Blick belehrte ihn, daß das Pferd seinen Strick immer hinter sich herzog. Wäre das Tier ohne Strick gewesen, so hätte Jakob jede Hoffnung auf Wiederergreifung aufgegeben. Da aber der Strick nachschleifte, war die Aussicht, das Pferd einzufangen, nicht gering; dann konnte er auch die Höhle auffinden und an den Welpen sein Mütchen kühlen; so machte sich Wolfjakob auf, seinem grasenden Pferde nach.

Nun gibt es kaum etwas Peinlicheres, als wenn man sein durchgegangenes Pferd beinahe, aber nicht ganz fangen kann. Was Jakob auch anstellte, er kam nicht nahe genug heran, um den kurzen Strick fassen zu können; das Pferd führte ihn weiter und immer weiter, bis sie beide auf dem Heimweg waren.

Nun war Wolfjakob ohnehin zu Fuß, und da ihm nichts Gescheiteres einfiel, folgte er dem Tier einfach nach der Ranch zurück.

Als sie etwa zwölf Kilometer hinter sich hatten, gelang es dem Mann, den Strick zu fassen. Nun legte er auf ungesatteltem Pferde die noch fehlenden fünf Kilometer bis zur Schafranch in fünfzehn Minuten zurück und ließ dabei seinen lange zurückgehaltenen Unmut an dem Reittier aus, das er mit einem dornigen Stecken mißhandelte.

Natürlich konnte das zu nichts Gutem führen, und das wußte er auch, da er aber ein roher Mensch war, wollte er sich irgendeine „Genugtuung“ verschaffen.

Auf der Ranch erhielt Wolfjakob ein ordentliches Mahl; er lieh sich einen Sattel und einen Hund von unbestimmter Rasse, der ein guter Spürer war, und ritt am späten Nachmittage zurück, um die Höhle vollends aufzufinden. An sich wäre dies jetzt ohne Hilfe des Köters möglich gewesen, denn er war, als er die Federspur da wieder aufnahm, wo er sie verlassen hatte, nicht mehr weit davon. Nach knapp hundert Metern stieg er einen kleinen Hügel hinauf; als er den Kamm überstieg, sah er sich fast Auge in Auge einem Präriewolf gegenüber, der ein großes Kaninchen im Maule trug. Der Wolf machte gerade in dem Augenblick einen Sprung, als Wolfjakob seinen Revolver abfeuerte. Sein Hund brach in ein grimmiges Gebell aus und stürzte unverweilt hinter dem Flüchtling her, während sein Herr ein über das andere Mal losknallte, ohne jedoch zu treffen, und sich baß verwunderte, daß die Präriewölfin – eine solche war es offenbar – nicht das Kaninchen fallen ließ, während sie doch in Todesnot vor dem wütend bellenden Hunde davonrannte. Wolfjakob folgte, soweit er vermochte, und schoß bei jeder Gelegenheit, ohne zu treffen. Als die beiden Tiere dann zwischen den Felsrippen verschwunden waren, überließ er den Hund seinem Schicksal, während er selbst zur Höhle zurückkehren wollte, die jetzt offen genug dalag. Junge waren noch drin, das wußte er. Hatte er nicht eben noch gesehen, daß ihnen die Mutter ein Kaninchen brachte?

So arbeitete er den ganzen Tag hindurch mit Hacke und Spaten. An Zeichen, daß die Höhle noch bewohnt war fehlte es nicht. Dies gab ihm Mut, und er grub weiter. Nach stundenlanger, schwerer Arbeit, wie er sie kaum je in seinem Leben getan hatte, gelangte er endlich an das Ende der Höhle – sie war leer. Nachdem er sein Mißgeschick ausgiebig verflucht hatte, zog er derbe Lederhandschuhe an und griff in dem aufgewühlten Erdreich des Wolfsnestes umher. Er fühlte etwas Festes und zog es heraus: Es war der Kopf seines eigenen Truthahns, und das war alles, was ihm für seine Mühe zuteil wurde.

Tito war in der Zeit, während der Feind mit seinem Pferde Haschen spielte, nicht müßig gewesen. Ganz gleich, was Sattelrücken

tun wollte, Tito hatte keine Neigung, sich betören zu lassen. Als die neue Höhle fertig war, trottete sie zu dem kleinen, jetzt mit weißen Federn geschmücktem Tale zurück, und das erste Junge, das sie am Eingang der Höhle traf, war ein Dickkopf, der ihr sehr ähnlich sah. Sie packte ihn am Nackenfell und lief zurück, indem sie ihn mehr als drei Kilometer weit durch das Gelände zur neuen Behausung trug. Immer wieder mußte sie ihren Sprößling absetzen, damit er sich verschnaufen konnte. So ging's nur langsam vorwärts, und der Transport der Welpen nahm den ganzen Tag in Anspruch, denn Sattelrücken durfte keinen tragen, wahrscheinlich weil er zu rauh zupackte.

Mit dem Größten und Gescheitesten hatte sie den Anfang gemacht und alle der Reihe nach einzeln hinübergetragen, bis spät am Nachmittage nur noch das Unglückswürmchen übrig war. So hatte Tito nicht nur während der ganzen Nacht schwere Grabarbeit getan, sondern war auch noch den Tag über fünfzig Kilometer weit gelaufen, und zwar die Hälfte des Weges mit einem schweren Jungen im Maule. Aber für sie gab es kein Rasten. Eben kam sie aus der Höhle mit ihrem Jüngsten, als gerade über dem Talrand der Hund auftauchte und ein kleines Stück hinter ihm der Wolfjakob.

Fort jagte Tito, ohne ihr Jüngstes loszulassen, und ihr nach fegte der Hund.

Dreimal knallte der Revolver.

Aber kein Schuß traf. Dann ging die wilde Jagd über den Hügelrücken hinüber, wo der Revolver sie nicht erreichen konnte, und eilig über eine ebene Fläche, vorn die ermüdete Wölfin mit ihrem Kleinsten und hinterher der grimmige Hund, der seine weitesten Sätze machte. Wäre Tito frisch und unbeschwert gewesen, so hätte sie den plumpen Köter bald hinter sich gelassen, der jetzt mit wütendem Gebell nachsetzte und bei dem Wettlauf eher gewann als verlor. Aber nun kam sie wieder in offenes Gelände, und der Jäger, der sich weit hinten abmühte, Schritt zu halten, bekam sie zu Gesicht und feuerte immer wieder seinen Revolver ab, jagte aber nur den Staub auf. Dennoch zwang das Schießen sie zum Zickzacklaufen, wodurch sie Zeit verlor; die Knallerei spornte auch den Hund immer mehr an. Der Jäger sah, wie die Präriewölfin, seine alte Bekannte mit dem gestutzten Schwanz, noch immer das vermeintliche Kaninchen trug. „Verdammt nochmal, warum läßt sie's nicht fallen?" Aber rastlos lief sie weiter und trug wacker ihre Bürde, während der Mann fluchte, daß er sein Pferd nicht mitgenommen hatte, und der Hund knappe

zehn Meter hinter ihr war. Da gähnte plötzlich vor ihr eine kleine Schlucht. Ermüdet und von der Last beschwert, wagte sie nicht, den Sprung zu tun, sie machte lieber den kleinen Umweg. Aber der Hund war noch frisch, er setzte unschwer über den Spalt, und die arme Mutter hatte von ihrem geringen Vorsprung die Hälfte verloren. Trotzdem lief sie rastlos weiter und mühte sich dabei, ihr Junges so hoch zu halten, daß die Dornbüsche und die gefährlichen „Bajonette" es nicht zerkratzen konnten. In diesem Bemühen jedoch faßte sie das hilflose Junge zu fest, das im Maule der Mutter zu ersticken drohte. Sie mußte es entweder niederlegen oder erwürgen, mit diesem Gewicht konnte sie nicht länger aus dem Bereich des Verfolgers bleiben. Sie versuchte um Hilfe zu heulen, aber das ging nicht, ohne das Junge fallen zu lassen, das jetzt nach Atem rang; als sie es etwas weniger fest packen wollte, fiel es ins Gras – in die Gewalt des wütenden Hundes. Tito war viel kleiner als der Hund; unter gewöhnlichen Umständen hätte sie vor ihm Angst gehabt, aber nun galt es ihr Kleines! Als der Feind vorwärtssprang, um es zu zerreißen, fuhr sie dazwischen und stand ihm mit gesträubter Mähne und gefletschten Zähnen gegenüber, fest entschlossen, ihr Junges um jeden Preis zu retten. Der Hund war nicht sonderlich mutig und verließ sich nur auf seine überlegene Größe und den Mann hinter ihm. Aber der Mann war weit weg, und bei seinem ersten Angriff auf das bebende Wölflein, das sich am Gras zu verstecken suchte, zurückgewiesen, zauderte der Köter einen Augenblick, und Tito stieß den Hilferuf aus:

Jap - jap - jap - jah - jah - h - hhh,
Jap - jap - jap - jah - jah - h - hhh,

daß die Felswände widerhallten und Wolfjakob nicht wußte, aus welcher Richtung das Gebell kam; aber auch ein anderer hörte es und wußte, woher es kam. Der Hund sprang wieder auf das Kleine los, und wieder hemmte ihn die Mutter mit ihrem eigenen Leibe, und nun packten sie sich in tödlichem Ringen. „Oh, käme doch nur Sattelrücken!" Aber niemand kam, und nun hatte sie keine Gelegenheit mehr, noch einmal um Hilfe zu rufen. Beim Ringen ist das Gewicht alles, und Tito mußte bald zu Boden gehen, zwar tapfer bis zuletzt kämpfend; dem Hunde schwoll der Kamm, und er setzte alles daran, ihr den Garaus zu machen und dann das hilflose Kleine zu töten. Für nichts anderes hatte er Augen und Ohren, bis plötzlich aus dem nächsten Salbeistrauch ein graues Etwas herausbrach, und im Nu war der lärmende Bramarbas von einem Gegner, fast ebenso schwer wie er selbst, mit zerschundener Schulter beiseite geschleudert. Ritsch, ratsch! sprang der ehrenfeste Sattelrücken noch einmal auf ihn los. Tito raffte sich wieder auf, und beide machten sich nun über den Hund her. Sofort verschwand dem Dicken der Mut, als er sah, wie die Sache stand, und nun war sein einziges Streben, seinen beiden furchtbaren Gegnern, Sattelrücken, der so schnell war wie der Wind, und Tito, für die das Leben ihres Kindes auf dem Spiele stand, heil zu entkommen. Nur zwanzig Sätze weit kam er, auch seinen fernen Herrn konnte er nicht mehr um Hilfe anrufen, und so wurde er, knapp fünfzehn Meter weit von dem Kleinen, das er hatte zerreißen wollen, selbst zerrissen.

Tito hob das gerettete Junge auf und lief so schnell weiter, wie es ihre durch den Kampf erschöpften Kräfte gestatteten zur neuen Höhle. Dort war die Familie wieder glücklich vereinigt, fern von Wolfjakob und seinesgleichen.

Und dort lebten sie in Frieden, bis die Mutter das Werk ihrer Aufzucht vollendet hatte. Jedes von den neun Jungen wuchs auf und war erfüllt nicht nur von den Instinkten, die das Prärieleben der Vorfahren entwickelt hatte, sondern auch von den Erkenntnissen, die ihre Mutter in ihrer Jugend wie in ihrem späteren Kampfe mit den menschlichen und tierischen Verfolgern erworben hatte und an ihre Kinder und Kindeskinder weitergab.

Verschwunden sind die Büffelherden, eine Beute der Jäger. So gut wie verschwunden sind die Antilopen; Hunde und Blei waren für sie zuviel. Axt und Zaun ließen die Rudel der Schwarzwedelhirsche hinschwinden. Wie der Schnee sind die alten Bewohner des „Ödlands" unter den neuen Bedingungen zusammengeschmolzen; daß aber die Präriewölfe aussterben, ist nicht zu befürchten. Ihr Abend- und Morgenlied tönt immer noch von den Felsenrippen der westlichen Prärien wie ehemals, als es dort von Wild wimmelte. Sie haben das tödliche Geheimnis der Fallen und Giftbrocken kennengelernt und die Lehre daraus gezogen; sie wissen, wie sie dem Jäger und seinem Hund entgehen können. Sie haben gelernt, in einem Lande zu gedeihen, das voll ist von Produkten aus Menschenhand, dem Schlimmsten zum Trotz, was ihnen der Mensch antun kann, und Tito war es, die ihre Sippe dies gelehrt hat.

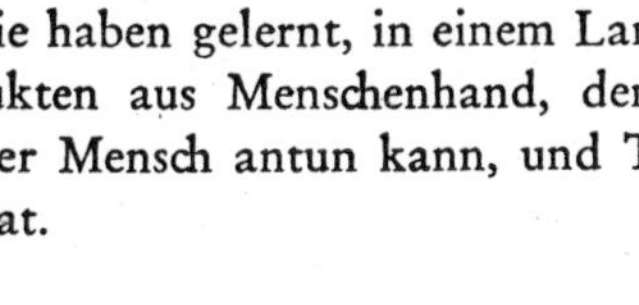

KASTA-KOHL, DAS WILDE PFERD

Vor zehn Jahren lebte im Bitterwurzelgebirge in Idaho ein schönes kleines Füllen. Sein Fell war hell kastanienbraun, Beine, Mähne und Schweif kohlschwarz. Kastanienbraun und Kohlschwarz? So nannte man es denn Kasta-Kohl.

Vielen klang der Name wie ein indisches oder arabisches Wort. Sahen sie das hübsche Fohlen und wußten nichts von der Herkunft des Namens, dann dachten sie, es müsse arabisches Blut sein. Ohne Zweifel trifft dies ein ganz klein wenig zu, alle unsere besten Pferde haben arabisches Blut. Von Zeit zu Zeit scheint es stärker hervorzutreten und zeigt sich dann in allem, was das Geschöpf an und in sich hat: in seinem Bau, seiner Kraft und seinem wilden Freiheitsdrange.

Kasta-Kohls Lust war es, wie der Wind dahinzusausen; er freute sich seiner Schnelligkeit, seiner unermüdlichen Beine, und kam er mit der Herde der Fohlen in vollem Lauf an einen Zaun oder Graben, so war es für ihn ebenso natürlich, darüber hinwegzusetzen, wie für die andern abzubiegen.

So wuchs er auf, stark, ruhelos und voll Abneigung gegen jede Spur von Zwang. Auch das schützende Gehege des Hofes und der Stall waren ihm zuwider, und bald zeigte es sich, daß er lieber die ganze Nacht im ärgsten Unwetter draußen blieb als im wohlverwahrten Stall, der seine über alles geliebte Freiheit einschränkte.

Immer besser lernte Kasta-Kohl den Pferdetreiber, der die Herde in die Koppel zu bringen hatte, zu narren. Schon der Anblick dieses Mannes brachte ihn in Bewegung, und er wurde ein sogenannter „Einzelgänger“, d. h., ein Pferd von solchem Eigenwillen, daß es sofort seinen eigenen Weg geht, sobald ihm der Weg der Herde nicht paßt.

So wurde das Fohlen von Monat zu Monat immer freiheitsdurstiger und verschlagener, wenn es galt, seinen Willen durchzusetzen. Es kannte weder Schonung noch Rücksicht, wenn etwas der Erfüllung seines einzigen Verlangens im Wege stand.

Als Kasta-Kohl drei Jahre alt war, gerade in der Blütezeit seiner jugendlichen Kraft und Schönheit, da fingen erst recht seine schweren Tage an, denn nun wollte sein Eigentümer ihn zum Reiten bändigen. Kasta-Kohl zeigte sich aber so bockbeinig und hinterlistig, wie er schön war, und gleich am ersten Tag gab es einen furchtbaren Kampf zwischen dem Zureiter und dem herrlichen Dreijährigen.

Aber der Mann verstand seine Sache. Er wußte seine Macht anzuwenden, und all das wilde Ausschlagen und Bocken, das Bäumen und Wälzen führte nicht zu dem ersehnten Ziele. Trotz seiner Stärke war das Pferd in den Händen des geschickten Bändigers hoffnungslos verloren, und Kasta-Kohl war schließlich so weit eingeritten, daß ein guter Reiter ihn gebrauchen konnte. Aber jedesmal, wenn der Sattel aufgelegt wurde, fing der Kampf von neuem an. Als dies ein paar Monate so fortgegangen war, schien dem Füllen endlich klar zu sein, daß Widerstand nutzlos sei und ihm nur Peitsche und Sporen eintrage; so tat es, als wollte es sich bessern. Eine Woche lang wurde es jeden Tag geritten und bockte nicht ein einziges Mal; aber am letzten Tage kam es lahmend heim.

Der Eigentümer ließ es zur Weide zurück. Drei Tage später schien es wieder in Ordnung zu sein; es wurde eingefangen, gesattelt und bockte nicht! Aber nach fünf Minuten hinkte es wie vorher. Wieder kam es auf die Weide, erhielt nach einer Woche den Sattel und lahmte aufs neue.

Sein Besitzer wußte nicht recht, was davon zu halten war: Hatte das Pferd wirklich ein lahmes Bein, oder stellte es sich nur so? Jedenfalls suchte er es bei der ersten Gelegenheit loszuwerden, und obwohl Kasta-Kohl leicht fünfzig Dollar einbringen konnte, verkaufte er ihn für fünfundzwanzig. Der Käufer glaubte, einen guten Handel gemacht zu haben, aber nachdem er eine halbe Meile geritten war, wurde Kasta-Kohl lahm. Als der Reiter abstieg, um das Bein zu untersuchen, ging das Pferd durch und galoppierte zu seiner alten Weide zurück. Hier wurde es eingefangen, und der neue Besitzer gebrauchte seine Sporen so unbarmherzig, daß jede Spur von Lahmheit verschwand und die nächsten vierzig Kilometer in zwei Stunden zurückgelegt wurden.

Jetzt waren sie bei der Farm des neuen Besitzers. Hinkend ließ sich Kasta-Kohl zur Weide führen, humpelnd gesellte er sich zu den andern Pferden. Auf einer Seite der Weide lag der Garten eines Nachbars. Der war sehr stolz auf sein Gemüse und hatte einen hohen Zaun herumgezogen. Dennoch gelangten in der Nacht nach Kasta-Kohls Ankunft

ein paar Pferde in den Garten und richteten großen Schaden an. Aber sie sprangen vor Tagesanbruch hinaus, und niemand sah sie.

Der Gärtner war wütend, aber der Viehzüchter behauptete hartnäckig, das müßten andere Pferde sein, da die seinigen durch einen hohen Zaun abgehalten seien.

In der nächsten Nacht war es das gleiche. Der Viehbesitzer ging beizeiten hinaus und sah alle seine Pferde in der Koppel, und Kasta-Kohl war auch dabei. Seine Lahmheit schien jetzt schlimmer statt besser geworden zu sein. Wieder nach ein paar Tagen sah man das Tier ungehindert ausgreifen. Das ist ja in Ordnung! dachte der Sohn des Besitzers, fing Kasta-Kohl ein und versuchte ihn zu reiten. Doch diese Gelegenheit ließ sich der Eigensinn nicht entgehen; der junge Mensch wurde abgeworfen und verletzte sich dabei. Nun sprang der Besitzer selbst in den Sattel; Kasta-Kohl bockte zehn Minuten lang, und als er sah, daß er den Mann nicht abwerfen konnte, versuchte er, dessen Bein gegen einen Pfosten zu quetschen, aber der Reiter sah sich vor. Kasta-Kohl bäumte sich und warf sich rückwärts, der Reiter glitt ab, das Tier fiel schwer keuchend zur Erde, und ehe es wieder auf die Beine kam, war der Mann im Sattel. Jetzt rannte das Pferd, ausschlagend und bockend, davon; dann hielt es mit plötzlichem Ruck, aber der Reiter flog ihm nicht über den Kopf weg, wie es erwartet hatte. Da packte es den Fuß des Reiters mit den Zähnen, und nur durch kräftige Schläge auf die Schnauze rettete sich dieser vor einer furchtbaren Verstümmelung. Jetzt war kein Zweifel mehr möglich: Kasta-Kohl war ein „wildes“, d. h., unheilbar böses Pferd!

Man riß den Sattel herunter und trieb das hinkende Tier auf die Weide.

Die Verwüstungen im Garten hörten nicht auf, und die beiden Männer gerieten darüber in Streit. Um zu beweisen, daß seine Rosse nicht schuldig seien, forderte der Viehzüchter den Gärtner auf, mit ihm zusammen aufzubleiben und zu wachen. Als in der kommenden Nacht der Mond hell aufgegangen war, sahen sie nicht alle Pferde, wohl aber Kasta-Kohl gerade auf den Zaun losgehen – von Hinken keine Spur. Mit Leichtigkeit setzte er darüber und rupfte die schönsten Sachen ab, die er finden konnte. Nachdem sich die beiden Männer vergewissert hatten, daß Kasta-Kohl der Übeltäter war, rannten sie vorwärts. Kasta-Kohl nahm den Zaun wie ein Hirsch, flog pfeilschnell zu den andern Pferden und mischte sich unter diese. Als die Männer näher kamen, hinkte er aufs neue ganz erbärmlich.

„Jetzt ist's klar", sagte der Viehzüchter. „'s ist ein Betrüger, aber ein schöner Kerl ist er doch und von guter Rasse."

„Ja, aber jetzt ist's auch klar, wer mein Gemüse gestohlen hat", sagte der andere.

„Ich denke wohl", war die Antwort; „aber sehen Sie mal, Nachbar: Mehr als zehn Dollar haben Sie an Grünzeug nicht verloren, das Pferd da ist leicht hundert wert. Geben Sie mir fünfundzwanzig, nehmen Sie's Pferd, und wir sind quitt."

„Was Sie sagen!" erwiderte der Gärtner. „Für fünfundzwanzig Dollar Grünes ist mir weg, der Gaul ist keinen Heller mehr wert. Also gut: Fünfundzwanzig Dollar!"

Und so verglichen sie sich. Der Viehzüchter sagte nichts davon, daß Kasta-Kohl ebenso bösartig wie verschlagen war, aber der Gärtner merkte es gleich, als er auf dem schönen Tier reiten wollte.

Am nächsten Tage hing am Tore des Gärtners ein Schild:

ZU VERKAUFEN

erstklassiges, gesundes
und gutartiges Pferd
für 10 Dollar!

Der Bärenköder

Nicht lange danach kam eine Jagdgesellschaft vorüber: drei Bergbewohner, zwei Städter und der Verfasser dieser Erzählung. Die Städter wollten auf die Bärenjagd gehen. Sie waren mit allem Erforderlichen ausgerüstet; nur Köder fehlten ihnen. Gewöhnlich kauft man ein wertloses Pferd oder Rind, treibt es in die Gegend des Gebirges, wo die Bären hausen, und schießt es dort nieder. Die Jäger lasen das Schild.

„Haben Sie nicht ein billigeres Pferd feil?"

„Sehen Sie 's nur an, hier!" versetzte der Gärtner. „Sie finden kein billigeres Pferd, und wenn Sie noch tausend Kilometer wandern."

„Wir schauen nach 'nem alten Bärenköder aus und wollen nicht mehr als höchstens fünf Dollar dranwenden."

Pferde waren hier billig und in Fülle zu haben; aber an Käufern war kein Überfluß. Der Gärtner fürchtete, Kasta-Kohl würde ihm durchgehen. „Gut", sagte er; „wenn's nicht anders ist, nehmen Sie ihn für fünf."

Der Jäger händigte ihm das Geld aus. Dann sagte er: „Nun, Nachbar, das Geschäft ist abgemacht. Wollen Sie mir nun sagen, warum Sie dieses schöne Pferd für fünf Dollar hergeben?"

„Mächtig einfach. Es läßt sich nicht reiten. Soll's gehn, ist's mordslahm, und will's gehn, dann ist's gesund wie 'n frischgeprägter Dollar; kein Zaun im ganzen Land kann's festhalten. 's ist schlimmer als der Teufel."

„Nun ja, jetzt ist's ein allmächtig schöner Bärenköder", und die Jäger ritten davon.

Kasta-Kohl wurde mit den Packpferden zusammen vorwärts getrieben und hinkte schrecklich auf der Wegspur dahin. Ein paar Mal wollte er zurück, wurde aber von den Männern hinten leicht vorwärts getrieben. Sein Hinken wurde schlimmer, und als die Nacht heranzog, tat es einem weh, ihn so zu sehen.

Der Führer meinte: „Das Hinken ist echt. Da liegt ein schweres Leiden zugrunde."

Die folgenden Tage ging der Marsch tiefer ins Gebirge; die Pferde trieb man den Tag über vorwärts und fesselte sie des Nachts. Kasta-Kohl ging mit den übrigen; bei jedem Schritt schüttelte er den Kopf und die lange, glänzende Mähne. Einer der Jäger wollte auf ihm reiten, hätte aber beinahe seinen Hals gebrochen; denn das Pferd war wie vom Teufel besessen, als es jemand auf seinem Rücken spürte.

Je steiler aufwärts es ging, um so schlechter wurde der Weg. Eines Tages ging es durch einen üblen Sumpf. Einige Pferde drohten darin zu versinken, und als die Männer zu ihrer Rettung herbeikamen, hielt Kasta-Kohl den Augenblick für die Flucht gekommen. Er drehte sich um und verwandelte sich im Nu aus einer hinkenden, gedrückten, trübäugigen Mähre in ein hochgemutes Roß. Mit erhobenem Kopf und Schweif, stolz die schwarze Mähne schüttelnd, wieherte er froh auf und schlug den zweihundert Kilometer langen Heimweg ein, ohne Zögern und Fehlen, obwohl er ihn doch nur einmal gegangen war, und in wenigen Minuten war er außer Sicht.

Die Männer waren wütend. Aber einer von ihnen sprang, ohne ein Wort zu sagen, auf sein Pferd – zu welchem Zweck? Um dem freien Wildfang zu folgen? Reine Tollheit! O nein, er hatte einen besseren Plan. Er kannte die Gegend. Über drei Kilometer der Wegspur nach, keinen halben Kilometer auf dem geraden, wenn auch holperigen Pfad, den er wählte, kam man zur Pantherschlucht. Da mußte Kasta-Kohl hindurch, und als er heranraste, sah er den Mann schon seiner harren.

Da schüttelte er zornig den Kopf, drehte auf der Wegspur um, und bald zeigte er auch wieder sein altes Hinken und sein jämmerliches Aussehen. Er wurde in den Kamp getrieben und ließ dort seine Wut an einem harmlosen kleinen Packpferd aus, dem er die Rippen zerschlug.

Das zugedachte Los

Da war das Bärenland, und die Jäger faßten den Entschluß, den gefährlichen Streichen des Wilden ein Ende zu setzen und aus ihm nun den einen erwarteten Nutzen zu ziehen. Ihn zu fangen, wagten sie nicht; es war tatsächlich nicht geraten, sich ihm zu nähern, aber zwei von den Führern trieben ihn zu einer abgelegenen Talschlucht, die von Bären wimmelte. Ein Gefühl des Mitleids überkam mich, als ich das schöne, unbändige Geschöpf sich scheinbar hinkend entfernen sah.

„Kommen Sie nicht mit?“ fragte der Führer.

„Nein, ich will ihn nicht sterben sehen“, antwortete ich. Als dann Kasta-Kohl kopfschüttelnd verschwunden war, rief ich: „Sagen Sie, können Sie mir nicht die Mähne und den Schweif mitbringen, wenn Sie zurückkommen?“

Nach einer Viertelstunde wurde ein Flintenschuß hörbar, und im Geiste sah ich den stolzen Kopf und die herrlichen Glieder schlaff und matt dahinsinken und den unheimlichen Weg alles Fleisches gehen. Armer Kasta-Kohl, er konnte das Joch nicht ertragen. Widerspenstig bis zum Ende, hatte er gegen das Los aller seinesgleichen angekämpft. Mir schien es, als lebte der Geist eines Adlers oder eines Wolfs hinter den großen, glänzenden Augen und beherrschte sein ganzes eigenwilliges Dasein.

Ich versuchte, meine Gedanken von dem tragischen Ende loszureißen und hatte damit nicht lange zu tun, denn nach einer knappen Stunde kamen die Männer zurück.

Die lange Wegspur hinab hatten sie ihn nach Westen getrieben; da konnte er seitwärts nicht entweichen. Er mußte vorwärts, dessen waren seine Treiber sicher.

Immer weiter hatte er sich von seiner alten Heimat am Bitterwurzelfluß entfernt. Und nun war er über die hohe Wasserscheide gegangen und folgte der schmalen Wegspur, die zum Bärental und hinauf zum Lachsfluß führt und immer weiter fort zu den offenen Ebenen Kolumbias, kläglich hinkend, als wüßte er, worum es sich handelte. Von sei-

nem schimmernden Fell wurde das goldene Sonnenlicht noch reicher zurückgestrahlt als es darauf fiel, und die Männer folgten ihm wie der Henker dem verurteilten Edelmann – die schmale Wegspur hinab bis sie auf eine kleine Biberwiese mit üppigem Graswuchs, einem lieblichen Bergbach und vielen am Wasser auf und ab laufenden Bärenfährten mündete.

„Jetzt wird's reichen", sagte der Ältere.

„Ja doch, hier gibt's sichern Tod oder eine glatte Niete", sagte der andere zuversichtlich, und als der Hinkende mitten auf der Wiese stand, pfiff er kurz und scharf. Sofort spitzte Kasta-Kohl die Ohren. Er drehte sich und wandte sich seinen Peinigern zu, sein edles Haupt emporgereckt, die Nüstern gebläht: das Bild eines schönen, ja, vollkommenen Pferdes.

Die Flinte hob sich; das Gehirn war ihr Ziel, gerade die Stelle, wo Augen- und Ohrenlinie sich kreuzen; das versprach raschen, schmerzlosen Tod.

Der Schuß krachte. Das große Tier wandte sich und flog davon. Es mußte sofortiger Tod oder ein Fehlschuß sein! Es war ein Fehlschuß.

Fort stürzte das wilde Pferd mit seiner besten sieghaften Schnelligkeit – nicht seiner östlichen Heimat zu, sondern westwärts, die unbekannte Wegspur entlang, weiter, immer weiter; die Fichtenwälder deckten es, und der Schütze dahinten suchte vergebens die leere Patronenhülse aus dem Lauf zu bringen.

Die Wegspur hinunter lief Kasta-Kohl mit instinktiver Sicherheit und weiter durch die Fichten; dann übersprang er einen Sumpf, und eine Stunde später patschte er durch das helle Klarwasser und weiter einer unbekannten, feinen Stimme nach, die ihm aus dem fernen Westen entgegentönte. Und so ging es vorwärts, bis die Krüppelfichten strauchartigen Zedern Raum gaben und diese sich mit Salbei mischten, und noch weiter, bis die ferngelegenen Ebenen des Lachsstroms ihn umfaßten. Immer noch rannte der scheinbar Unermüdliche vorwärts über den Cañon des mächtigen Schlangenstroms hin und wieder hinauf zu den Hochebenen, wo es keinen Drahtzaun mehr gibt, hinauf über den Büffelhügel, bis seine scharfen Augen am fernen Horizont bewegliche Punkte sahen, und als er näher kam, da eilten sie von beiden Seiten herbei, drehten sich um und blickten ihn an. Er hob seine Stimme und begrüßte sie mit einem langen, schrillen Wiehern, wie es einst seine Stammesgenossen auf der fernen Ebene von Chaldäa ausstießen; und ihre Antwort blieb nicht aus. Hier herum und dort herum wandten sie sich in eiligem Trab, und Kasta-Kohl kam noch näher, wieherte aufs neue und gab die seinen Artgenossen bekannte Losung, bis sie sicher waren, daß er einer der Ihrigen sei: ein wildes freies Blut, niemals vom Menschen gezähmt. Und als die Nacht sich niedersenkte auf die purpurne Ebene, da hatte er seinen Platz in der Herde wie einer, der nach langer, beschwerlicher Irrfahrt seine Heimat wiedergefunden hat.

Dort kann man ihn noch sehen, denn seine Kraft ist noch ungebrochen und seine Schönheit nicht gemindert. Wie mir die Reiter erzählen, haben sie ihn bei Ledra oft zu Gesicht bekommen. Er ist schnell und stark unter den Schnellen; aber was ihn von fern kenntlich macht, das ist seine kohlschwarze fliegende Mähne und sein kohlschwarzer Schweif.

Dort, auf den wilden, freien Salbeiebenen, ist sein Aufenthalt. Der Sturm peitscht nächtens sein glänzendes Fell, und winterliches Schneetreiben setzt ihm zuweilen schwer zu; gierigen Wölfen fallen die Schwachen zum Opfer, und im Frühjahr fordert wohl auch der gewaltige Grisly seinen Tribut. Da gibt es keine üppigen, reich bewässerten Wiesen, keine Körnernahrung; nichts als hartes Wildheu, Wind und weite, weite Ebenen; aber hier fand er wenigstens das eine, wonach er lechzte und das alles übrige aufwog. Möge er lange streifen – das ist mein Wunsch –, damit ich ihn noch einmal wiedersehen kann in der ganzen Pracht seiner Schnelligkeit, mit seiner schwarzen Mähne vor dem Wind, ohne Sporennarben in den Flanken und in den Augen das flammende Licht, das sich in den Augen seiner Vorfahren entzündete, als sie die arabischen Wüsten durchjagten, schneller als die Raubtiere und die flüchtige Gazelle, ja selbst als der rasende Sandsturm, der alles andere überholt.

WACKER, DER GUNDER-WIDDER

Ich blicke auf ein unebenes, welliges Hochland im fernen Nordwesten der Vereinigten Staaten von Nordamerika. Das Grau und den Purpur seines Felsengrundes unterbrechen reiche, warme Farbentöne, die neugeborenen Farben des Hochlandfrühlings, des echtesten Lenzes der Welt; denn nur wo es einen echten Winter gibt, kann auch ein echter Frühling Stätte finden. Das Dunkel ist der Maßstab für das Licht. So pflegt die Natur in einem Lande der langen, bangen Winternacht, dem sie ihre Freuden sechs schwere Monate lang versagt, auf einmal zu entschädigen. Sie tut es durch eine Frühlingspracht, die reichen Ersatz für die Zeit des Darbens bietet. Einen vollen Halbjahresrückstand an Freude begleicht sie durch eine einzige freigebige Spende, und der Zahltag ist Ende Mai.

Sogar die öde Gunderspitze, die das Nordende des Höhenrückens durchsticht, gewinnt ein heiteres Aussehen. Mit allen Blumen, die das Hochland in den sechs verlorenen Monaten hätte hervorbringen können, schmückt es sich jetzt, und doch sehen wir nur eine einzige Art. Hier zu unseren Füßen und weiterhin nach rechts und links, vor und hinter uns blüht die purpurne Lupine. In der Nähe bedeckt sie unregelmäßige, abgerissene Flecke, die mit der Entfernung immer breiter und dichter werden, bis die fernen Abhänge mit langen, purpurfarbenen Wolken gleichenden Gürteln gesäumt sind.

Mag es auch Ende Mai sein, so geht doch kalter Wind, und die Wasserflächen zeugen von nächtlichem Frost. Es weht der „weiße Wind". Große Wolken steigen auf, und hernieder kommt wirbelnder Schnee, über die Spitzen, über das Hochland und über die Hochlandblumen. Düster, grau und weiß wird nun die Landschaft, und eine Blume nach der anderen wird übermalt. Nur die Lupinen mit ihren größeren, steiferen Stengeln können dem Schnee lange standhalten. Sie beugen sich wohl unter der Last, dann aber schütteln sie sich frei, wobei ihnen der scharfe Wind nicht wenig hilft, und richten sich trotzig auf, wie es ihrem königlichen Purpur zukommt. Und hört das

Schneien so plötzlich auf, wie es angefangen hat, so schiebt sich der Wolkenvorhang zurück, und der blaue Himmel blickt auf eine Hochebene, deren schimmernde Schneedecke mit Flecken und Streifen einer lieblichen Purpurblüte besetzt ist.

Quer hindurch und hinein und hinaus winden sich zwei lange Fährten.

Spätschnee gibt eine gute Fährte, und Scotty Macdonall holte seine Büchse herunter und stieg die offenen Hügel hinter seiner Hütte empor, dem Bergschafhöhenzuge zu. Die breite weiße Hochebene mit ihren Lupinenbändern und -flecken hatte für Scottys Augen keinen Reiz; erst als er an die Doppelfährte im Neuschnee kam, wurde er aufmerksam. Auf den ersten Blick konnte er sie lesen: Sie stammte von zwei ausgewachsenen weiblichen Bergschafen, welche, die Nasen am Wind, durch das Gelände zogen. Scotty folgte den Spuren eine kurze Weile und las daraus, daß die Schafe unruhig, aber nicht ängstlich waren und sich nicht einmal eine Stunde voraus befanden. Auf ihrer Wanderung von einer geschützten Stelle zur anderen hatten sie sich ein paarmal kurz niedergelegt, waren wieder aufgestanden und weitergegangen, sicher nicht vom Hunger getrieben, denn das vorhandene Futter war unberührt.

Vorsichtig schritt Scotty vorwärts; er maß die Entfernung und behielt die Fährte im Auge, ohne ihr zu folgen. Auf einmal sah er, als er um einen Felsvorsprung bog, eine kleine lupinenbestandene Mulde vor sich, aus deren Mitte die beiden Schafe aufsprangen.

Die Büchse flog empor, und im Nu wäre eines oder wären beide gefallen, hätte Scotty nicht, ehe er losdrückte, zwei kleine neugeborene Lämmer erblickt, die sich auf ihren langen, wackeligen Beinen aufrichteten und einen Augenblick im Zweifel zu sein schienen, ob sie zu dem Fremden gehen oder ihren Müttern folgen sollten.

Die Alten warnten ihre Jungen durch schrilles Blöken und kamen im Bogen zurück. Jetzt zögerten die Lämmer nicht länger; sie fühlten, daß sie zu denen gehörten, die ihnen selbst an Aussehen und Geruch glichen, und wandten sich ihren Müttern zu.

Selbstverständlich hätte Scotty irgendeins von den Schafen oder auch allesamt abschießen können, aber den Menschen verlangt es nun einmal danach, „lebendig zu fangen"; und ohne daran zu denken, was er nachher mit ihnen tun könnte, lehnte Scotty, als er sie so

sicher in seine Hand gegeben sah, die Büchse an einen Strauch und lief nach den Lämmern. Aber die entsetzten Mütter hatten inzwischen ein gut Teil ihrer Angst mitgeteilt; die kleinen Dinger waren nicht länger im Zweifel, daß sie sich vor dem Fremden hüten mußten. Und sein Vorwärtsstürzen tat ein übriges; zum erstenmal in ihrem kurzen Dasein wußten sie, was Gefahr heißt und suchten ihr unwillkürlich zu entgehen. Sie waren noch keine Stunde alt, aber die Natur hatte sie von vornherein mit vielen wertvollen Instinkten ausgestattet. Obwohl die Lämmer nicht so schnell zu Fuß waren wie der Mann, zeigten sie doch sofort eine besondere Fähigkeit im Ausweichen, und Scotty glückte es nicht, sie zu fassen.

Inzwischen umkreisten die Mütter, erbärmlich blökend, den Fleck und suchten die Jungen zur Flucht zu bewegen. Durch Scottys Fangversuche wurden diese immer ängstlicher und strengten ihre schwachen Gliedmaßen auf das äußerste an, um zu ihren Müttern zu gelangen. Ausgleitend und strauchelnd, vermochte Scotty keins zu fangen, obwohl er mehr als einmal eins mit der Hand berührte. Der Schauplatz dieses ernsthaften Haschespiels war durch das Bemühen der furchterfüllten Mütter von dem Lupinengrunde wegverlegt, und einmal auf glattem, festerem Boden, waren die Lämmer so sehr im Vorteil, daß ihre beginnende Müdigkeit mehr als wettgemacht wurde. Scotty, der bald hierhin, bald dorthin stürzte und jagte, merkte nicht, daß die Alten mit dem Weglocken eine bestimmte Absicht verfolgt hatten, bis der erste Ansatz zum Fuß der Gunderspitze, einer zerrissenen, durchbrochenen Felsenklippe, erreicht war, auf welche die Mütter sprangen. Da erst fühlten sich die Jungen in ihrem Element. Ihre kleinen schwarzen Hufe faßten die Felsen so fest, wie keines Menschen Fuß es zu tun vermöchte, und bald waren sie von ihren Müttern außer Sicht geführt.

Es war ein Glück für sie, daß Scotty, ein guter Schütze, seine Büchse beiseite gelegt hatte. Jetzt eilte er zurück zu seiner Waffe, aber ehe er den Tieren etwas anhaben konnte, floß eine Nebelbank von der Spitze hernieder und lagerte sich dazwischen. Derselbe „weiße Wind“, der den verräterischen Schnee mit seinen Fährten gebracht und die Tiere so ihrem ärgsten Feind preisgegeben hatte, schickte ihnen nun den Nebel, der sie vor seinem Blicke schirmte.

So blieb Scotty nichts anderes übrig als zur Klippe hinaufzustarren und, halb bewundernd halb ärgerlich, zu murmeln: „Die kleinen Deibel, die kleinen schlauen Deibel – kann sie nicht kriegen und sind doch keine Stunde alt!“

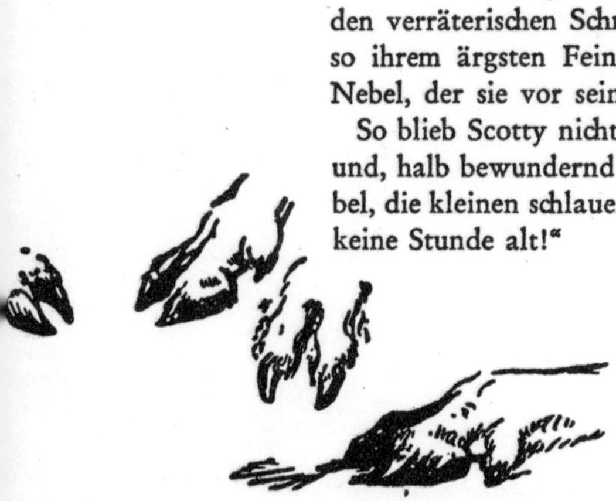

Denn jetzt war ihm völlig klar, was das aufgeregte, in den Fährten ausgeprägte Hin- und Herwandern der Alten bedeutet hatte.

Den Rest des Tages verbrachte er auf ergebnisloser Jagd und kam abends mit einem kräftigen Hunger heim, den er mit einem fetten Schinken stillte.

Die zerrissenen Felsklippen sind nicht das Heim, sondern der sichere und letzte Zufluchtsort der Schafe. Als sich die Mütter hier befanden, fühlten sie keine Angst mehr. In den folgenden Wochen achteten sie darauf, daß sie beim Äsen niemals zu weit von ihrer Zuflucht, den Klippen, abkamen.

Die derben Lämmer entwickelten sich so schnell, daß sie schon nach einer Woche mit ihren Müttern Schritt halten konnten, wenn es beim plötzlichen Erscheinen eines Berglöwen galt, das Leben durch die Schnelligkeit der Beine zu retten.

Der Schnee, den der „weiße Wind" gebracht hatte, war bald vergangen, und alle Höhen deckte nun ein Teppich von Gras und Blumen. Die Mütter fanden eine reichgedeckte Tafel, die auch den Jungen zugute kam; sie wedelten vergnügt mit den Schwänzen, wenn sie sich's bei ihren Müttern schmecken ließen. Eines der Lämmer hatte eine ganz weiße Nase und war stämmig gebaut; sein Spielgefährte dagegen war wohl ein wenig größer, aber auch zarter und entwickelte binnen wenigen Tagen nach seiner Geburt zwei kleine Hornansätze. Das war ungewöhnlich.

Die Kleinen paßten gut zusammen, sie hüpften und rannten neben ihren Müttern her oder kämpften miteinander den lieben langen Tag. Das eine huschte fort, und sofort war das zweite hinter ihm her, um es zu stoßen, oder sie kamen zu einer lockenden Anhöhe, wo sofort das uralte „Sturmspiel" begann. Eines stieg hinauf und hielt den Kameraden in Schach. Mit den Füßen aufstampfend und den kleinen runden Kopf schüttelnd, gab es dem andern zu verstehen, daß es die Burg besitze und den Sturm nicht fürchte. Dann legten sie die hübschen rosa Ohren zurück, drückten die runden Wollköpfe aneinander, rollten die unschuldig braunen Augen und taten ihr Bestes, um schrecklich wild auszusehen. So stießen und drängten sie, bis eines in die Knie sank, sich dann herumschwenkte und mit den Fersen in die Luft stieß, als wollte es sagen: „Du und deine alte Burg!" Dabei strafte es sich

sofort Lügen, indem es sich eine andere Bodenerhöhung aussuchte, mit stolzem Blick davon Besitz ergriff, aufstampfte und den Kopf schüttelte, was dasselbe besagen wollte, wie wenn ein Ritter einem andern den Fehdehandschuh hinwarf.

Bei diesen Raufereien schnitt „Weißnase“ am besten ab, weil er schwerer war; beim Wettlauf jedoch triumphierte „Hörni“ mühelos. Den ganzen Tag war er unermüdlich in Bewegung; er bockte und sprang vom Morgen bis zum Abend und konnte nicht genug bekommen.

Nachts schliefen sie gewöhnlich dicht an ihre Mütter gepreßt in einem geschützten Winkel, wo sie den Sonnenaufgang sehen, oder, was richtiger war, fühlen konnten. Und der rastlose Hörni war sicher von allen Lämmern zuerst auf. Weißnase neigte zur Bequemlichkeit; er blieb zusammengekauert liegen und erwachte meist als letzter der ganzen Familie. Seiner schneeigen Nase entsprach ein weißer Fleck hinten, wie ihn alle Dickhornschafe zeigen, nur war seiner ausnehmend weiß und groß. Dieser Fleck war so verlockend, daß Hörni keine Gelegenheit zum Angriff darauf versäumen konnte. Es bereitete ihm ein ganz besonderes Vergnügen, wenn er am Morgen seinen Freund durch einen, wie er meinte, fürchterlichen Kopfstoß auf diesen schönen weißen Fleck wecken konnte.

Bergschafe leben in der Regel in Herden; je zahlreicher diese sind, desto mehr Augen erspähen die Gefahr. Aber die Jäger hatten in der Landschaft Kootenay, in der das Lupinenhochland liegt, stark aufgeräumt, und Scotty besonders war unermüdlich hinter den Schafen her gewesen. Das Dach seiner Hütte war über und über mit auserlesenen Widderhörnern besät, und innen war der halbe Raum von Schaffellen eingenommen, die des Käufers harrten. So fanden sich statt der früheren großen Herden nur noch wenige zerstreute Rudel, von denen das größte dreißig Stück zählte, während viele, und darunter auch unseres, nur aus drei oder vier Tieren bestanden.

Einige wenige Male war der alte Scotty in der ersten Hälfte des Juni durch die Schafberge gekommen, mit der Büchse in der Hand; für ihn war das ganze Jahr hindurch Jagdzeit; aber jedesmal sah ihn eine wachsame Mutter von fern und machte sich mit den übrigen schnell davon oder warnte die andern durch ein eigentümlich kurzes, pfeifendes Schnaufen. Dann standen alle still wie Steinfiguren, denn eine einzige Bewegung hätte sicheren Tod bringen können. Sobald der Feind außer Sichtweite war, begaben sie sich schnell in einen anderen Teil des Höhenzuges.

Doch eines Tages, als sie um die Ecke eines Fichtenwaldes bogen, witterten sie einen unbekannten Geruch. Sie machten halt, um sich zu vergewissern, was es sei. Da sprang ein großes schwarzes Tier vom Felsen herab und schlug Weißnases Mutter zu Boden.

Voll Schrecken flohen Hörni und seine Mutter davon; der Vielfraß aber, denn das war der Feind, machte dem Leben seines Opfers schnell ein Ende. Ehe er anfing, das Mutterschaf zu verschlingen, sprang er auf den wie erstarrt dastehenden Weißnase und streckte ihn neben seiner Mutter zu Boden.

Hörnis Mutter war ein mittelgroßes, kräftig gebautes Geschöpf. Ihre Hörner waren länger und spitzer als sonst bei Mutterschafen und hatten die Form der sogenannten Spießhörner oder Spießer; auch besaß sie ein gut Teil gesunden Schafverstandes. Nun war die Gegend oberhalb des Tabakcreeks, dank Scottys Tätigkeit, von Monat zu Monat gefährlicher geworden; das Mutterschaf fühlte sich nach den Ereignissen des letzten Tages nicht mehr sicher und wanderte mit ihrem Kleinen aus.

Einmal bemerkte sie auf der Höhe hinter sich eine dunkle Gestalt. Es war der alte Jäger. Nichts verbarg sie vor seinen Augen, aber sie hielt an sich, rührte sich nicht und entging so seinen Blicken. Als er dann hinter einem Felsen verschwunden war, setzte sie in noch größeren Sprüngen als vorher ihre Flucht fort, während Hörni hinterherhüpfte. Auf jeder Höhe hielt sie sorgfältig Umschau; da sie aber weder von Freund noch Feind etwas zu Gesicht bekam, mäßigte sie ihr Tempo ein wenig, bewegte sich aber beharrlich den ganzen Tag in derselben Richtung weiter.

Als sie am Abend die nächste Wasserscheide erreichte, sah sie auf dem Höhenzuge vorn Gestalten sich bewegen. Nach scharfer Beobachtung erkannte sie Schafe – sie hatten graue, mit Weiß gestreifte Strümpfe und weiße Flecken vorn und hinten. Hörnis Mutter ging gegen den Wind und hielt sich außer Sicht, bewegte sich aber so, daß sie die Fährte der Fremden kreuzte. Es waren Spuren von zwei großen Dickhornschafen. Die Fährte sagte ihr noch weiter, daß es Widder waren. Bei den Bergschafen leben nämlich die Widder in Gemeinschaft miteinander, Muttertiere und Lämmer bleiben für sich. Nur in der ersten Zeit des Winters, ihrer Festzeit, der Zeit der Liebe, finden sie sich zusammen.

Hörnis Mutter oder die „Spießerin“, wie wir sie nennen wollen, war nach der Untersuchung der Fährte froh, daß sie in eine Schafgegend kam, und überschritt unbesorgt die Wasserscheide. In der Nacht suchte sie Obdach in einer Höhle, und am nächsten Tage wanderte sie weiter und äste unterwegs. Jetzt stieg ihr ein Geruch in die Nase, der sie haltmachen ließ. Sie gingen der Duftfährte nach. Andere, gleiche Gerüche mischten sich mit dem ersten oder kreuzten ihn, und nun wußte sie, daß sie auf die Fährte einer Herde von Mutterschafen und Lämmern gekommen war. Dieser Spur folgte sie hartnäckig, und Hörni trottete nebenher; er vermißte seinen Kameraden sehr und suchte ihn durch doppelte Beweglichkeit zu ersetzen.

Binnen weniger Minuten bekam die Spießerin die Herde zu Gesicht, alles in allem zwölf Häupter von ihrem Geschlecht. Der obere Teil ihres Kopfes befand sich gerade über einem Felsblock, so daß sie die andern zuerst erblickte; aber als Hörni seinen runden Kopf emporreckte, um auch etwas zu sehen, nahm das Auge eines wachsamen Mutterschafes die leichte Bewegung wahr. Auf das pfeifende Signal, das es gab, verwandelten sich alle Tiere in Bildsäulen und äugten nach der neuen Erscheinung. Jetzt war die Reihe an der Spießerin; sie trat offen hervor. Hierauf galoppierte die Herde über die Anhöhe, wandte sich aber dahinter im Bogen nach links, während Hörni und seine Mutter sich nach rechts bewegten.

Auf diese Weise waren die Windstellungen von vorhin umgedreht. Zuerst hatte die Spießerin Witterung von jenen bekommen, jetzt war es umgekehrt; und da die Fremden schon ihre Bekleidung und Form gesehen hatten, wußten sie, daß alles in Ordnung war. Vorsichtig ging die Spießerin auf die Herde zu, von der sich ein Leittier löste und ihr entgegenkam. Sie berochen und beäugten sich. Das Leittier stampfte auf, und die Spießerin machte sich kampfbereit. Beide gingen vorwärts, die Köpfe krachten hörbar zusammen; während sie losstießen, drehte die Spießerin ihren Kopf so, daß eine ihrer scharfen Hornspitzen das Ohr der Gegnerin traf. Diese merkte, daß sie den kürzeren ziehen würde, schnaufte ein paar Mal, wandte sich und schloß sich kopfschüttelnd wieder den Ihrigen an. Die Spießerin trottete aufgebracht hinterher, während Hörni äußerst betroffen über alles, was geschah, sich dicht an die Mutter hielt. Die Herde machte kehrt und rannte davon, kam aber im Bogen zurück, und da die Spießerin nicht von der Stelle wich, drängten sich die Tiere um sie, und sie wurde in die Gemeinschaft der Herde aufgenommen. Soweit sie

selbst in Betracht kam, war die Zeremonie der Aufnahme beendet. Aber Hörni mußte auch eine Probe bestehen. Es waren da sieben oder acht Lämmer, meist älter und größer als er selbst; gleich manchen anderen Geschöpfen fühlten sie sich getrieben, den Fremdling zu bekämpfen, nur weil er ein Fremder war.

Den ersten Vorgeschmack davon bekam Hörni durch einen unerwarteten Stoß auf sein Hinterteil. Ihm hatte es immer besonderen Spaß gemacht, wenn er Weißnase in dieser Weise eine Überraschung bereiten konnte, aber jetzt kam ihm die Sache ganz und gar nicht spaßig vor, sondern einfach widerwärtig. Als er sich umdrehte, um dem Feind ins Angesicht zu sehen, griff ihn ein anderer von einer anderen Seite an, und wohin er sich auch wenden mochte, immer war ein Lamm bereit, ihn zu bumsen, bis der arme Hörni unter seiner Mutter Schutz suchen mußte. Natürlich konnte sie ihn beschützen, aber er konnte doch dort nicht immer bleiben. So war der Rest des Tages für ihn ebenso unerquicklich wie für die anderen Lämmer unterhaltend. Von ihrer großen Anzahl und den zahlreichen Stößen war der Kleine so betroffen, daß er gar nicht wußte, was er tun sollte. Seine Gelenkigkeit half ihm nur wenig.

Am nächsten Morgen wollten offenbar die andern das Spiel auf seine Kosten fortsetzen. Einer der Quälgeister, der größte von ihnen, war ein dicker kleiner Widder. Er hatte noch keine Hörner, als sie aber später kamen, waren sie ganz wie er selbst: gedrungen, krumm und rauh, so daß wir ihn vorweggreifend „Krinkelhorn" nennen können. Krinkelhorn kam herüber, und gerade als Hörni sich erhob, mit den Hinterfüßen zuerst, wie es Schafsitte ist, da stieß ihn der andere voll und kräftig. Hörni überkugelte sich, sprang aber wieder auf die Beine, und von seinem Unmut hingerissen, wandte er sich gegen den Raufbold. Die kleinen Köpfe trafen zusammen; es klang nicht anders, als wenn zwei Stoffbälle aneinanderstoßen, aber beiden war es ernst mit dem Kampf. Hörni hatte einen Riesenzorn und stieß nach dem Gegner. Die Köpfe glitten aneinander ab, und nun drückte Kopf gegen Schulter und umgekehrt mit aller Macht. Zuerst mußte Hörni zurückweichen, aber bald leisteten ihm seine Hornansätze gute Dienste, und nachdem sie dem Raufbold ein paar kräftige Rippenstöße versetzt hatten, machte dieser kehrt und rannte davon. Die andern, die im Kreis herumstanden, erkannten nun den Fremdling als Mitglied ihrer Gemeinschaft an; sie nahmen ihn auf, und Hörnis Prüfungszeit war vorüber.

Herkömmliche Vorschriften und gesellschaftliche Regeln werden oft als törichte Ausflüsse menschlicher Tyrannei verspottet. Sehr zu Unrecht; denn es sind wichtige Gesetze, die da waren, ehe die menschliche Gesellschaft ins Leben trat, und ihr dann, als sie sich bildete, Gestalt verliehen. Bei allen wilden Tieren sehen wir, wie sich das Konventionelle mit der Zunahme der geistigen Fähigkeiten der Art entwickelt.

Erscheint eine neue Henne oder eine neue Kuh auf dem Hofe, so muß sie sehen, wo ihr Platz in der Rangordnung der andern ist. Er wird genau nach der Summe ihrer Kräfte bestimmt. Die vorhandenen Einzelwesen haben schon lange ihre Reihenfolge in der Rangordnung festgestellt; keines kann eine oder mehrere Stufen hinaufsteigen, ohne mit denen, über die es sich hinausheben will, um den Vorrang zu kämpfen. Irgendwo in dieser Stufenfolge muß sich für den Ankömmling ein Platz finden, und solange dieser nicht feststeht, hören die Kämpfe nicht auf.

Zweifellos ist für die Rangordnung in den meisten Fällen Kraft, Mut und Gelenkigkeit entscheidend, aber manchmal sind Klugheit und Sinnenschärfe wichtiger. Welches ist das Leittier einer Herde wilder Tiere? Nicht notwendigerweise das stärkste und grimmigste. Dieses wird die andern in die Flucht treiben, aber vielleicht nicht leiten können. Der Führer wird nicht förmlich erwählt, wie bei den Menschen, er tritt vielmehr nach und nach als solcher hervor; so wird also dasjenige Einzeltier Führer der andern, das diesen die Vorstellung einzuflößen vermag, ihm oder ihr zu folgen sei für sie am besten. Die Wahl erfolgt einstimmig. Denn sollten sich einige finden, die nicht Folge leisten wollen, so steht dies ihnen frei. Bei vielen in Herden lebenden Tierarten ist das Leittier, dessen Mut und Kühnheit sich sooft in allen Proben bewährt hat und das alle übrigen mit Vertrauen in seine geistige Fähigkeit erfüllt, der Regel nach nicht das stärkste Männchen, sondern ein älteres Weibchen. Dies trifft insbesondere zu bei Elch, Büffel, Schwarzwedelhirsch und bei den Sommerherden der Bergschafe.

Die auf der Gunderspitze hausende Schafherde bestand aus sechs oder sieben Mutterschafen mit ihren Lämmern, drei oder vier Jährlingen und einem vielversprechenden jungen, zweijährigen Widder, der soeben anfing, stolz auf seine Hörner zu sein. Er war das größte Stück der Herde, aber keineswegs das wichtigste. Die oberste Leitung hatte ein schlaues altes Mutterschaf; nicht das, welches einen Gang mit der Spießerin versucht hatte, sondern ein kleineres Tier mit kurzen, dicken Hörnern, das niemand anderes war als Krinkelhorns, des kleinen Raufbolds Mutter.

Für die Schafe ist ihr Führer nicht einer, dem man gehorchen muß, sondern einer, dem man mit Ruhe folgen kann, derjenige, der stets am klügsten handelt. Ich werde die Führerin daher „die Weise“ nennen.

Die Spießerin war ein sehr lebhaftes Schaf in der ersten Blüte ihres Lebens, besonnen, schlau und mit Auge, Nase, Ohr auf der Wacht. Bei jedem Schritte mindestens hob sie den Kopf empor, um zu spähen, und bemerkte sie etwas Fremdes oder etwas, das sich bewegte, so hörte sie nicht auf zu äugen, bis sie sich über den verdächtigen Gegenstand klargeworden war, worauf sie entweder weiter äste oder das lange Schnaufen hören ließ, das alle warnte. Natürlich tat sie nichts anderes, als was alle machten, aber sie tat es eben besser. Doch stand ihr die Weise selten nach und übertraf sie manchmal im Erspähen, wobei ihr der Vorteil der Ortskenntnis zugute kam; im ganzen aber gab eine der andern an natürlichen Gaben so wenig nach, daß die Weise in der Spießerin eine scharfe Nebenbuhlerin zu ahnen begann.

Es fehlte in der Herde auch nicht an Querköpfen. So hatte ein junges weibliches Schaf die Gewohnheit angenommen, auf den Vorderfüßen kniend zu weiden, ein Verfahren, das die andern nicht nachmachten in dem unbestimmten Gefühl, daß es nicht gut sei. Die Folge dieser eigentümlichen Haltung war die Bildung großer Schwielenpolster auf den Knien oder, anatomisch richtiger ausgedrückt, auf den Handgelenken. Diese Polster beeinträchtigten nach und nach „Schwieles“ Behendigkeit, so daß sie nicht mehr so schnell beiseite- und rückwärtsspringen konnte wie die andern. Das will für gewöhnlich nicht viel besagen, aber es kommen Zeiten, wo man größere Beweglichkeit sehr nötig hat. Alle Tiere, deren Heil im Fliehen liegt, bedienen sich der Kriegslist der Zickzacksprünge. Sie sind der beste Kniff, den der geduckte Hase anwendet, wenn Fuchs oder Hund ihn aufjagen; sie sind das einzige Mittel des überraschten Kaninchens, wenn ihm die Wildkatze nachstellt; sie sind des ruhenden Damwilds einziger Schutz beim Ansprung des Wolfs und die Methode der vom Sumpfland im Zickzack fortspringenden Schnepfe, um sowohl dem Jäger als auch dem schnellen Habicht zu entgehen.

Ein anderes eigensinniges Tier war ein unruhiges weibliches Lamm, das in einem Punkt dem Leittier nicht folgen wollte. Wenn nämlich der lange Schnauf alle andern erstarren ließ, bewegte sich das Kleine ratlos hin und her, statt der Warnung der Weisen gemäß reglos zu verharren.

Einige Wochen vergingen unter häufigem Alarmschlagen und flüchtigem Davoneilen. Aber die Schildwachen taten ihre Pflicht, und alles lief gut ab. Beim Herannahen des Sommers ergriff die Schafe eine eigentümliche, fieberhafte Unruhe. Sie standen ein paar Minuten reglos da, ohne zu weiden oder wiederzukäuen. Dem Anschein nach litten sie an gestörter Verdauung und suchten etwas, ohne zu wissen, was. Sobald die Weise die gleiche Rastlosigkeit und den Widerwillen gegen die Nahrung in sich selbst spürte, raffte sie sich zur Tat auf. Sie führte die Herde auf eine tiefer liegende Ebene, hinab ins Gehölz und noch weiter hinunter. Wohin ging sie? Für die meisten war der Weg neu. Mißtrauisch folgte die Spießerin; immer wieder blieb sie stehen; sie liebte diese tiefen Lagen nicht. Aber das Leittier schritt ruhig weiter. Hätte nur eine aus der Herde Neigung gezeigt, stehenzubleiben und zurückzugehen, die Spießerin hätte es sicher zu einer Spaltung gebracht. Aber alle folgten willig der Weisen, deren ruhige Stetigkeit Vertrauen einflößte. Als sie weit über die Grenze ihres gewöhnlichen Bereichs hinausgegangen waren, begann die Weise die Ohren zu spitzen und nach vorne zu äugen. Die andern folgten ihrem Beispiel. Sie empfanden weder Hunger noch Durst, und doch war ihnen übel. Jetzt bemerkten sie vor sich einen weiten Abhang, den ein weißes Band säumte. Dorthin führte sie die Weise. Einer Erklärung bedurfte es nicht. Der Boden war weiß von etwas, das die Schafe eifrig aufleckten. Oh, es war das Köstlichste, das sie je geschmeckt hatten! Sie konnten gar nicht genug bekommen. Und wie sie leckten und immer wieder leckten, wich die Trockenheit von ihrer Kehle, die Hitze von Auge und Ohr, die Kopfschmerzen hörten auf, ihre fieberheiße Haut wurde kühl, und ihr Magen fühlte sich behaglich, ihre Unruhe war vergangen und ihr ganzes Wesen wie neu geboren. Es war, als hätten sie den köstlichsten Lebensbalsam genossen, und doch war es nur gewöhnliches Salz.

Das hatte ihnen gefehlt, und dies war die große Salzlecke, zu der ihre kluge Führerin sie geleitet hatte.

Für ein junges Geschöpf gibt es nichts Besseres als Gehorsam. Ge-

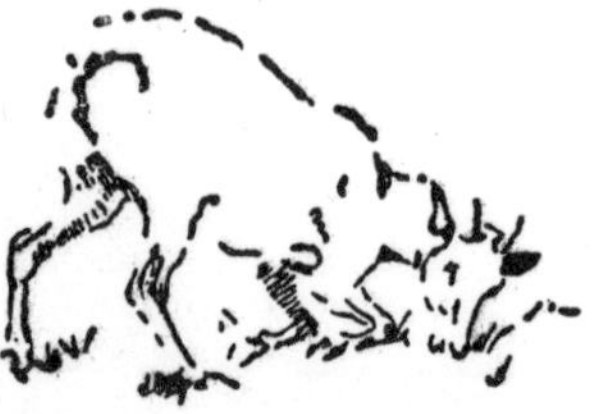

horsam der Mutter gegenüber gewährt ihm die Wohltat der ganzen mütterlichen Erfahrung, ohne daß es dabei irgendwelche Gefahr liefe. Mut ist gut, Schnelligkeit und Stärke sind gut – aber alles, was das Junge an Mut, Schnelligkeit und Stärke aufbringen kann, gleicht bei weitem nicht der Leistungsfähigkeit des Muttertieres, die ihm in höchstem Maße zu Gebote steht, wenn es nur gehorchen will. Verstand ist viel wert, aber bei den Lämmern der Dickhornschafe kommt gehorsame Einfalt weit besser weg als Schläue und Eigenwilligkeit.

Nachdem sie eine oder zwei Stunden geweilt und das Salz geleckt hatten, wandte sich die Weise, um zur Höhe zurückzukehren. Das Gras im Tal war ungewöhnlich dicht und gut, und die Lämmer, die eben anfingen Grasnahrung zu sich zu nehmen, erfreuten sich der erlesenen Weide; aber sie befanden sich in der Niederung zwischen dem Gehölz mit allen seinen lauernden Gefahren. Die Weise wie auch die Spießerin trieb es zurück zum bekannten sicheren Weideplatz. Die erste schritt wie gewöhnlich voran, und die übrigen wären, wenn auch ungern, gefolgt, wenn Klein Krinkelhorn nicht der Hafer gestochen hätte. Er wollte nicht folgen. Seine Mutter vermißte ihn und kehrte, als er zu blöken anfing, zu ihm zurück. Er weigerte sich nicht geradezu, zu kommen, trödelte aber so lange, daß er seine Mutter eine gute Weile zurückhielt und auch die andern in ihrer Neigung, möglichst lange zu bleiben, bestärkte. So befand sich die Herde beim Anbruch der Nacht noch unterhalb der Waldgrenze und legte sich im Gehölz zur Ruhe nieder.

Wenn der Berglöwe, der Puma, auf Beute ausgeht, macht er nicht viel Geräusch, er bewegt sich wie ein Schatten; so gab auch der große hungrige Geselle, der sich dem Gehölz nahte, keinen Laut von sich, bis ein kleiner Kiesel, den sein Samtfuß berührt hatte, den Abhang hinabrollte. Nur ein leises Geräusch war es, aber die Spießerin hörte es, sie stieß den lauten, gedehnten Warnruf aus: „Snuuf!“ dann rief sie Klein Hörni und stürzte mit ihm trotz der Dunkelheit die Klippen hinauf der sicheren Heimat zu. Auch die andern sprangen auf, aber schon war der Puma mitten unter ihnen. Auch die Weise sprang auf, gab Krinkelhorn ein Zeichen und bewegte sich in großen Sprüngen der Spießerin nach, doch ihr eigensinniges Lamm strebte nach einer anderen Richtung, fühlte sich plötzlich einsam und blökte: „Mutter!“ Und die Mutter vergaß der eigenen Gefahr, sie eilte wieder hinab, und im Nu hatte der Puma sie hingestreckt. Ein anderes Schaf hüpfte vorbei und noch eines in der Eile und Verwirrung der Flucht.

Nach beiden sprang der Puma, und beide Male verfehlte er sein Opfer, das einen Zickzack nach dem andern machte und entkam. Nur die arme Schwiele, die als letzte den Bergen zustrebte, entkam nicht.

Weit den Abhang hinauf setzten die Schafe in tollen Sprüngen dem Leittier nach. Doch als dieses seine Eile mäßigte, merkten sie, daß es die Spießerin war. Die Weise sahen sie nie wieder.

Als alle beisammen waren und zurückschauten, hörten sie von tief unten das schwache „Bäh" eines Lammes. Alle spitzten die Ohren und warteten. Es ist nicht klug, rasch zu antworten; wer weiß, ob nicht ein Feind eine Kriegslist gebraucht. Aber es wiederholte sich, das vertraute „Bäh" eines Angehörigen der eigenen Herde, und die Spießerin erwiderte den fragenden Ruf.

Ein Rasseln von Steinchen, ein Kratzen den Abhang herauf, noch ein „Bäh" zur Orientierung, und unter den Wartenden erschien Klein Krinkelhorn, jetzt eine Waise.

Natürlich wußte er das noch nicht, so wenig es die andern sicher wissen konnten. Als aber der Tag vorrückte und auf die klagenden Rufe keine Mutter kam, als sein kleiner Magen nach etwas Besserem als Gras und Wasser zu begehren begann, da kam ihm seine trostlose Verlassenheit immer mehr zum Bewußtsein, und sein „Bäh" ertönte noch jammervoller als zuvor. Am Abend bedrängten ihn Hunger und Kälte; er mußte sich an jemand anschmiegen können oder erfrieren. Niemand kümmerte sich viel um ihn außer der Spießerin, die auf seinen klagenden Ruf antwortete. Schließlich geschah es mehr zufällig, daß er sich an ihrer Seite niederlegte und sich neben seinem alten Feind Hörni wärmte.

Am Morgen schien die Spießerin ihn schon fast als ihr eigen Fleisch und Blut anzusehen; wenn er sich zuvor an Hörni rieb, roch er wie ihr Kind. Und als Hörni sich nach ein paar übermütigen Sätzen warme Milch zu verschaffen wußte, war der arme hungrige Krinkelhorn so frei, auf der anderen Seite die gleiche Quelle zu suchen. So fand sich Hörni Nase an Nase mit seinem ehemaligen Feind und teilte sein Geburtsrecht mit ihm. Aber weder er noch seine Mutter hatten etwas dagegen, und so geschah es, daß Krinkelhorn von der Nebenbuhlerin seiner Mutter an Kindes Statt angenommen wurde.

Kein anderes Muttertier kam der Spießerin an Scharfsinn gleich. Den ganzen Gebirgszug kannte sie jetzt, und bald war ihre Führer-

Vatis Sprünge. „Manchmal sind es auch Tierkarikaturen, humorige Schnörkel eines Könners, der selbst im Scherz sein gründliches Wissen vom Tier nicht verleugnen kann", so schrieb jemand über Ernest Thompson Setons Zeichenkunst.

rolle unbestritten. Krinkelhorn galt so gut wie Hörni als ihr Lamm. Beide waren in vielem wie Brüder. Krinkelhorn war seiner Pflegemutter nicht dankbar, und auf Hörni hatte er noch einen alten Groll. Nun, da sie täglich ihren Hunger an der gleichen Quelle stillten, sah er in Hörni einen Rivalen und offenbarte seine Gefühle bald durch einen neuen Versuch, ihn unterzukriegen. Aber Hörni war jetzt besser als je imstande, sich seiner Haut zu wehren. Krinkelhorn erntete nichts als ein paar wohlgezielte Flankenstiche, und damit war ihr gegenseitiges Verhältnis aufs neue geregelt.

Während der Sommer dahinschwand, wuchsen sie nebeneinander auf: Krinkelhorn gedrungenen Körperbaues und unwirschen Geistes, mit schnell wachsenden, aber dicken, verkrümmten Hörnern, und Hörni – nun, es geht nicht mehr an, ihn noch länger Hörni zu nennen, da seine Hörner schnell und lang wuchsen; wir wollen ihn hinfort „Wacker" heißen. Unter diesem Namen ist er nach Jahren in dem Lande um die Gunderspitze bekannt, ja sogar berühmt geworden.

Den Sommer hindurch nahmen Wacker und Krinkelhorn an Verstand und Größe zu. Sie lernten alles, was Bergschafe wissen müssen. Sie wußten, wie man den Warnpfiff ausstößt, wenn etwas in Sicht kommt, und den gedehnten Schnauf, wenn Gefahr im Anzuge ist. Sie kannten alle Wechsel und hätten selbst den Weg zu irgendeiner nahen Salzlecke gefunden.

Die Zickzacksprünge, die den verfolgenden Feind aus dem Konzept bringen, verstanden sie so gut wie die steifbeinigen Sprünge, die sicher über glasharte, schlüpfrige Abhänge hinauftragen. Wacker übertraf hierin sogar seine Mutter. So waren sie gut imstande, sich selbst zu ernähren; schon lange konnten sie Gras zu sich nehmen, und es war daher Zeit, daß sie entwöhnt wurden, denn die Spießerin brauchte ihr Fett, um sich im nahenden Winter warmzuhalten. Die beiden Widderchen selbst hätten es nicht so eilig gehabt, ihre angenehme Trinkstelle aufzugeben, aber die Quelle begann spärlicher zu fließen, und die wachsenden Hörner der Lämmer wurden für die Mutter so unbequem, daß sie sich immer entschiedener weigerte, die beiden trinken zu lassen. Lange ehe das erste Schneegestöber eine leichte, grauweiße Decke über das Hochland breitete, waren Wacker und Krinkelhorn daran gewöhnt, sich selber ihr tägliches Brot zu suchen.

Unter den Mitgliedern der Herde, deren Geschick in diesem Sommer sich erfüllte, war auch ein jähriger Widder. Einen Alters- und Geschlechtsgenossen hatte er nicht, in seiner eingebildeten Überlegenheit fühlte er sich sicher, und die Folge davon war, daß sein Fell in Scottys Hütte den Haufen noch ein wenig vergrößerte. Als der erste Winterschnee herabwirbelte, waren die Lämmer entwöhnt und suchten sich allein ihre Nahrung, die Mutterschafe aber waren fett und hatten, ihrer Muttersorgen ledig, andere Gedanken im Kopfe. Mit den ersten Frösten und den steifen Winden brach die Paarungszeit an, und die Schafe suchten deshalb d i e Teile des Höhenzuges auf, wo sie am ehesten die Widder zu treffen hofften.

Im Sommer war es wohl öfters vorgekommen, daß sie in der Ferne ein paar große Widder bemerkt hatten, aber Signale von hüben und drüben hatten bald darüber aufgeklärt, welcher Art das Gegenüber war, und man hatte sich infolgedessen gemieden. Als jetzt aber ein paar große Schafe in Sicht kamen und die gewöhnlichen

Signale gewechselt waren, schien keine Seite den Wunsch zu hegen, der andern aus dem Wege zu gehen. Als die beiden Fremdlinge näher kamen, ließen ihre Körpergröße, ihre majestätischen Formen und mächtigen Hörnerschnecken keinen Zweifel über ihr Geschlecht, und stolz auf ihre Würde und Kraft schritten die beiden vorwärts. Die sonst so bestimmt auftretende Spießerin wurde geradezu schüchtern. Sie und ihre Herde taten, als wollten sie den Ankömmlingen aus dem Wege gehen. Das führte zu einer Verfolgung und vielfachem Ausweichen hin und her, bis die Widder sich der Herde anschließen durften. Dann kam es zum unvermeidlichen Zwist. Bis dahin waren die Widder gut Freund gewesen – offenbar die besten Kameraden; aber Kameradschaft und Rivalität in der Liebe vertragen sich schlecht. Es war die alte Geschichte – Eifersucht, das Suchen nach einem Vorwand, die Herausforderung und der Zweikampf. Doch sind diese Duelle nicht immer tödlich. Die Widder rannten aufeinander los, die Hörner krachten zusammen, daß die Splitter flogen; aber nach wenigen Gängen wurde einer von beiden, natürlich der schwächere, rückwärts zu Boden geworfen, worauf er aufsprang und zu entkommen suchte. Der andere folgte ihm ein paar Minuten; da aber der Flüchtling für keinen neuen Waffengang zu haben war, kam der Sieger stolz zurück und beanspruchte, ohne Widerstand zu finden, die Stellung und Vorrechte eines Sultans.

Wacker und Krinkelhorn blieben unbeachtet. Voll Scheu vor dem großen Widder, der jetzt der Gebieter der Herde war, hielten sie es für das beste, sich möglichst unauffällig abseits zu halten.

In der ersten Hälfte des Winters standen sie unter der Leitung des Widders. Er war stark und stattlich, er sorgte hingebend und wachsam für das Wohl und die Sicherheit seiner weiblichen Gefolgschaft, doch nicht ohne eine Beimischung männlicher Selbstsucht, die ihn trieb, das beste Futter selbst zu beanspruchen. An Nahrung fehlte es nicht, denn der Widder besaß Ortskenntnis und Erfahrung genug, seine Schar nicht in die mit hohem Schnee bedeckten Täler zu führen, sondern hinauf zu den rauhesten Kämmen des Hochlands, wo der scharfe Wind das vorjährige Gras bloßlegt, und wo auch kein Feind sich ungesehen nähern kann. So ging alles gut.

Es kam die Frühlingszeit mit ihren aufregenden Lauten und Gefühlen. Den alten Regeln gemäß waren der Widder und die Herde im Mittwinter voneinander gegangen. Die Trennung hatte sich tagelang vorbereitet. Die Schafe zeigten immer weniger Neigung, ihm zu folgen, und er trieb sich manchmal stundenlang abseits herum. Eines Tages blieb er ganz fort, und von nun an folgten die Verlassenen bis zum Ende des Winters der Spießerin wie zuvor.

Die Jungen kamen um den ersten Juni zur Welt. Viele der Mütter hatten zwei, aber die Spießerin hatte wie im Vorjahre nur eins. Dieses Junge drängte Wacker in den Augen der Mutter völlig in den Hintergrund und nahm ihre ganze Fürsorge in Anspruch. Ja, es hinderte sie sogar an der Erfüllung ihrer Pflichten als Leittier, und eines Tages, als sie das Kleine nährte und sich an dem glücklichen Wedeln seines Schwänzchens ergötzte, stieß ein anderes Schaf den Warnruf aus. Alle wurden starr, nur „Lose" nicht, die vor der Spießerin vorbeisprang. Da machte es in der Ferne: Knack! Lose fiel tot zur Erde, und die Spießerin stürzte mit einem erstickten „Bäh!" ebenfalls zu Boden. Aber sie sprang wieder auf; ihres eigenen Schmerzes vergessend und sich wild nach ihrem Lamm umsehend, setzte sie die Höhe hinauf den andern nach. Knack! machte es abermals, und jetzt bekam die Alte den Feind zu Gesicht. Es war der Mann, dem früher einmal die Lämmer nur mit knapper Not entgangen waren. Wohl war er noch weit weg, aber die Kugel pfiff ihr um die Nase. Sie sprang zurück, änderte die Richtung, wodurch sie sich von den übrigen trennte, und sprang dann über den Höhenrücken, blökend, damit das Kleine ihr folge, und auch vor Schmerz, denn sie war schwer getroffen worden. Aber doch setzte sie auf dem steilen Felsenpfad, ohne zu schwanken, hinunter und brachte die Höhe zwischen sich und den Jäger. Die Schlucht hinab ging es und wieder hinauf der nächsten Erhebung zu, wobei sie sich so gut außer Sicht zu halten wußte, daß Scotty, obwohl er so schnell wie möglich um die Ecke rannte, sie niemals wieder zu sehen bekam. Er lachte in sich hinein, als er die Blutflecke bemerkte; aber diese hörten bald auf, und nach langem, erfolglosem Bemühen, der Fährte zu folgen, gab er es auf, fluchte über sein Mißgeschick und kehrte zu der erlegten Beute zurück.

Weiter flohen die Spießerin und das Lamm, die Mutter als Leiterin, aber das Kleine ihr voran. Der Instinkt sagte ihr, daß nur die Flucht nach oben Sicherheit gewähren könnte. Die Gunderspitze hinauf mußte sie eilen, ohne gesehen zu werden. So ging es trotz der brennenden Wunde vorwärts, immer von einer dazwischenliegenden Höhe gedeckt, bis die Arme hinter dem nächsten Felsen stehen blieb

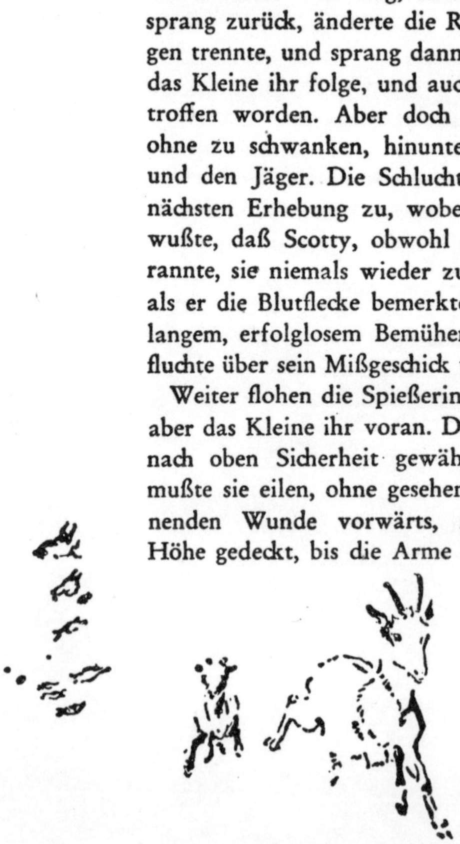

und sich umschaute. Weder von ihren Freunden noch vom Feinde war da etwas zu sehen. Da sie fühlte, daß sie eine tödliche Wunde hatte, mußte sie aus dem Bereich des Verfolgers kommen, ehe ihr die Kraft ausging. Und wieder eilte sie davon, mühsam aufwärts keuchend, während das Kleine tändelnd bald vor ihr, bald hinter ihr war. Bergauf eilten sie, bis die Waldgrenze erreicht war, und immer noch weiter trieb sie ihr Instinkt.

Ein zweiter Höhenrücken ward überschritten, und dann sah sie einen langen weißen Streifen, eine Schneewehe in einer tiefen Schlucht, vor sich liegen. Dorthin trieb es sie. Ein brennender Schmerz durchdrang ihre Lende, die auf beiden Seiten einen dunklen Fleck aufwies. Nach Kühlung verlangte es sie, und sobald sie den weißen Fleck erreicht hatte, sank sie in den Schnee.

Bei einer solchen Verletzung war nur ein Ausgang möglich: noch zwei, höchstens drei Stunden, und dann – nun, was ist schon dabei?

Und das Kleine? Es stand da und schaute sie mit großen verwunderten Augen an; es konnte sich die Sache nicht erklären. Es wußte nur, daß es fror und hungrig war, und daß seine Mutter, die ihm bisher alles geboten hatte: Nahrung, Wärme, Führung, jetzt so kalt und still dalag.

Es begriff nichts von dem, was es sah, und wußte auch nicht, was ihm bevorstand. Aber wir wissen es, wir denken an das elende Verkümmern und an das unvermeidliche Ende, das früher oder später kommen mußte. Auch die Raben auf dem Felsen wußten es und warteten. Besser wäre es für das Lamm, weit besser, schneller und erbarmungsvoller gewesen, die Kugel hätte es erreicht, wie sie seine Mutter erreicht hatte.

Wacker war jetzt ein schöner junger Widder, stattlicher als irgendeins von den Mutterschafen, und mit langen, gekrümmten Hörnern geschmückt. Auch Krinkelhorn war tüchtig gewachsen, ebenso schwer wie Wacker, aber nicht so hoch, und seine Hörner sahen ganz absonderlich aus: kurz, dick und verkrümmt.

Wieder kam der Herbst und mit ihm der große Widder und zugleich eine neue Entwicklung, die für Wacker überraschend war. Er fing eben an, sich seiner Eigenschaft als Widder bewußt zu werden und sich zu gewissen Schafen in der Herde hingezogen zu fühlen, als der große Widder mit seinen gelockten Hörnern und seinem dicken

Stiernacken auftauchte und unverzüglich daranging, Wacker aus der Herde fortzutreiben. Wacker, Krinkelhorn und drei oder vier andere ihres Alters machten sich aber selbst davon, denn so verlangt es die gute Sitte bei den Bergschafen. Sobald die jungen Böcke zur Mannheit kommen oder doch nahe daran sind, müssen sie fort, um selbst das Leben kennenzulernen, genau wie junge Leute in die Lehre oder zur Hochschule gehen müssen. In den vier nächsten Jahren führte Wacker mit einem halben Dutzend Gefährten ein unstetes Junggesellenleben. Er wurde Leittier, denn er hatte die Eigenschaften seiner Mutter geerbt. Sie wanderten in ferne Gegenden, wo sie neue Weiden, neue Wege und neue Weisheit lernten und immer geeigneter wurden, selbst die Väter großer und tüchtiger Familien zu werden.

Übrigens war es gar nicht Wackers Wunsch, solange ohne Gefährtin zu bleiben, sondern eine Folge zufälliger Umstände, gegen die er vergeblich ankämpfte. Aber es war in Wahrheit besser so. Kam es ihn zeitweise hart an, so diente es doch nur seiner Vervollkommnung, denn auf diese Weise konnte sich seine erstaunliche Begabung aufs höchste entwickeln, ehe sie durch die Verantwortlichkeiten und gemischten Freuden eines Familienvaters beeinträchtigt wurden. Die einsamen Widder wurden von Jahr zu Jahr schöner. Selbst Krinkelhorn nahm an Größe und Kraft immer mehr zu, obwohl man ihn auch jetzt noch nicht einen schönen Widder nennen konnte. Seine alte Mißgunst gegen Wacker hatte ihn nicht verlassen. Hin und wieder versuchte er mit ihm anzubinden; einmal wollte er ihn sogar über eine Klippe stoßen, mußte aber so schwer dafür büßen, daß er hinfort seinen Milchbruder in Ruhe ließ. Wacker anzuschauen war dagegen eine Lust. Wenn er die zerrissenen Klippen hinaufsetzte und mit spielerischer Eleganz emporschnellte, wenn das wechselnde, blinkende Spiel der Sonnenstrahlen seinen Nacken traf, dessen Oberfläche sich unter der steten Anspannung des feinen Muskelgewebes beständig veränderte – dann erschien er wie etwas Schwereloses, das keine Furcht vor dem Fallen kannte, dieser große dreihundertpfündige Widder mit fünf Jahresringen an seinen Hörnern!

Und was für Hörner! Die Kopfzier der jungen Widder seiner Gefolgschaft hatte verschiedene Formen – Formen, die von den Erlebnissen wie von den Gaben des Besitzers Zeugnis ablegten. Manche waren fast halbmondförmig, manche dick, manche dünn. Wackers Waffen aber krümmten sich in einem großen Schwunge von dreivierteln eines Kreisrunds; und von den fünf Jahrmarken erzählte,

von der Spitze an gerechnet, die erste von seinem Lammjahr, als ihm zwei lange Spieße wuchsen und bei seinen Jugendkämpfen so gute Dienste taten. Im zweiten Jahre war ein dickerer und breiterer Ring entstanden. Die nächsten beiden Jahre hatten je einen noch kräftigeren, aber schmaleren Ring gebildet, während der letzte Ring von einem Jahr üppiger Nahrung und vollkommener Gesundheit zeugte, denn der Zuwachs war länger, breiter und heller als die früheren.

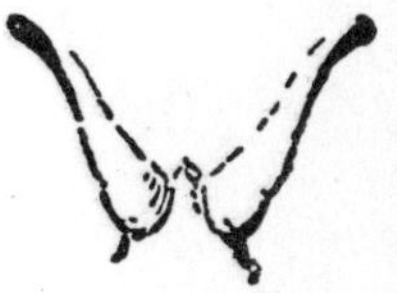

Unter dem Schutz der vorspringenden Wülste an den Hornwurzeln lagen wie kostbare Kleinode, die man nicht preisgeben darf, seine schönen Augen. Dunkelbraun in der Lammzeit, gelbbraun beim Jährling und jetzt, in der ersten Zeit seiner Lebensblüte, groß und wie von glänzendem Gold oder schimmerndem Bernstein.

Für etwas, das wahrhaft lebt, gibt es keine größere Lust als die Lebenslust, das Gefühl, in jedem Zoll und jedem Schritt lebendig zu sein. Es war jetzt eine Lust für Wacker, seine Gliedmaßen in fröhlichem Kampfe mit seinen Freunden zu benutzen. Eine Lust für ihn war es, die Füße auf ein schmales Felsenband zu drücken und dann in einem unglaublichen Sprung über einen schwarz gähnenden Abgrund zu einer anderen, ebenso schmalen Felsspitze zu fliegen, deren Umfang und Entfernung er mit nie fehlender Sicherheit abschätzte. Es war eine Lust, den Berglöwen durch ein leichtes Hin und Her von Kreuzsprüngen schachmatt zu setzen oder sich zu wenden und die Herde der Schwarzwedel-Hirsche zurückzutreiben, daß sie in wilder Verwirrung in ihr Gebiet, die tieferen Ebenen, hinabflüchteten. Er empfand eine innige Lust bei jeder Bewegung und ein triumphierendes Bewußtsein der Stärke. Und wurde nun solch ein Geschöpf im frühen Winter vom Feuer der Liebe erfüllt, dann war es in der Tat eine kostbare Augenweide. Im Übermaß der Kraft und Gewandtheit flog Wacker wie ein Ball lange, zerrissene Abhänge hinauf oder hinunter in Sätzen von drei Meter Höhe, auch wenn dreißig Zentimeter vollauf genügt hätten. So strich er suchend, verlangend einher – wonach? Er hätte es selbst nicht sagen können, aber er wußte es, als er es gefunden hatte. Fort galoppierte er an der Spitze seiner Schar, bis sie die Fährte einer anderen Herde kreuzten und ihr, vom Instinkt geleitet, folgten. Nach wenigen Meilen kam die andere Herde – es waren Mutterschafe – in Sicht. Sie flohen selbstverständlich; als ihnen aber an einer zerklüfteten Felsbank der Weg versperrt wurde, standen sie still und ließen nach gehörigem Parlamentieren die Widder herankommen.

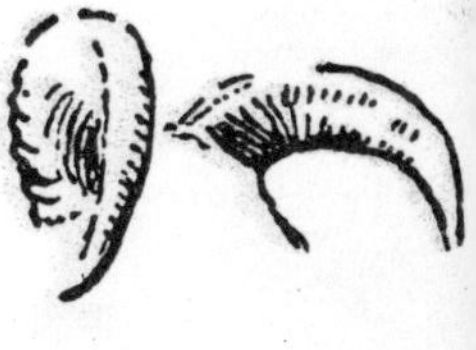

Das Dickhornschaf lebt nicht in „Einehe“. Der stärkste Widder nimmt alle Mutterschafe in der Herde für sich in Anspruch, und jede Widersetzlichkeit muß auf der Stelle im Kampfe gebrochen werden. Bis dahin hatten die Widder gute Kameradschaft gehalten, das änderte sich jetzt. Als der stattliche Wacker vorsprang und mit wildem Schnaufen alle übrigen herausforderte, da wagte es keiner, ihm entgegenzutreten, und sonderbar genug, trotz der großen Zahl der Werber kam es zu keinem Kampfe. So blieb für den Rest nichts anderes übrig, als auf sein Geheiß abzuschwenken und ihm die Herde zu überlassen.

Nach zwei Tagen erschienen zwei Widder und kamen nach einigen Winkelzügen näher. Der eine, ein schönes mächtiges Tier, stand Wacker an Körpergewicht nicht nach, hatte aber kleinere Hörner. Der andere war – ja wirklich, es war Krinkelhorn. Der neue Widder schnaufte herausfordernd und stampfte mit den Füßen, als ob er sagen wollte: „Ich bin ein besserer Widder als du. Sieh dich vor!“

Wackers Augen sprühten Feuer. Über seinen mächtigen Nacken spielten die Muskeln. Wie ein ungeduldiger Renner warf er sein Kinn auf und nieder, schüttelte seine großen Hörner, als wären sie nur Stümpfchen, legte die Ohren zurück und ging los; und vorwärts sprang auch sein Gegner. Mit heftigem Krachen stießen sie zusammen, aber der Fremde hatte den Vorteil, daß er höher stand, und so verlief der erste Gang ohne Ergebnis.

Die Widder wichen zurück, maßen sich und die Entfernung mit grimmigen Blicken und hielten sich, um festen Fuß fassen zu können, am Rande der Felsbank, dann rannten sie wieder mit Wucht aufeinander, daß die Hörner splitterten. Diesmal war der Sieg zweifellos auf Wackers Seite. Er nahm seinen Vorteil sofort durch einen zweiten Stoß aus kurzer Entfernung wahr. Indem Wacker sich herumdrehte, hakte er sein linkes Horn unter das rechte des Gegners, als er zu seiner Entrüstung von einem unbekannten Feind einen gewaltigen Stoß in die Seite erhielt. Er wurde herumgewirbelt und wäre über die Klippe hinabgestürzt, wäre nicht sein Horn mit dem des andern Widders verschränkt gewesen. Das war seine Rettung, denn kein Widder hat genügend Widerstandskraft und Gewicht in seinem Hinterteil, um den stürmischen Anprall eines andern auszuhalten. Wacker arbeitete sich wieder auf die Füße und konnte gerade noch sehen, wie der neue Feind, von der Wucht seines Angriffs fortgerissen, über den Felsrand in die Tiefe hinabstürzte.

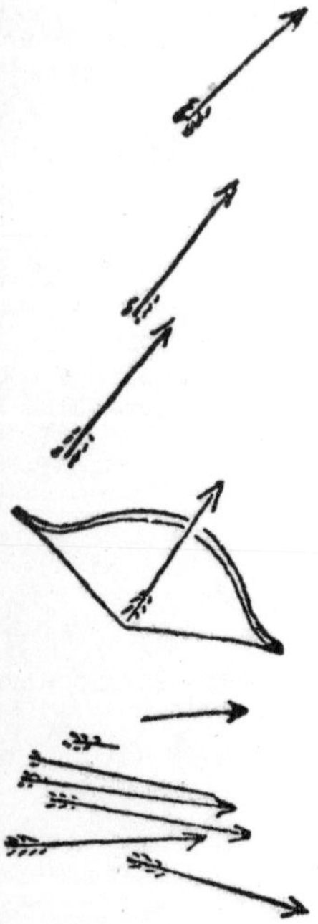

Erst nach einiger Zeit gab das Geräusch des aufschlagenden Körpers denen auf dem Felsensaum davon Kunde, daß Krinkelhorn das Schicksal gefunden hatte, das seinem Pflegebruder zugedacht war. Widderkämpfe sollen ehrlich ausgefochten werden. Krinkelhorn aber, der im ehrlichen Kampfe nicht bestehen konnte, hatte es auf krummen Wegen versucht und sich dadurch zu Fall gebracht; denn auch ein Bergschaf kann bei einem sechzig Meter tiefen Sturz nicht am Leben bleiben.

Jetzt wandte sich Wacker mit doppelter Wucht gegen seinen anderen Feind. Noch ein Stoß, und der Fremde lag überwunden am Boden. Er sprang auf und machte sich davon. Eine Strecke weit zwang Wacker ihn auf dieselbe Weise, wie Krinkelhorn ihn einst verfolgt hatte, zu weiterer Flucht; dann kehrte er triumphierend zu seiner Familie zurück. –

Scotty hatte seinen Aufenthalt am Tabakcreek aufgegeben, denn die Jagdgründe dort waren unergiebig geworden. Schafe gab es kaum noch, auch zog ihn die Kunde von neuen Goldfunden im Staate Colorado nach Süden, und so stand die alte Hütte verlassen. Fünf Jahre gingen dahin, während Wacker der erste Widder in der Gegend war. Diese fünf Jahre standen unter einem guten Stern; sie waren eine Zeit des Gedeihens für die Bergschafe, unbehelligt von jedermann. Wacker lehrte sie, sich von den tieferliegenden Ebenen fernzuhalten. Die Wälder da unten bargen Gefahren über Gefahren, und Sicherheit boten nur die offenen, windumtosten Gipfel, wo weder Berglöwen noch Schützen sich ungesehen anschleichen konnten. Mehr als eine Salzlecke fand er im Hochland, wo sie ihr natürliches Bedürfnis ohne die früher für unumgänglich gehaltenen Wanderungen in die Tiefe befriedigen konnten. Er lehrte die Herde, niemals auf dem Kamm des Höhenzuges zu wandern, sondern immer auf einer Seite, so daß sie hinablugen konnten, ohne selbst sofort gesehen zu werden. Dazu machte er noch eine Erfindung: das „Bergen". Wenn nämlich ein Jäger zufällig auf eine Herde stieß, ehe diese ihn bemerkt hatte, dann pflegten die Tiere sich durch eiliges Davonspringen zu retten. Das war ein ganz gutes und richtiges Verhalten, solange noch mit Bogen und Pfeil, meinetwegen auch mit Vorderladern gejagt wurde, aber bei den Repetiergewehren war es etwas anderes. Wacker lernte, sich in diesem Falle zu ducken und völlig stillzuliegen, und lehrte es die Seinen. In neun von zehn Fällen wird dies, wie Wacker zahllose Male fand, den Jäger täuschen.

Es ist immer ein Gewinn für die Menge, wenn ein Großer in Erscheinung tritt; so bedeutete auch Wacker eine höhere Entwicklung für die Bergschafe. Seine Nachkommen waren Legion, sie fanden sich weithin um die Gunderspitze herum und nach Osten bis zum Kintlasee. Sie waren gesünder und weit klüger, als es die Bergschafe früher gewesen waren, und darum nahmen sie an Zahl immer mehr zu.

Die fünf Jahre waren nicht spurlos an Wackers äußerer Erscheinung vorübergegangen. Noch war sein Körper kraftvoll, rund und muskelstark, seine Beine vollkommen; noch war sein Kopf derselbe mit dem herzförmigen weißen Fleck auf der Nase, und seine Bernsteinaugen blitzten wie ehedem. Aber seine Hörner, wie hatten sie sich verändert! Vorher waren sie ungewöhnlich, jetzt waren sie einzig. Die massiven Bogen, in die die Geschichte seines Lebens eingegraben war, bildeten nun einen vollen Kreis und ein Viertel dazu, sie kündeten von Jahren der Freude und Jahren der Not, und dort – jener schmalgeprägte Ring von dunklem, runzligem Horn erzählte von dem Jahr, in dem alle Berge von einer schrecklichen Seuche heimgesucht worden waren, die Lämmer und Mütter in Scharen dahinraffte und viele starke Widder tötete. Auch Wacker war von ihr ergriffen worden, hatte sich aber dank seinem stählernen Körper und der angeborenen Kraft wieder erholt. Nur der kümmerliche Hornwuchs jenes schlimmen Jahres zeugte noch davon.

Endlich kam der Jäger Scotty wieder zurück und bezog aufs neue seine alte Hütte am Tabakcreek. Das aus Rasenstücken bestehende Dach war eingefallen, und er hatte keine Neigung, es auszubessern. Jedenfalls wollte er erst einmal sehen, wie die Aussichten hier waren. Er nahm die Büchse und suchte das ihm bekannte Hochland auf. Da er zwei starke Gruppen von Dickhornschafen zu Gesicht bekam, entschloß er sich zu bleiben. Zunächst ging er daran, die alte Hütte auszubessern, und damit war für die Tierwelt der Gegend der alte Fluch wiedergekehrt.

Scotty war jetzt ein Mann in höheren Jahren; seine Hand war stark und sicher, aber seine Augen besaßen nicht mehr die alte Schärfe. Während er früher jedes Hilfsmittel zur Unterstützung des Sehens verachtet hatte, benutzte er jetzt einen Feldstecher. In den folgenden Wochen musterte er die Felswände oft genug durch sein Glas, und mehr als einmal ruhte sein Auge auf den Formen des Widders auf der Gunderspitze. Als er ihn das erste Mal erblickte, rief er aus: „Himmel, was für Hörner!“ Dann fügte er hinzu: „Die sind mein!“ Und er machte sich auf, das Wort wahrzumachen. Aber die Bergschafe, die Scotty in früheren Jahren gejagt hatte, waren weit unvorsichtiger gewesen als die jetzigen, und Monat um Monat verging, ohne daß er den Widder näher zu Gesicht bekam. Der Widder freilich hatte ihn mehr als einmal auf kurze Entfernung gesehen, doch davon wußte Scotty nichts.

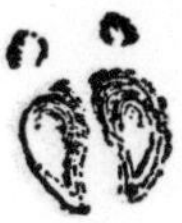

Mehrmals bemerkte er durch sein Glas den alten Wacker auf einer Felsbank; war er aber dann stundenlang herumgestiegen, um ihm näherzukommen, so war das Tier nicht mehr da. Manchmal war Wacker auch wirklich fort, aber noch öfter befand er sich in der Nähe an einem versteckten Platz und beobachtete seinen Feind.

Eines Tages bekam Scotty Besuch von einem Viehzüchter namens Lee, einem großen Sportsmann und Liebhaber von Hunden und Pferden. Nun, Pferde waren in der gebirgigen Gegend zur Jagd ungeeignet, aber seine Wolfshunde, drei schöne Russen, war seine ständige Begleitung. Lee fragte Scotty, ob dieser es nicht für einen guten Plan halte, die Hunde gegen die Bergschafe zu verwenden.

Grinsend erwiderte der alte Jäger: „Sie kommen scheint's von unten her. Warten Sie, bis Sie sehen, auf was für einem Platz der alte Wacker sich 'rumtreibt.“

Auf den Bergen südlich von der Gunderspitze entspringt der Yak einer gewaltigen Felsenschlucht, dem sogenannten Skinklers Loch. Es ist dies nur ein Riß in der ungeheuren Granitmasse, jedoch mindestens einhundertfünfzig Meter tief. Unmittelbar im Süden der Gunderspitze liegt ein unebenes Hochplateau, das an dem Cañon des Yak spitz zuläuft und schließlich als langes Vorgebirge über den in einem schmalen Bette dahintosenden Strom hinausragt.

Dieses Plateau ist eine gute Schafweide, und der Zufall wollte es, daß Scotty, als er mit Lee und dessen drei Wolfshunden dort hinkam, für einen Augenblick unseren Widder in der Ferne erblickte. Vorsichtig hielten sich die Männer außer Sicht und eilten gedeckt der Stelle zu. Es war die alte Geschichte: von der erhofften Beute keine Spur! Seine große Fährte fanden sie genau, wo sie ihn bemerkt hatten, es war also keine Einbildung gewesen! Aber aus dem harten Felsengrunde ringsum ließ sich nichts über den weiteren Verbleib des Gesuchten erkennen. Zweifellos hätte Scotty, wie so oft, eine Enttäuschung erfahren, wären nicht die Hunde, die in allen Höhlen und Zwergbirkendickichten ringsum mit ihren feinen Nasen spürten, plötzlich in lautes Gebell ausgebrochen, worauf ein mächtiges graues, mit weißem Stern gezeichnetes Tier aufsprang: Wacker, der wunderbare Gunderwidder! Über die niedrigen Büsche, über die zerklüfteten Felsen hüpfend, schwebend, geschmeidig, sicher, glänzend trug er die großen lockigen Wunder auf seinem Haupte, so leicht wie eine Dame ihre Ohrringe, und dann sprang hier und da aus gedeckter Stellung seine Herde auf und schloß sich ihm an. An die Wangen flogen die Büchsen, aber im Augenblick jagten die drei großen Hunde hinterher und gewährten unabsichtlich Deckung dem Opfer, auf das alle Gedanken gerichtet waren; nicht ein Schuß wurde gehört. Fort eilten sie, der Widder bald wieder an der Spitze und die andern ihm nach. Über die Hochebene eilten sie fliehend, segelnd, hüpfend und hin und her sich bewegend. Auf glatter Ebene hätten die Hunde bald den letzten Flüchtling, vielleicht auch ihre edelste Beute ergriffen, aber auf den zerklüfteten Felsen waren die Schafe im Vorteil. Die beiden Männer liefen, der eine rechts, der andere links, um die Jagd besser verfolgen zu können, und Wacker, von dem Gipfel, dem er zustrebte, abgeschnitten, stürzte nach Süden zu auf die dem Cañon vorgelagerte Ebene. Nun war es ein regelrechter Wettlauf. Vorwärts ging es, immer vorwärts nach Süden. Die Hunde gewannen jetzt an Boden und waren nahe daran, das hinterste Schaf zu fassen, da blieb auf einmal der Widder zurück und war nun selbst der letzte. Jetzt kam wieder eine unebene Strecke, und die Schafe vergrößerten langsam aber stetig den Zwischenraum zwischen sich und den Verfolgern. Zwei, vier, sechs Kilometer legten sie zurück, und die wilde Jagd ging am Felsensaum entlang, der plötzlich zum Cañon abfällt. Noch eine Minute, und die Schafe hatten den letzten Felsvorsprung erreicht, von wo aus es hinuntergähnte zum tiefen, engen Tal. Voll Angst drängten sich die gehetzten Tiere aneinander: ringsum der schwindelerregende, hundertfünfzig Meter tiefe Cañon und hinter ihnen drei blutgierige Hunde und zwei Männer. Da erschien nach wenigen Sekunden Wacker. In die Enge getrieben, wandte er sich um, kampfbereit, denn ein wildes Tier ergibt sich nie.

Jetzt war er so weit von den nachstürmenden Hunden entfernt, daß zwei Büchsenkugeln heranschwirrten. Vor den Hunden hatte er keine Furcht, aber die Büchsen bedeuteten sicheren Tod. Da gab es

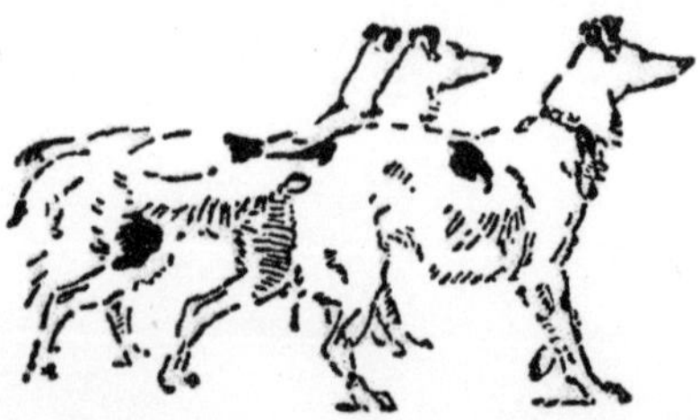

keine Möglichkeit des Entrinnens. Die Granitmauern des Gebirges konnten nicht härter und unbarmherziger sein als der menschliche Feind. Nur noch dreihundert Meter trennten ihn jetzt von den Hunden – schönen Geschöpfen, kampflustig und todesmutig – und nicht viel mehr von den schon triumphierenden Jägern. Sicherer Tod winkte dort und eine zweifelhafte Lebenshoffnung hier. Es galt keine Zeit zu verlieren; er, der Führer, mußte handeln. Er wandte sich zum Rand und sprang hinunter – hinunter, nicht auf den Grund des Cañons, nicht blind! Neun Meter weiter unten in dem tiefen Abgrund, war eine einzige Felsnadel, nicht umfangreicher als seine Nase – die einzige Spitze, die sich dem Blicke bot. Aber Wacker erreichte sie gut. Einen Herzschlag nur weilte er, dann hatten seine funkelnden Augen blitzschnell einen anderen Punkt, seine einzige Hoffnung, auf der anderen Seite erspäht, dort unter dem überhängenden Felsen, von dem er abgesprungen war. Seine sehnigen Glieder sammelten Kraft, stießen ihn ab und trugen ihn hinüber zur nächsten Zuflucht. So ging es weiter, vorwärts und rückwärts, rechts und links, manchmal nur auf eine kleine Unebenheit des Felsens, auf der seine elastischen Hufe einen Augenblick hafteten. Vier Meter nach der Seite hin und hinab, immer weiter hinab, bald einen neuen Stützpunkt gewinnend, bis er mit einem letzten Satz sechs Meter tief unten einen sicheren Saum erreichte.

Und von seinem Beispiel angefeuert, folgten die andern schnell: ein langer Wasserfall von Schafen. Hätte er nur einmal sein Ziel verfehlt, es wäre um alle geschehen gewesen. So aber kamen sie eins hinter dem andern glücklich hinunter. Es war ein wunderbares Schauspiel. Bald nahmen sie drei, bald sechs Meter, fliegend, schwebend von Spitze zu Spitze, von Leiste zu Leiste, mit meisterlicher Beherrschung von Muskel und Huf und mit wunderbarer Bewahrung des Gleichgewichts.

Aber gerade als das letzte Schaf den zweiten schmalen, punktartigen Absatz erreicht hatte, da wirbelten drei weißgelbe Geschöpfe mit erstickten Schreckenslauten durch die Luft. Die ungestümen, furchtlosen Hunde, die niemals gezaudert hatten, wenn es galt, einem Feinde zu folgen, ahnten nicht, daß dieser hier ganz andere Gaben besaß als sie. Tief unten, fast am Rande des Wassers, machte Wacker endlich halt. Weit oben hörte er die Jäger schreien und pfeifen, und unten im schäumenden Wasser des Yak sah er eine unförmige weißgelbe Masse treiben.

Lee und Scotty standen verblüfft am Rande des Vorsprungs. Schafe und Hunde waren verschwunden, beide schienen rettungslos verloren. Scotty stieß wilde, lästerliche Verwünschungen aus. Lee hatte ein erstickendes Gefühl in der Kehle, und seine Empfindungen kann nur der verstehen, dem plötzlich auf tragische Weise ein Rassehund verlorengegangen ist.

„Bran! Rollo! Ida!" rief er, obwohl er kaum noch zu hoffen wagte; aber die einzige Antwort war das Ächzen und Pfeifen des Westwindes, der in Skinklers Loch hinabfuhr.

Lee war ein junger, warmherziger und leicht erregbarer Mann. Ein paar Tage schlich er niedergeschlagen bei der Hütte herum. Der Verlust seiner drei Hunde ging ihm sehr nahe; er wollte nichts mehr von der Bergjagd wissen. Aber nach ein paar Tagen heiterte sich seine Stimmung unter dem Einfluß eines erfrischenden Windes auf, und er war einverstanden, als Scotty eine kleine Jagd vorschlug. Als sie die Hochebene erreicht hatten, rief Scotty, der mit seinem Glas von Zeit zu Zeit die Hügelzüge musterte, plötzlich aus:

„Zum Deibel, wenn das nicht der alte Gunder-Widder ist! Dachte, der läge mausetot in Skinklers Loch!" Und er mußte sich auf den Boden setzen, so stark erregte ihn die überraschende Wahrnehmung. Lee nahm das Glas zur Hand und erkannte den wundervollen Widder an seinen herrlichen Hörnern. Das Blut schoß dem jungen Mann ins Gesicht. Jetzt winkte ihm Ruhm und Rache in einem.

Es gibt nur wenige Tiere, die schlau genug sind, einer Kombination von Verfolgung und Hinterhalt zu entgehen. Scotty waren die Landschaft und ebenso die Gewohnheiten des Widders wohlbekannt.

„Er wird nicht mit'm Wind laufen und wird auch nicht aus den Felsen 'rausgehen. Das heißt, er wird den Gunderberg 'raufgehen, und dann muß er hier vorbeikommen. Er wird nicht nach Westen abschwenken, wenn ich mich mal da zeige. Sie gehen nach Osten; zwei Stunden Zeit haben Sie. Ich denk' mir, er wird die Spur bei der Leiste da kreuzen."

Lee machte sich nach der angewiesenen Stelle auf. Scotty wartete zwei Stunden, dann begab er sich auf einen Bergrücken, schwenkte weithin sichtbar seine Arme und ging ein paarmal hin und her. Wenn er auch den Widder nicht bemerkte, so wußte Scotty doch, daß dieser ihn sah. Dann schlängelte sich der alte Bergjäger in guter Deckung

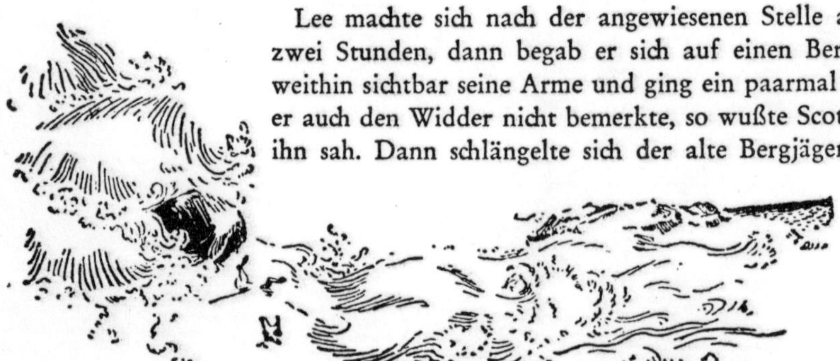

nach Süden zu und näherte sich über die Höhenzüge hinüber der Stelle, wo der Widder gewesen war. Er erwartete nicht, den alten Kämpen zu Gesicht zu bekommen, wohl aber, daß jener ihn bemerken werde. Lee war auf seinem Posten und sah nach kurzer Frist den großen Widder selbst, der in leichten Sprüngen eine zwei Kilometer entfernte Erhebung herabkam und hinter sich drei Mutterschafe hatte. Sie verschwanden in einer fichtenbestandenen Mulde, und als sie auf der nächsten Erdwelle sichtbar wurden, liefen sie mit großer Hast und mit zurückgelegten Ohren. Hinter ihnen kam nicht, wie Lee erwartet hatte, das Knallen von Scottys Büchse oder sein lautes Hallo, sondern das Geheul eines Rudels jagender Wölfe. Auf felsigem Grunde fiel es den Schafen nicht schwer, diesem Feinde durch die Flucht zu entgehen, aber im Gehölz oder auf flacher Ebene, wie sie jetzt vor ihnen lag, waren die Wölfe im Vorteil. Nach einer Minute kamen sie in Sicht — fünf große, zottige Tiere. In wirbelnder Eile flogen Verfolgte und Verfolger über die Ebene dahin. Die Schafe, die um ihr Leben rannten, liefen je nach der Schnelligkeit hintereinander; weit voran der große Widder, hinter ihm in Abständen von je zehn Metern die drei Mutterschafe, und vierzig Meter hinter dem letzten die fünf grimmigen Wölfe, die mit jedem Satze näher kamen. Jahrelange Erfahrung und häufige Todesnot hatte die Schafe gelehrt, in den Felsen ihr Heil zu suchen, und dorthin lenkte auch der Widder seine Schritte. Aber schon war die drohende Gefahr dem hintersten Schaf ganz nahe gekommen, und das geängstigte Tier stieß ein klagendes „Bäh!“ aus. Die Wölfe waren fast in Sprungweite, als Wacker den Felsenkragen, der am Abhang entlangführte, erreichte. In dem Augenblick, in dem der Klagelaut des Mutterschafes sein Ohr traf, wandte sich Wacker auf dem schmalen Saume um und trat dem Feind entgegen. Er drückte sich an die Felswand, damit die Mutterschafe an ihm vorüber den Weg zur Rettung nehmen konnten.

Da rückten auch schon die Wölfe mit triumphierendem Geheul heran. So manches Schaf hatten sie niedergerissen, und nun stand ihnen bald ein Schmaus bevor. Ohne zu zögern, rückten sie vor, aber bei der Enge des Saumes nur einzeln. Der vorderste sprang an, aber seine todbringenden Zähne und seine Krallen stießen nur auf eine feste Hornmasse, und dahinter war eine Kraft, die ihm den Kopf zurück auf den Körper und diesen gegen den ihm folgenden Kameraden mit solcher Wucht stieß, daß beide über die Klippen einem elenden Tod entgegenstürzten. Nun stürmten die andern vor. Dem Widder fehlte

die Zeit, zu einem regelrechten Vorstoß einen Schritt zurückzugehen, aber ein kräftiges Schwenken des mächtigen Hauptes genügte. Die wieder wie in seiner Lammjugend nach vorn stehenden Hornspitzen nahmen den nächsten Wolf auf und schleuderten ihn beiseite und dann den nächsten, und nun konnte Wacker zurücktreten, um alle Kraft zu sammeln. Nur ein toller Wolf konnte die Warnung in den Wind schlagen, aber auch der fünfte stürzte darauf los, und Wacker, von wilder Kampfeswut erfüllt, ließ den lebenden Blitz, das heißt sich selbst, niederschmettern und traf mit einem Stoß, der den letzten an den Felsen nagelte; dann hob er ihn wie einen Lappen auf die Hörner und schleuderte ihn weit weg, hinab in den Abgrund, in dem der Getroffene, sich überschlagend und drehend, verschwand.

Der große Widder hob sein Haupt, ein gedehntes, kräftiges Schnauben wie von einem Streitroß fuhr aus seinen Nüstern, und einen Augenblick schaute er um sich, ob nicht noch mehr Feinde kämen; dann wandte er sich und setzte in leichten Sprüngen den Mutterschafen nach, die er so mutig beschützt hatte.

Von seinem Versteck aus verfolgte der junge Lee mit blitzenden Augen die Szene, die sich nur fünfzig Meter vor ihm abspielte.

Wacker bot ein leichtes Ziel, nur fünfzig Meter weit und in voller Ruhe, ein prächtiges Ziel, wie sich's der alte Scotty in seinen kühnsten Träumen nicht vorzustellen wagte. Aber Lee war Zeuge einer Tat gewesen, die sein Blut wallen ließ. Er empfand nicht den Wunsch, diesem Leben ein Ende zu machen, sondern saß mit glänzenden Augen da und flüsterte: „Du alter Kämpe, du. Meine Hunde hast du umgebracht. In ehrlichem Kampfe. Nein, mein Lieber, ich werde dir gewiß nichts tun; vor mir kannst du ruhig sein."

Während der folgenden Jahre erblickte mehr als ein Jäger den großen Widder und betrachtete mit begehrlichen Augen dessen unvergleichliche Hörner. Bis in die Städte drang sein Ruhm. Raritätenhändler boten märchenhafte Preise für den Kopf, der jene Hörner trug; viele Jäger versuchten ihr Heil, und keiner kam zum Ziel. Dann wurde Scotty, der immer in Geldnot war, durch ein noch größeres Angebot angefeuert; er machte sich mit einem Gefährten auf, und sie fanden den Widder inmitten seines Harems. Er entzog sich ihnen. Drei Tage lang folgten sie hartnäckig seiner Spur, bekamen ihn aber nicht wieder zu Gesicht. Da meinte der Gefährte, er könne auf andere Weise sein Geld leichter und besser verdienen, er kehre heim.

In Scottys düsteren grauen Augen flammte es auf. Gut, mochte der wieder heimziehen! Er suchte wie der Gefährte die Hütte auf, aber nur, um Vorbereitungen für eine lange und unermüdliche Jagd zu treffen. Seine Büchse, seine Decke, seine Pfeife nebst Streichhölzern, Tabak, ein Topf, ein Päckchen Dörrfleisch und drei oder vier Pfund Schokolade waren alles, was er mit sich nahm. Am nächsten Tage kehrte er allein zu der Stelle zurück, wo er die Fährte des Widders verlassen hatte und folgte ihren Windungen. Wohl war sie oft verwischt von den Spuren der anderen Herdenmitglieder, fiel aber immer wieder durch ihre Größe auf. Mehrmals kam Scotty an Stellen, wo sich die Herde gelagert hatte, und von Zeit zu Zeit suchte er mit seinem Glase die Ferne ab, vergeblich. Nachts lagerte er auf der Fährte und nahm sie am nächsten Tage wieder auf. Nach stundenlanger Verfolgung kam er an eine Stelle, wo der Widder offenbar haltgemacht hatte, um den Mann zu beobachten; er wußte also, daß er verfolgt wurde. Von nun an bestand die Fährte der Herde eine lange Strecke weit nur aus einer einzigen Linie, die zu einer fernen Weide führte.

Scotty war unablässig hinter den Schafen her; nachts kroch er müde in irgendeine Höhle wie ein wildes Tier, nur mit dem Unterschied, daß er ein Feuer hatte und als Kulturmensch seine Pfeife rauchte. Am Morgen wanderte er weiter. Hin und wieder, aber sehr selten, sah er die Schafe in weiter Ferne ihren Marsch nach Süden fortsetzen. Der nächste Tag verging, und die Schafe wurden dem Südende der Yakhöhe zugetrieben, direkt an das Nordende des Weißfischsees.

Weiter im Süden lag die Halbmondprärie, im Osten unebenes Terrain, das sich nach der Nordgabel des Flachkopfes hinstreckte, und im Norden drohte der unermüdliche Todfeind. Die Schafe waren jetzt im Zweifel, und als der alte Wacker die niederen Felsenbänke des östlichen Abhangs entlang zurückschleichen wollte, hörte er ein Knacken, und etwas Stechendes traf das eine Horn.

Der Aufprall einer Flintenkugel auf das Gehörn eines Widders pflegt mehr oder minder betäubend zu wirken, und Wacker gab in seiner momentanen Verwirrung das Signal: „Rette sich, wer kann!“ So zerstreute sich die Herde; die einen liefen hierhin, die andern dorthin und manche fast ohne Deckung.

Aber Scottys einziger Gedanke war der alte Wacker. Was kümmerten ihn die andern? Als der Widder sich in östlicher Richtung den

Hügel hinabwandte, nahm Scotty die Spur wieder auf und folgte ihr fluchend und keuchend.

Der Flachkopffluß war nur einige Kilometer entfernt. Der Widder kreuzte über das Eis und bewegte sich den ganzen Tag, möglichst auf unebenem Terrain und stets mit dem Wind in nordöstlicher Richtung fort, während ihm der Jäger hartnäckig folgte. Am fünften Tage kamen sie bei Terrys See vorbei. Scotty kannte die Gegend gut. Der Widder ging nach Osten und kam, wie der Jäger wußte, bald an eine Stelle, wo in weiter Ausdehnung Holzfäller tätig waren; dann mußte er umkehren, denn der sackartige Cañon, in den er geriet, hatte nur einen Ausgang. Scotty ließ die Fährte im Stich, wandte sich nordwärts zu dem Engpaß, den der Widder herunterkommen mußte, und wartete. Westwind, der Chinook, hatte sich erhoben, der einzige feuchte Wind für die Felsenberge, der Schneebringer für die Hügellandschaft. Flocken begannen zu stieben, und nach einer halben Stunde herrschte ein harter Schneesturm. Keine zwanzig Meter weit konnte man sehen. Es dauerte nicht lange; nach ein paar Minuten war das Schlimmste vorüber, und zwei Stunden später strahlte der Himmel wieder klar und heiter. Scotty wartete noch eine Stunde; da er nichts sah, verließ er seinen Posten, suchte nach irgendeinem Merkmal und fand es auch: eine schwache Fährte, vom Neuschnee fast verdeckt, aber an einer Stelle unter einem Felsvorsprung klar hervortretend. Der Widder war unbemerkt vorbeigekommen und im Schutze des Schneesturms entwischt.

O Chinook! Mutter Westwind, die du Frühlingsschauer und Schneesturm bringst, die das Gras wachsen läßt auf diesen mächtigen welligen Hochebenen, die das Gras nährt und damit alles Fleisch, das vom Gras lebt, die dies Hochland selbst geschaffen hat und alles, was auf ihm atmet – bist du nur ein Lufthauch, oder bist du, wie es uns die Griechen und Indianer gelehrt haben, etwas Besseres, ein lebendes, denkendes Wesen, das zuerst erschafft und dann seiner Hände Werk schützt und hütet? Warum bist du an jenem Tage gekommen und hast dem besessenen Mann deinen Schleier über die Augen geworfen? Geschah es, damit er dein prächtiges Geschöpf nicht sehe und verletze?

Nun sagte sich Scotty, der Widder müsse bei seinem ungestümen Drängen nach der Ostseite des Flachkopfs ein bestimmtes Ziel im

Auge gehabt haben, und dieses Ziel müsse das Hügelland um den Kintlasee sein, wo er gewandert und oft gesehen worden war. Wahrscheinlich behielt er den ganzen Tag, solange der Chinook wehte, die westliche Richtung bei, wandte sich aber sicher ostwärts, wenn sich der Wind in der Nacht drehte. So mühte sich Scotty nicht weiter, der Spur zu folgen oder die Westspitze des Kintlarückens zu erreichen, sondern wandte sich gerade nach Norden über die Wasserscheide dem See zu. In der Nacht schlug der Wind um, und als Scotty am nächsten Tage durch sein Glas die gewaltige Ausdehnung zwischen sich und dem See musterte, bemerkte er da unten einen Fleck, der sich bewegte. Schnell suchte er für seine Person Deckung und eilte vorwärts, um den einsamen Wanderer abzufangen. Als er sich aber der Stelle, der er zustrebte, näherte und vorsichtig ausschaute, siehe – da stand der Widder fünfhundert Meter entfernt auf dem nächsten Höhenzuge. Beide konnten einander mit Muße betrachten.

Scotty stand eine Minute still und schaute schweigend hinüber. Dann rief er laut: „Na, alter Wacker, jetzt geht's dir an den Kragen! Die Hörner da müssen mein werden. Und nun auf gut Glück!" Er hob die Büchse und feuerte, aber die Entfernung war zu groß. Der Widder stand unbeweglich, bis er das Rauchwölkchen sah; dann wich er schnell beiseite, und die Kugel schlug nicht weit von seinem ersten Standort in den Schnee.

Jetzt wandte sich der Widder ostwärts am Rande des zerrissenen Südufers des Sees entlang der Hauptwasserscheide zu, und Scotty, der eine Zeitlang weit zurückblieb, trottete stur hinterher. Denn zu seiner unermüdlichen Zähigkeit gesellte sich das angelsächsische Erbteil blindwütiger Ausdauer, sinnloser, unmenschlicher Hartnäckigkeit, die an dem Erstrebten festhält, wenn Vernunft, Verstand und Ehre den Versuch schon lange aufgegeben haben.

Weiter ging es, weiter den ganzen Tag; dann ein Nachtlager und am Morgen wieder auf. Manchmal war der Fährte leicht zu folgen, manchmal hatte Neuschnee sie getilgt oder verwischt. Aber Tag für Tag folgte einer dem andern. Ab und zu bekam Scotty den Preis, dem er so hartnäckig nachjagte, zu Gesicht, aber nie in großer Nähe. Es schien, als wüßte der Widder, daß die Reichweite der Büchse fünfhundert Meter betrug. Einmal überrumpelte Scotty ihn und hätte einen Nahschuß tun können, aber der Westwind brachte Wacker die Witterung und warnte ihn; doch das war im ersten Monat der unerbittlichen Jagd. Nach einiger Zeit kam der Widder nie mehr außer Sicht.

Warum floh er denn nicht davon und ließ den Jäger für immer hinter sich? Weil er seinem Futter nachgehen und weiden mußte. Der Mensch hatte sein Dörrfleisch und seine Schokolade, Vorrat für lange Zeit, und war der verbraucht, so konnte er einen Hasen oder eine Wildente schießen, hastig kochen und davon den ganzen Tag leben. Der Widder aber mußte stundenlang das spärliche Gras unter dem Schnee suchen. Die lange Verfolgung war nicht spurlos an ihm vorübergegangen. Wohl glänzten seine Augen so hell wie je, wohl griffen seine schön geformten Glieder so sicher aus wie sonst, aber sein Unterleib zog sich zusammen, und der Hunger, der entkräftende Hunger, gesellte sich als neuer Feind zu dem alten.

Fünf lange Wochen hatte die Jagd gedauert, und die einzige Erholungszeit für den Gunderwidder trat ein, wenn ein Schneesturm von Westen ihm seinen Schleier lieh.

Dann kamen zwei Wochen, in denen sie sich keinen Tag aus den Augen verloren. Am Morgen erhob sich Scotty von seiner frostigen Lagerstätte und schaute zu dem gejagten Wild hinüber, als wollte er sagen: „Auf, Wacker, 's ist Zeit, weiterzugehen!" Und der Widder auf seinem fernen Höhenzug stampfte trotzig mit den Füßen, hob dann die Nase in den Wind und bewegte sich vorwärts, bald schnell, bald langsam, aber immer den sicheren Fünfhundertmeterabstand wahrend. Setzte sich Scotty, so begann der Widder zu äsen, versteckte sich Scotty, so rannte der Widder besorgt an eine Stelle, wo eine unbemerkte Annäherung unmöglich war. Blieb Scotty eine Weile unbeweglich, so beobachtete ihn der Widder scharf und ebenso unbeweglich. So wanderten sie elf Wochen lang. Dabei hatte sich ein eigentümliches Verhältnis zwischen den beiden herausgebildet. Der Widder gewöhnte sich so an den menschlichen Schweißhund auf seiner Spur, daß er ihn als ein unvermeidliches, fast notwendiges Übel hinnahm. Eines Tages, als Scotty sich erhob und den Norden nach Wacker durchmusterte, hörte er einen lauten, schnarchenden Ton hinter sich und sah, als er sich umwandte, den alten Widder ungeduldig warten. Der Wind hatte sich gedreht, und mit ihm hatte auch Wacker seine Richtung geändert. Einmal hatte Scotty bald nach seinem Aufbruch am Morgen zwei Stunden lang schwer zu tun, um über einen Fluß zu gelangen, über den Wacker mit einem Sprunge gesetzt war. Als er das andere Ufer erreicht hatte, hörte er wieder das Schnarchen, blickte sich um und fand, daß der Widder neugierig zurückgekommen war, um nach seinem Verfolger zu sehen.

Wacker, o Gunderwidder! Was spielst du mit dem Tode? Sind all die hundert Warnungen von Mutter Westwind vergeblich gewesen?

So durchmaßen sie den Winter hindurch das ganze Hauptgebirge, die Kootenayfelsen, Spur hinter Spur, bis hinauf zum Krähennestpaß. Dann wandte das rastlose Paar seine Schritte westwärts, dem weißen Winde entgegen, dann südwestlich nach der Macdonaldhöhe und empor bis zum Galtomzug. Tag für Tag dasselbe Spiel: zwei dunkle Flecke, die sich auf dem ungeheuren Schneetuch fortbewegten. Manchmal kreuzte ihre Fährte die anderer Schafe und anderen Wildes. Einmal stießen sie auf Bergarbeiter, die von Scotty und seiner Jagd wußten und ihn hänseln wollten, aber er starrte sie verständnislos an, achtete ihrer nicht und ging weiter. Oftmals suchte der Widder seine verräterischen Fußspuren in den Fährten anderer Herden zu verbergen; aber Scotty ließ sich nicht täuschen, seine Jagd war ihm sein Leben geworden. Nichts konnte ihn hinters Licht führen, und jetzt gab es auch weniger Unterbrechungen, denn die Schneestürme schienen aufzuhören; der weiße Wind ruhte, und die Natur gebot den beiden keinen Halt mehr.

Fort ging es, fort, immer in der Entfernung eines reichlichen halben Kilometers voneinander, und auf beide, schien es, hatten Zeit und Tod ihre Hand gelegt. Beide waren hohläugig und wurden jeden Tag hagerer. Des Jägers Haar war gebleicht, seit er die unselige Hatz begonnen hatte, und Kopf und Schultern des Widders waren ebenfalls ergraut; nur seine Bernsteinaugen und die herrlich geschwungenen Hörner waren unverändert.

Jeden Morgen erhob sich der ausgemergelte Mann steif, halb erfroren, aber auf seinen Plan versessen wie ein Tollhäusler, und schlich sich vorwärts, um einen Nahschuß anzubringen. Und jedesmal wurde Wacker rechtzeitig aufmerksam, sprang von seinem Lager in die Höhe und führte die Jagd wie am Tage zuvor. Endlich im dritten Monat, kreuzten sie wieder von der Galtom- zur Tabakkette, dann östlich zurück zur Gunderspitze – der Widder voran und der unerbittliche Verfolger auf seiner Fährte. Hier, in der Geburtsgegend des Widders, saßen sie eines Morgens, um auszuruhen, der Widder auf einem Kamm und Scotty sechshundert Meter entfernt auf dem nächsten. Zwölf lange Wochen hatte ihn der Widder durch den Schnee über langgestreckte Bergketten geführt.

Und jetzt waren sie wieder am Ausgangspunkt angelangt, und beide hatten in dieser kurzen Spanne die Hälfte ihres Lebens darangesetzt. Scotty ließ sich nieder und zündete seine Pfeife an, der Widder begann zu äsen. Solange der Mann da drüben in Sicht blieb, solange wich auch der Widder nicht von seiner Weide. Das wußte Scotty, denn er hatte es hundertmal erfahren. Da fuhr, wie er so saß und rauchte, ein Dämon in ihn und gab ihm einen schlauen Plan ein. Der Jäger klopfte bedächtig seine Pfeife aus und legte sie weg, dann schnitt er von der Zwergbirke hinter sich ein paar Stöcke ab und trug einige Steine zusammen, alles unter den Augen des mächtigen Widders, der ihn von fern beobachtete. Scotty bewegte sich zum Rand des Kammes und errichtete aus Stöcken, ein paar Steinen und einigen entbehrlichen Kleidungsstücken ein Trugbild seiner selbst. Dann kroch er, indem er sich sorgfältig und genau dahinterhielt, rückwärts über die Felskante und verschwand. Nachdem er sich hierauf eine ganze Stunde lang kriechend und schleichend fortbewegt hatte, gelangte er auf die Bergwelle hinter dem Widder.

Da stand Wacker, majestätisch wie ein Büffelstier, anmutig wie ein Damwild, mit seinen Hörnern, die sich um seine Brauen rollten wie Donnergewölk um die Bergspitze. Neugierig starrte er beständig auf die Puppe, erstaunt über die lange Unbeweglichkeit seines Verfolgers. Scotty war etwa dreihundert Meter von ihm entfernt. Hinter dem Widder lagen ein paar niedrige Steinbrocken über die öde Schneefläche verstreut. Scotty legte sich nieder und bedeckte sich den Rücken mit Schnee; dann begann er, zweihundert Meter weiterzukriechen, ohne den Kopf des großen Widders einen Augenblick aus den Augen zu lassen, und bewegte sich dabei so schnell vorwärts, wie er es nur irgend zu tun wagte. Immer noch starrte der alte Wacker auf die Puppe und stampfte schon ungeduldig mit den Füßen. Einmal sah er sich scharf um und hätte den todbringenden Kriecher im Schnee bemerkt, wäre nicht sein Horn, sein großes rechtes Horn, zwischen sein Auge und seinen Feind gekommen. Näher, immer näher an die deckenden Felsentrümmer kroch der Jäger. Dann, als er sie am Ende glücklich erreicht hatte, machte er halt, knapp fünfzig Meter entfernt. Zum ersten Mal in seinem Leben sah er die berühmten Hörner so nahe. Er sah die breiten Schultern, den schön gekrümmten Nacken, alles noch kraftvoll, obwohl sich die Spuren der langen Entbehrung nicht übersehen ließen; er sah dieses prächtige Mitgeschöpf den heißen Lebensatem aus den bebenden Nüstern blasen, und es kam ihm auch

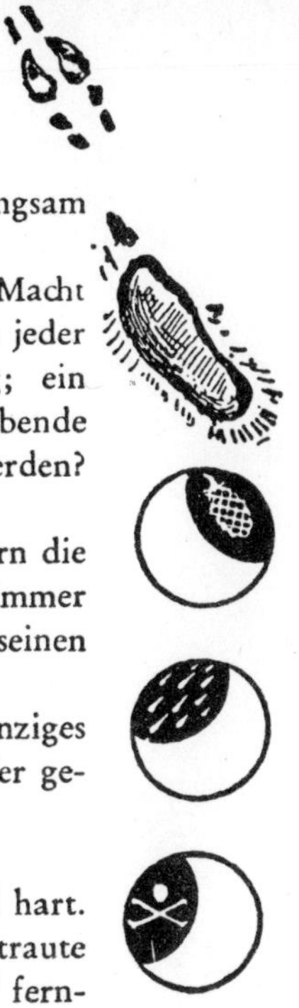

ein Schimmer der funkelnden Bernsteinaugen zu Gesicht. Langsam hob er das Gewehr.

Laß es nicht geschehen, Mutter Westwind! Ist deine ganze Macht dahin? Hängt denn nicht eine Million Tonnen Schnee unnütz an jeder Bergspitze, deiner harrend? Eine einzige, nur eine ist genug; ein schwebendes Schneegewebe kann ihn noch retten! Das edelste lebende Wesen auf allen diesen Hügeln, muß es niedergeschmettert werden? Muß ein einziger Irrtum ihm den Untergang bringen?

Aber nie war die Luft stiller. Manchmal warnen die Bergelstern die Schafe – doch diesmal ist kein Vogel weit und breit, und noch immer steht der Gunderwidder wie gebannt und blickt unverwandt auf seinen unbeweglichen Feind drüben.

Zur Wange fliegt die Büchse. Doch die Hand, die nicht ein einziges Mal gezittert hat, obwohl ihr zwanzig Menschenleben zum Opfer gefallen sind, sie bebt jetzt wie im Fieber.

So sprachen doch zwei Seelen in seiner Brust? Ja.

Aber die Hand wurde fest und des Jägers Antlitz ruhig und hart. Der Schuß krachte, und Scotty – barg sein Haupt, denn der vertraute Knall tönte ganz anders als je zuvor. Er hörte ein Rasseln auf fernliegenden Steinen, dann ein langgezogenes „Snuuf!" Aber er blickte nicht auf, rührte sich nicht. Nach zwei Minuten war alles still, und Scotty hob furchtsam den Kopf: War er fort? Oder was war sonst?

Dort, auf dem Schnee, lag eine mächtige, graubraune Gestalt, und an einem Ende, einer zusammengerollten Zwillingshydra gleich, lagen die Hörner, die Urkunde über das glanzvolle Leben eines glanzvollen Geschöpfes, die seine fünfzehn Lebensjahre vor dem Beschauer auf einmal entrollte: dort die jetzt abgenutzten Spitzen, die ihm einst in den Lammkämpfen den Sieg gebracht hatten; dort die Jahre kräftigen Wuchses mit ihren breiten Ringen; hier das Jahr der Krankheit und dort der Splitter im fünften Jahresring, der sein erstes Liebesduell bezeichnete. Die Spitzen hatten jetzt den Kreis vollendet, und an ihnen hing – hätte man es nur sehen können – das Leben vieler Grauwölfe, die ihm das seinige hatten rauben wollen. Und so gaben die Ringe weiter Bericht von einem Dasein, dessen hoher Wert gerade die Ursache seines gewaltsamen Endes war.

Langsam schritt Scotty zu der Stelle und schaute betroffen nicht auf die teuer erkauften Hörner, sondern auf die ruhigen gelben Augen, die offen und noch nicht vom Tode umdüstert waren. Eiskalt war der Mann und konnte sich selbst nicht verstehen. Er wußte nicht, daß dies

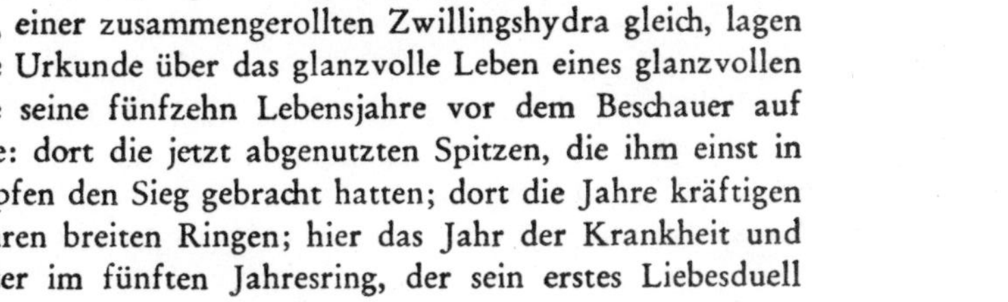

der plötzliche Absturz von der steilen Wand war, auf die er sich Monate hindurch selbst hinaufgezwungen hatte. Scotty setzte sich zwanzig Meter entfernt nieder, mit dem Rücken zu den Hörnern. Dann steckte er ein Stück Tabak in den Mund, aber der Mund war trocken, und er spuckte den Priem wieder aus. Er verstand sich selbst nicht mehr. Worte spielten im Munde dieses Mannes nur eine geringe Rolle, und aus seinen Lippen ergoß sich sonst nur eine Flut lästerlicher Flüche.

Nach langem Schweigen sagte er sodann: „Könnt' ich, ich gäb's ihm noch einmal."

Er starrte in die Ferne. Seine Blicke fielen auf seinen Rock, den er ausgezogen und um die Puppe gelegt hatte, jetzt spürte er die Kälte, ging hinüber und holte sich seine Sachen. Dann kehrte er zu den Hörnern zurück, und nun überkam ihn die wilde, unmenschliche Lüsternheit nach dem Leibe seines Opfers. Er zündete ein Feuer an, dann machte er sich in etwas gesammelterer Stimmung daran, den Nacken seines Opfers abzuhäuten und den Kopf abzuschneiden. Dies war für ihn eine gewohnte Tätigkeit, die er mechanisch ausführte; auch schnitt er sich dabei genügend Fleisch herunter, um seinen Hunger stillen zu können. Hierauf beugte er seine Schultern unter der Last seiner Trophäe, einer Last, die er vor drei Monaten kaum gespürt hätte, und wandte sich, ein alter, ausgemergelter, ergrauter und müder Mann, langsam der Hütte zu, die er vor zwölf Wochen verlassen hatte.

„Nein! Für Geld sind sie nicht feil!" murmelte Scotty und wandte sich mürrisch ab, um der Verhandlung mit dem Präparator ein Ende zu machen. Dann legte er die fünfhundert Kilometer bergigen Weges in sein einsames Heim zurück. Er entfernte die Hülle und hängte den Kopf auf, wo er das beste Licht hatte. Der Präparator hatte gute Arbeit geleistet: Die Hörner waren unverändert; die wundervollen goldenen Augen waren jetzt aus Glas, und wenn ein Lichtschimmer ihnen scheinbar Leben verlieh, dann wachten im Herzen des Bergjägers die Gefühle wieder auf, die er damals auf dem Hügelrücken gehabt hatte, und er verhüllte den Kopf.

Seine besten Bekannten sagen, er habe ihn stets verhüllt gelassen und niemals davon gesprochen.

Nur einer erklärte: „Ja, ich habe einmal beobachtet, wie er ihn aufgedeckt und ganz sonderbar angesehen hat." Die einzige Bemerkung,

die er je darüber machte, war: „'s sind meine Hörner, aber er wird noch mit mir quitt werden."

Vier Jahre vergingen. Scotty, der jetzt nur noch „der alte Scotty" hieß, hat keine Büchse mehr angerührt. Durch die lange, tolle Jagd war er ganz heruntergekommen. Er lebte nur von oberflächlichem Goldschürfen, sah kaum einen anderen Menschen und galt für schwachsinnig. Eines Tages – es war im Spätwinter – klopfte ein alter Weidgenosse an seine Hütte. Ihre Unterhaltung beschränkte sich auf weniger als einen Satz in der Stunde.

„Ich hab' gehört, du hättest den Gunderwidder geschossen."

Scotty nickte.

„Kann ich ihn sehen?"

„Da ist er", und der Alte wies mit dem Kopfe nach dem verhängten Gegenstand an der Wand. Der andere zog das Tuch weg, worauf die gewohnten Ausrufe des Erstaunens kamen, die Scotty stumm anhörte. Langsam wandte er sich um und schaute selbst hin. Das Herdfeuer brach sich in den gläsernen Augen und verlieh ihnen einen roten, zornigen Schein.

„Häng ihn zu, wenn du fertig bist", sagte Scotty, wandte sich ab und nahm seine Pfeife wieder auf.

„Sag, Scotty, warum verkaufst du ihn nicht, wenn er dich so ärgert? Der von New York hat mir gesagt, ich soll dir sagen, er will dir . . ."

„Zur Hölle mit deinem New Yorker! Ich werde nie verkaufen. Ich bin so lange bei ihm geblieben, bis es aus war mit ihm, und er wird bei mir bleiben, bis er mit mir quitt ist. Vier Jahre lang hat er mir's zurückgegeben. Auf unserer Tour damals hat er mich zerbrochen; er hat mich zum Greis gemacht; er hat mich halb blöde gemacht. Er zieht mir nun das Leben 'raus. Aber er ist noch nicht fertig mit mir. 's ist noch mehr von ihm hier, nicht nur sein Kopf. Ich sag' dir, wenn der alte Chinook das Tal 'runterbläst, hab' ich Stimmen gehört, die kann der Wind nicht machen. Es hat ganz so geklungen, wie da, wo er sein Leben durch die Nase ausgeblasen hat und ich auf dem Gesicht vor ihm lag. Ich lieg' wieder drauf und werd's hier noch ausmachen."

Der weiße Wind blies in jener Nacht in hohem Ton und zischte und heulte um Scottys Hütte. Sonst wäre es dem Fremden wohl nicht aufgefallen, aber mehrmals klang über der Tür ein langes „Uuf" herein, das um den Riegel rasselte und heftig an dem Vorhang vor

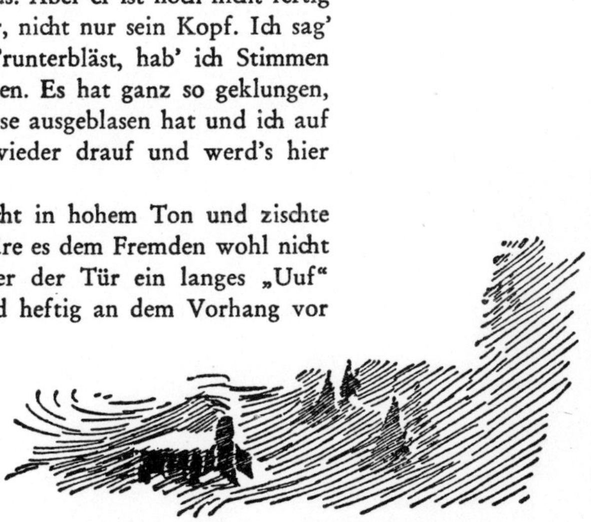

dem Kopf zerrte. Scotty warf dem Freund einen wilden Blick zu; zu sagen brauchte er kein Wort, des Besuchers Züge waren weiß.

Am Morgen schneite es, aber der Freund machte sich trotzdem auf den Weg. Den ganzen Tag über wehte der weiße Wind, und der Schnee fiel immer dichter. Höher und immer höher häufte er sich auf allen Gegenständen. Die niedrigen Bergspitzen waren unter der dicken Schneehülle abgerundet und die Mulden ausgeglichen. Und immer mehr kam herunter, nicht treibend, sondern schwer, weich, anschmiegend, den ganzen Tag lang, immer tiefer, schwerer. Und als die Nacht anbrach, blies der Chinook nur noch heftiger. Von Spitze zu Spitze sprang er mit gewaltigem Satze – kein Lufthauch, sondern ein lebendes Wesen, das Geschöpfe ins Leben ruft, sie liebt und hegt. Wie eine mächtige Gottheit kam er, wie ein Engel des Zorns, die Posaune in der Hand, mit einer furchtbaren Botschaft vom Westmeer her – einer Kriegsbotschaft; denn er sang ein wildes Schlachtlied, dessen Kehrreim lautete:

Die Mutter bin ich, der weiße Wind,
Der Schnee und der Hügel ist mein Kind.
Jetzt beugt sich alles meiner Macht;
Sie müssen mir dienen diese Nacht.

Und hier und dort, wie der Befehl erging, ereignete sich Gewaltiges in der Bergwelt. Ungeheures schuf der Augenblick. Hier wurden Seen gebildet, dort verwüstet; Boten des Lebens wie des Todes wurden ausgesandt. Von der Purcellspitze ging eine Lawine nieder, riß den Flanken tiefe Wunden und deckte lange Goldadern auf; eine andere staute einen Strom und ließ ihn sein sonst unnützes Wasser auf ein durstiges Land ergießen – ein Bote der Barmherzigkeit. Aber vom Gipfel der Gunderspitze wirbelte eine ungeheure Masse. Hinunter, hinunter sauste sie mit lautem „Uuf", floß von der Schulter herab, vom Saum, von der Flanke, tilgte einen Wald aus, der ihr den Pfad versperrte, krachte, sprang, rollte, warf sich über Riff und Bank in immer reißenderem Fluge. Hinab, hinab, schneller, toller in schrecklichem Sprung und Sturz: Und Scottys Hütte mit allem, was darin war, wurde zerschmettert und vernichtet.

Über dem felsigen Hochland dämmert der Frühling, auch dort über der Ebene des Tabakcreeks. Leise wäscht der Westregen den gewaltigen weißen Haufen des Schneesturzes weg. Langsam kommt die zerbrochene Hütte ans Licht, und dort in der Mitte, ganz unversehrt, ruht der Kopf des Gunderwidders. Seine Bernsteinaugen unter dem Schirm der wunderbaren Hörner glänzen so hell wie ehemals, und darunter liegt zerbrochenes Gebein mit einigen Fetzen und mit Büscheln ergrauten Menschenhaares.

Der alte Scotty ist vergessen, aber der Kopf des Widders hängt jetzt im Schloß eines englischen Edelmannes. Und wenn die Besucher die Wunderhörner staunend betrachten, erfahren sie von den Taten des ruhmreichen Widders von der Gunderspitze.

EIN STRASSEN-TROUBADOUR

Die Abenteuer eines Sperlingsmännchens

Welch eine zirpende, zwitschernde, sich überstürzende, flatternde Menge! Ein halbes Dutzend gemeiner europäischer Sperlinge drängte sich über- und durcheinander und schwirrte schimpfend in einem Rinnstein der vornehmsten Straße von New York herum. Wenn der Knäuel sich ein wenig entwirrte, sah man inmitten dieses Getümmels die Ursache all dieses Treibens – ein kleines Sperlingsweibchen, das sich kräftig gegen das lärmende Gedränge seiner Freier verteidigte. Wie es schien, machten sie ihm in der Tat den Hof, aber in einer so barbarischen Weise, daß man ebensogut hätte glauben können, sie wollten ein mißliebiges Mitglied ihrer Gemeinschaft lynchen. Ganz unverschämt bedrängten, plagten und quälten sie die entrüstete kleine Dame, wenn sie ihr auch offenbar kein ernstliches Leid zufügten. Sie aber schlug energisch um sich.

Zweifellos machten sie ihr den Hof und warben um ihre Liebe, und ebenso zweifellos wollte sie von keinem etwas wissen. Nachdem sie die Zudringlichen hiervon mit Hilfe ihres Schnabels überzeugt hatte, machte sie sich eine zufällige Bresche zunutze und flog in die nächste Dachrinne. Dabei ließ sie in einem der ausgebreiteten Flügel ein paar weiße Federn sehen, durch die man sie von andern ihrer Art leicht unterscheiden konnte, und die vielleicht ihren Hauptreiz bildeten.

Ich nenne sie deshalb „Weißchen".

Im Schmuck seiner schwarzen Krawatte und seiner weißen Halskragenflecke mühte sich ein Sperlingsmännchen schwer, in einem Vogelhäuschen, das ein paar Kinder auf einem Pfahl im Garten für seinesgleichen errichtet hatten, ein Nest zu bauen. Es war in mehr als einer Hinsicht ein sonderbarer Vogel. Das Baumaterial, das er aussuchte, bestand aus ziemlich weit hergeholten Zweiglein und Hölz-

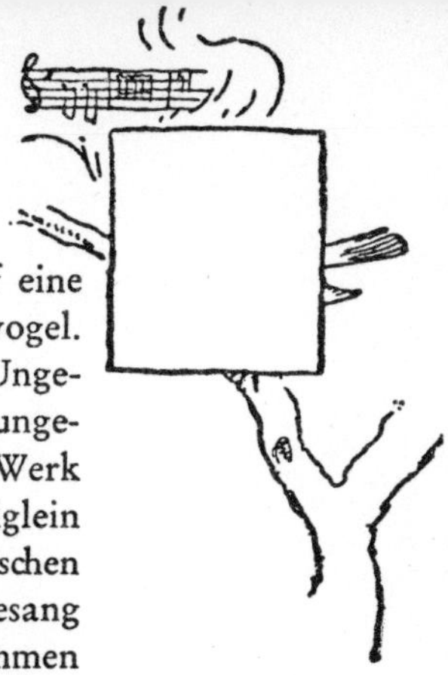

chen, und frühmorgens unterbrach er manchmal seine Arbeit auf eine Minute und sang dabei so laut und süß, als wäre er ein Kanarienvogel.

Daß ein Sperlingshähnchen allein sein Nest baut, ist etwas Ungewöhnliches. Aber unser Hähnchen war auch, wie gesagt, ein ungewöhnlicher Vogel. Nach einer Woche hatte er anscheinend sein Werk vollbracht, denn der Nistkasten war bis zum Eingang mit Zweiglein vollgepfropft, die der Baumeister von den Bäumen der städtischen Promenaden geholt hatte. Nun hatte er wieder Muße, seinen Gesang zu pflegen und die Leute in der Nähe durch das häufige Anstimmen seines langen, ganz unsperlingsmäßigen Liedes in Erstaunen zu setzen. Wer weiß, vielleicht wäre er ein unerklärliches Wunder geblieben, wenn nicht ein unweit wohnender Barbier und Vogelliebhaber die fehlenden Kapitel seiner ersten Lebensgeschichte nachgetragen hätte.

Der Mann hatte ein Sperlingsei in die Niststätte seiner Kanarienvögel gelegt. Der Kleine war anstandslos ausgebrütet und von seinen Pflegeeltern aufgezogen worden. Ihre Spezialität war der Gesang, ihm war die Lunge und die Kraft des Sperlingsgeschlechtes eigen. Die Kanarienvögel hatten ihn sorglich nach ihrer Weise aufgezogen, und die Folge war, daß er ein „Roller" wurde, der durch Energie ersetzte, was ihm an angeborenem Talent fehlte. Stark, kriegerisch und musikalisch, hatte sich dieser Held des Schwertes und der Leier bald zum Herrn des Vogelkäfigs gemacht. Konnte er einen Kanarienvogel nicht durch musikalische Überlegenheit niederringen, so trug er keine Bedenken, auf ihn loszuhämmern, bis der andere still war; und jedesmal, wenn er auf seine Weise im Sängerkrieg den Sieg davongetragen hatte, schmetterte er ungewöhnlich schön seine Melodien in die Welt hinaus. Der Haarkünstler benutzte diesen musikalischen Eifer, um seine Kunden zu erfreuen, indem er einen ausgestopften Kanarienvogel bereithielt, an dem der stürmische Musikant seine kriegerischen Gefühle austoben konnte, ohne Schaden anzurichten. Alle Kanarienvögel, die mit „Stürmchen" zusammen im Käfig waren, nötigte er zu stummer Ergebung, und als er endlich allein in seinem Verschlage gehalten wurde, erregte nichts seinen Zorn mehr, als wenn sich ein gefiederter Sänger in seiner Nähe befand, den er nicht zum Schweigen bringen konnte und an den er nicht herankam. Bei solchen Gelegenheiten vergaß er seine Musik und bekundete seine eigentliche Natur in dem schrillen „Tschilp, tschilp", dem echten, offenbar dem Lärm der Straße angepaßten und dort geborenen Sperlingston.

Als sein schwarzes Lätzchen sich entwickelt hatte, war er das Se-

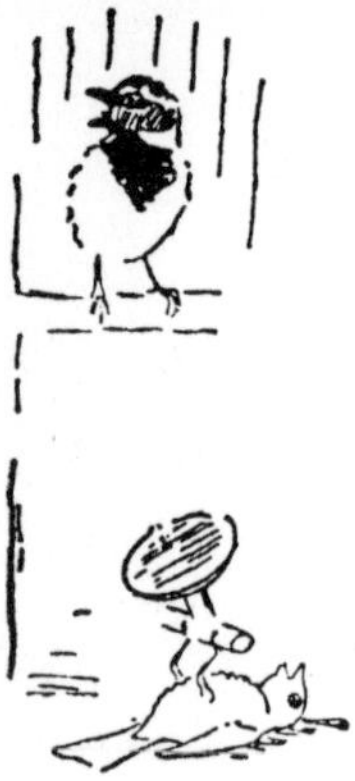

henswerteste und die Hauptattraktion des Barbierladens geworden. Doch eines Tages lockerte sich das Brett, auf dem die Vogelkäfige standen, rutschte hinunter, und alle Käfige stürzten auf den Boden. In dem allgemeinen Durcheinander flogen viele Vögel davon, auch Stürmchen oder „Bertrand de Born", wie man ihn nach dem berühmten französischen Troubadour genannt hatte. Während aber die Kanarienvögel freiwillig in ihre Käfige zurückgekehrt waren oder sich hatten fangen lassen, hüpfte Stürmchen aus einem Hinterfenster, tschilpte ein paarmal auf Sperlingsmanier, antwortete mit einem Trutzlied auf die Hochbahnpfeife, hielt sich vorsichtig außer Fangweite und begann die Backsteinwildnis, die ihn umgab, zu durchforschen. Er stammte ja nicht von Generationen eines gezähmten Geschlechtes ab und fand sich darum leicht und freudig in die neuen Verhältnisse eines freien Lebens. Nach einer Woche war er fast ebenso wild wie nur irgendeiner seiner Sippe und zu einem kleinen Straßenräuber geworden. Wie die andern trieb er sich mit seinesgleichen im Rinnstein herum und gab ihnen auch im Raufen und Zanken nichts nach; hin und wieder aber überraschte er alle zufällig Vorüberkommenden durch seinen gelegentlich angestimmten und mit Sperlingsenergie ausgeführten Kanariengesang.

Stürmchen war es also, der sich den Nistkasten ausgesucht hatte, und nun ist auch klar, warum er sich mit Holzstäbchen nicht genugtun konnte. Das einzige Nest, das er je kennengelernt hatte, war ein Korbgeflecht gewesen, ein richtiges Nest bestand also für ihn aus Hölzchen.

Nach wenigen Tagen kam Stürmchen mit einer Gefährtin wieder. Ich würde vielleicht die oben geschilderte Raufszene im Rinnstein vergessen haben, hätte ich nicht in Stürmchens Braut das kleine weißbeschwingte Sperlingsgretchen erkannt, das jene Szene unfreiwillig veranlaßt hatte.

Offenbar war sie nicht abgeneigt, Stürmchens Werbung anzunehmen, zierte sich aber noch etwas und pickte nach ihm, wenn er nahekam. Er drehte sich mit hängenden Flügeln und hochgerecktem Stoß um sie herum und tschilpte dabei, wie es nur ein feuriges Sperlingsmännchen tun kann, unterbrach aber hin und wieder seine Straßentöne, um mit seinen Kanarienkünsten zu prunken.

Die Einwände, die sie etwa noch erhoben hatte, waren offenbar überwunden worden, vielleicht durch diese erstaunliche Entfaltung seiner Talente; er geleitete sie nun zu dem fertiggestellten Nest, lief vor ihr ins Vogelhäuschen, um ihr den Weg zu zeigen, und hüpfte stolz lärmend und im Bewußtsein seiner Würde um sie herum. Auch sie schlüpfte ins Nest, kam aber schnell wieder heraus, gefolgt von Stürmchen, der wie besessen tschilpte und sie beschwor. Doch mußte er lange schwatzen, ehe er sie überreden konnte, noch einmal hineinzugehen. Wieder kam sie sofort heraus, diesmal mit Gezeter. Noch einmal schien er seine Überredungskunst anzuwenden, und schließlich begab sie sich mit lautem Protest hinein, erschien wieder mit einem Zweig in ihrem Schnabel, ließ ihn fallen und flog davon. Stürmchen kam heraus. Seine ganze Freude und sein Stolz auf das Eigenheim waren dahin. Es war ein Stoß ins Herz, dabei hatte er doch auf unbeschränkten Beifall gerechnet! Geknickt saß er ein Weilchen auf der Türschwelle und tschilpte in einer Weise, die wahrscheinlich sagen wollte: „Komm zurück, komm zurück!" Aber die kleine Braut kam nicht. Da wandte er sich wieder ins Nest; man hörte ein kratzendes Geräusch, und nun kam er mit einem starken Holzstückchen zurück und warf es vom Nistloch auf den Erdboden. Dann holte er ein zweites Stück, warf es hinter dem ersten her und fuhr fort, alle Stöckchen, die er so fleißig und fürsorglich eingetragen hatte, herauszuschleppen und hinabzuwerfen, auch das wunderbar gegabelte Stück, dessen Erwerb ihm soviel Mühe gemacht hatte, und die beiden glatten, die wie die im Neste seiner Pflegemutter aussahen – alles, alles mußte heraus. Über eine Stunde lang mühte er sich stumm und einsam. Dann war er offenbar fertig, denn unten auf dem Boden lag ein Haufen Reiser: die vernichtete Arbeit von sieben fleißigen Tagen. Stürmchen warf einen wilden Blick darauf und auf den leeren Nistkasten, ließ ein kurzes „Tschilp!" hören, wahrscheinlich einen Sperlingsfluch, und flog davon.

Am nächsten Tage war er wieder mit Weißchen da, hofierte sie als vollendeter Sperlingsritter und führte sie mit unaufhörlichem Getschilp zur Nesttür. Sie hüpfte hinein, dann heraus, schaute mit schräg gehaltenem Köpfchen auf die Zweiglein unten, ging wieder hinein und erschien mit einem winzigen Holz im Schnabel, das er übersehen hatte, ließ es fallen und beobachtete mit augenscheinlicher Genugtuung, wie es auf dem Haufen unten landete. Nachdem sie ein dutzendmal hinein- und herausgeschlüpft waren, flogen sie zusammen davon und kehrten spät wieder, Weißchen mit einem Schnabel

voll Heu und Stürmchen mit einem einzigen Strohhalm. Dies wurde hineingetragen und glücklich untergebracht. Dann flogen sie nach mehr Heu aus, und nachdem Weißchen sich überzeugt hatte, daß Stürmchen nun Bescheid wußte, blieb sie im Nistkasten, um das Heu, das er heranschleppte, richtig unterzubringen, und nur hin und wieder, wenn er zu lange ausblieb, flog auch sie auf Raub aus. Es war geradezu wunderbar, wie die Liebe den rauflustigen Sänger zahm gemacht hatte.

Da die Gelegenheit günstig schien, den Geschmack des jungen Sperlingspaares zu erproben, so hängte ich dreißig kurze Schnüre und Bänder nebeneinander auf einem nahen Balkon auf. Es waren fünfzehn gewöhnliche, acht bunte Strippen und sieben helle Seidenbänder. Jedes zweite Stück war eine farblose Schnur. Zuerst bemerkte Weißchen diese Materialquelle. Sie flog herzu, blickte darüber hin, erst mit dem linken, dann mit dem rechten Auge, und entschloß sich hierauf, die Dinger in Ruhe zu lassen. Aber Stürmchen kam näher, da ihm Fäden nichts Fremdes waren. Er hüpfte hierhin und dorthin, zog an einem, fuhr zurück, kam dann noch näher, knipperte an einem andern, stürzte hierauf mit einem Ruck auf eine Schnur los und trug sie fort. Das nächste Mal kam Weißchen mit, und jedes trug eine Schnur fort. Sie nahmen aber nur die ungefärbten. Erst als diese aufgebracht waren, suchte sich Weißchen farbige aus; nur an die buntesten Bänder wagte sie sich nicht, und Stürmchen rührte Beine und Schnabel ausschließlich um der einfachsten und am meisten den Hölzchen gleichsehenden Stücke willen.

Jetzt war das Nest halb fertig. Noch einmal wagte Stürmchen ein Stück Holz einzutragen, aber einen Augenblick später wirbelte es hinunter auf den Haufen, während Weißchen triumphierende Blicke nachschickte. Armes Stürmchen! Alles, was er für das Beste hielt, galt nichts — all die schönen Hölzer umsonst geholt! Seine Mutter hatte ein Holznest gehabt – ein schönes Nest –, aber er war überstimmt. Nichts als Stroh sollte es sein, Stroh und darauf keine Hölzer, sondern weichere Stoffe. Er fügte sich – die Freiheit hatte ihn alle Tage neu gelehrt, daß man sich fügen muß. Früher hielt er den Barbierladen für die ganze Welt und sich für das erste Wesen darin, aber beide Vorstellungen hatten in neuerer Zeit einen argen Stoß erlitten. Weißchen meinte offenbar, seine Erziehung in praktischen Dingen sei schrecklich mangelhaft gewesen, und sie müsse dies in allem und jedem nachholen.

Als das Nest zu zwei Dritteln vollendet war, begann Weißchen, die sehr zum Luxus neigte, große weiche Federn einzutragen. Das ging Stürmchen doch zu weit; einmal mußte man doch eine Grenze ziehen, und er zog sie vor Federbetten, denn seine Wiege hatte dergleichen üppiges Zeug nicht gekannt! Er machte sich daran, die anstößigen Federbetten hinauszufördern, und Weißchen kam, mit einer neuen Ladung im Schnabel, gerade zur rechten Zeit, um zu sehen, wie der weiche Flaum von der Nestschwelle dem Reiserhaufen unten zuschwebte. Sie flatterte hinterher, fing die Federn in der Luft auf, und als sie damit zum Nistbrett zurückkehrte, trat ihr der Eheherr entgegen, der eben mit einer weiteren Ladung der ärgerlichen Federn aus der Tür kam, und so standen beide da, musterten sich mit trotzigen Blicken und krätschten sich trotz den Federn in den Schnäbeln laut an, die kleinen Herzen von Bitterkeit erfüllt.

Warum pflegt unsere Sympathie bei einer Frage der häuslichen Einrichtung dem weiblichen Teil zu gehören? Auch ich war der Meinung, das Recht sei mehr auf Weißchens Seite, und schließlich setzte sie auch ihren Willen durch. Zuerst freilich gab es stürmische Augenblicke, wobei Federn ein- und ausgetragen wurden oder auch, eine Beute des Windes, im Garten umherschwebten. Dann trat Stille ein, und am nächsten Tage wurden alle Federn zum Nest zurückgetragen. Wie eigentlich die Versöhnung und Einigung zustande kam, ist niemals genau bekannt geworden, aber soviel steht fest, daß Stürmchen selbst am meisten dabei tat und nicht ruhte, bis das ganze Nisthäuschen mit den größten und weichsten Federn vollgepfropft war.

Während dieser ganzen Zeit waren sie gewöhnlich beieinander, aber eines Tages flog Weißchen fort und blieb länger aus. Stürmchen sah sich um, tschilpte, erhielt keine Antwort, schaute aufwärts, dann hinunter und sah auf den Haufen Hölzer, die er so mühsam zusammengeschleppt hatte. Die hübschen Hölzer, ganz wie im trauten Heim seiner ersten Kindheit! Stürmchen flatterte hinab. Richtig, da war auch noch das gegabelte Stück. Die Versuchung war zu groß. Stürmchen nahm es auf und flog schleunigst zum Nest hinauf, und nun hinein damit! Es war keine Kleinigkeit, die Gabel durch das enge Loch zu bringen, der eine Zinken sperrte sich am Türpfosten, aber Stürmchen hatte ja nun schon Erfahrung darin und brachte alles glücklich hinein. Nach einem Aufenthalt von dreißig Sekunden – um die kostbare Gabel richtig zu lagern, denke ich mir – kam er wieder heraus, guckte sich mit emporgerecktem Schnabel um, putzte sich die

Federn, schüttelte sich, ließ dann sein Kanarien-Siegeslied mehrmals von Anfang bis Ende erschallen, versuchte es eiligst mit noch ein paar Hölzchen und fühlte sich offenbar sehr glücklich. Als Weißchen mit mehr Federn kam, war er sehr beflissen, ihr bei deren Unterbringung zu helfen, und dann war das Nest fertig. Zwei Tage danach stieg ich hinauf und sah ein Ei darin liegen. Die Sperlinge sahen mich hinaufsteigen, flatterten mir aber nicht, wie es andere Vögel zu tun pflegen, um den Kopf. Sie flogen vielmehr ein Stück weg und beobachteten mich ängstlich vom sicheren Port eines Schornsteins aus.

Am dritten Tage war ein großer Aufruhr im Vogelhäuschen, gedämpfte Töne, wie von einer Rauferei, und unterdrücktes Gezwitscher drangen heraus, und mehrmals wurde ein Schwanz am Eingang sichtbar, als wollte sein Eigentümer sich rückwärts herausschieben; dann war es, als würde etwas herausgezerrt. Schließlich kam der Besitzer des Schwanzes so weit zum Vorschein, daß man sehen konnte: Es war Weißchen, aber offenbar wurde sie wieder zurückgezogen. Kein Zweifel, da drinnen spielte sich eine heftige Familienszene ab. Ihr Verlauf ließ sich nicht verfolgen, bis Weißchen mit Stürmchens Lieblingsholz im Schnabel durch die Tür drängte und es verächtlich hinunterschleuderte. Also das war's! Sie hatte den Schatz unter den Federn entdeckt, daher der Aufruhr. Da ich aber nicht begreifen konnte, wie sie das Stöckchen hinauszuschleifen vermochte, wenn e r Widerstand leistete, so vermutete ich stark, daß er um des Friedens willen nachgegeben hat. Bei dem Raufen und allgemeinen Durcheinander wurde das Ei, die erste Veranlassung dazu, unglücklicherweise mit der Gabel hinausbefördert und fiel hinunter, wo seine porzellanenen Scherben auf feuchtem, gelbem Grunde lagen. Doch kümmerten sich die Sperlinge um diese Reste nicht. Als das Ei aus dem Nest verschwand, war es aus ihrer Welt überhaupt verschwunden.

Hierauf verflossen für das Paar einige Tage ungestörten Friedens. Ein Ei nach dem andern wurde gelegt; nach einer Woche war die Zahl von fünf voll, und Stürmchen und Weißchen schienen in vollkommener Eintracht und Freude zusammenzuleben. Stürmchen sang zum Erstaunen der ganzen Nachbarschaft, und Weißchen trug noch mehr Federn ein, als gälte es sich auf einen Schneesturm vorzubereiten. Aber da plagte es mich, mit dem Paar einen kleinen Versuch zu machen. Ich paßte einen günstigen Augenblick ab und legte eine

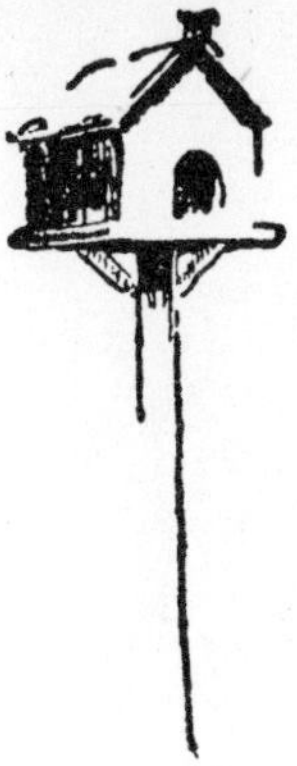

Murmel in das Nest. Was sich darauf begeben hat, weiß ich nicht, aber am nächsten Morgen war ich früh draußen auf einer unfern gelegenen Straße. Es war Sonntag. Alles war still, nur etwa ein Dutzend Leute standen im Kreise da und schauten auf etwas im Rinnstein. Als ich näherkam, hörte ich vereinzeltes Tschilpen, und als ich einen Blick hineinwerfen konnte, sah ich zwei Sperlinge in wildem Kampf, die, hin und wieder tschilpend, in tödlichem Ernste aufeinander loshämmerten und -pickten. Ohne sich um die Umstehenden zu kümmern, rauften sie sich eine ganze Weile; als sie dann atemlos eine Pause machten und auf den Schwänzen sitzend nach Luft schnappten, war ich ganz verblüfft, als ich Weißchen und Stürmchen erkannte. Nach einem weiteren Waffengang scheuchte sie einer von den Zuschauern fort, dem die Rauferei am Sonntag anstößig war. Dann flogen sie auf das nächste Dach, wo die Balgerei von neuem losging. Am Nachmittag fand ich unter dem Nest nicht nur die eingeschmuggelte Murmel, sondern auch die Überreste von fünf Eiern, die allesamt hinausgefeuert worden waren, und ich vermutete daher, daß die Anwesenheit des auffälligen runden „Eies" den Frieden so heftig gestört hatte.

Das Paar schien entschlossen, von neuem anzufangen. Offenbar war in diesem Vogelkasten weder Glück noch Friede zu finden, so ließen sie ihn samt Federn und allem im Stich; und diesmal wählte Weißchen, die entschieden originelle Einfälle hatte, das Quartier; es war nichts anderes als der obere Teil einer großen elektrischen Bogenlampe. Die ganze Woche arbeiteten sie unermüdlich, und obwohl fast fortwährend ein scharfer Wind ging, brachten sie ihre Aufgabe fertig. Man kann sich schwer vorstellen, wie die Vögel mit dem großen blendenden Licht unter sich nachts schlafen konnten. Doch Stürmchen hatte gelernt, seine eigene Meinung zu unterdrücken, und alles wäre gut gegangen, wären nicht gerade um diese Zeit die Kohlen der Bogenlampe zufällig ausgebrannt gewesen, und hätte nicht der Mann, der sie erneuerte, sich veranlaßt gefühlt, den ganzen Weißchen-Stürmchen-Palast ohne Gnade dem nächsten Müllfaß zu überantworten. Ein Rotkehlchen oder eine Schwalbe hätte vielleicht unter diesem zerschmetternden Schicksalsschlage alle Hoffnung aufgegeben, aber die Energie und Hoffnungsfreudigkeit eines Sperlings kennt keine Grenzen. Offenbar fehlte es am Nest, wahrscheinlich war das Material nicht das richtige. Auf alle Fälle schien es besser, diesmal den Bau auf ganz anderer Grundlage zu beginnen. Nachdem

Weißchen einige Strohhalme vom Nest abwesender Nachbarn gemaust hatte, legte sie das Diebesgut in eine hohe Astgabel einer Ulme im Madison-Square-Park. Damit gab sie Stürmchen zu verstehen, dies sei ihr neuer Nistplatz, und Stürmchen, der immer mehr erkannt hatte, daß es angenehmer war, sich Weißchens Willen zu fügen, statt auf dem eigenen Kopfe zu beharren, sang nach zwei Tschilps einen Kanarientriller und musterte eifrig die Komposthaufen nach erlesenem Baumaterial; fiel aber sein Blick etwa auf ein feines Hölzchen, so schloß er tapfer die Augen oder schaute lieber woanders hin.

Auf der anderen Seite des Madison-Square-Parks befand sich das Nest eines Paares sehr unbeliebter Sperlinge, insbesondere das Männchen stand in üblem Rufe. Es war ein großer, hübscher Kerl mit riesigem schwarzem Latz, aber ein ausgemachter Raufbold. In der Spatzenwelt ist Macht Recht. Veranlassung zu Unfrieden und Streit geben bei ihnen Fragen der Nahrung, der Liebe, der Wohnung und der Niststoffe – ähnlich wie bei den Menschen. Dieser anmaßende kleine Bursche hatte dank seiner Stärke die von ihm begehrte Braut heimgeführt, er hatte sich den besten Nistplatz ausgewählt und eignete sich das meistgeschätzte Nistmaterial im ganzen Umkreis an. Auch einige Paradiesvogelfedern, die ursprünglich aus dem Zoologischen Garten stammten, waren von einem Nest zum andern gemaust worden, bis sie dem anspruchsvollen Heim, mit dem „Latz" und sein Weib eines der marmornen Kapitelle der neuen Bank am Madisonplatze verschönerten, zum Schmucke dienten.

Der Raufbold verfuhr überhaupt in seinem Gebiet, wozu er den ganzen Platz rechnete, nach seiner Willkür, und als er eines Tages Stürmchen singen hörte, flog er sogleich zu ihm hin. Nun war Stürmchen wohl unter den Kanarienvögeln ein gefürchteter Held gewesen, aber Latz gegenüber hatte er nur wenig Aussichten. Er tat sein Möglichstes, zog aber den kürzeren und suchte sein Heil in der Flucht. In seinem Übermut flog der Sieger zu Stürmchens Nest, und nach verächtlicher Musterung begann er, ein paar Strippen herauszuziehen, die er glaubte, daheim gebrauchen zu können. Stürmchen war unterlegen, aber der Anblick dieser Plünderung erregte den Zorn des beherzten Troubadours von neuem, so daß er auf den Eindringling mit frischem Mut losstürzte. Von den Ästen taumelten sie zusammen auf den Boden. Andere Sperlinge schlossen sich an und – schändlich

zu sagen – machten mit dem Dicken gemeinsame Sache gegen den, der für sie noch ein Fremder war. Stürmchen erging es ziemlich übel, und die Federn flogen als ein Sperlingsweibchen mit weißem Flügel – Tschilp, Tschilp, Wallapp, Wallapp – auf dem Schauplatze erschien. Oh, wie sie links und rechts Hiebe austeilte! Die andern Sperlinge, die zum Spaß mitgetan hatten, machten sich jetzt aus dem Staube, denn es war gar kein Spaß mehr dabei; nur Schnabelhiebe gab's, sonst nichts, und nun wandte sich das Blatt gegen Latz. Schnell sank ihm da der Mut, und er floh seinem eigenen Neste zu, während Weißchen sich wie eine kleine Bulldogge an seinem Schwanze festhielt und nicht eher losließ, als bis die Feder mit der „Seele" herauskam. Nachher konnte sie die Trophäe mit großer Genugtuung der gröberen Grundlage ihres neuen Nestes hinzufügen.

Es scheint unmöglich, daß in der Sperlingswelt ein hochentwickelter Sinn für gerechte Güterverteilung herrscht, sicher kommen aber Ereignisse vor, die danach aussehen. Nach zwei Tagen bildeten die Paradiesvogelfedern, die so lange die Hauptzierde von Latz' Nest gewesen waren, einen Teil der Ausstattung von Weißchens neuem Quartier, und niemand wagte ihr den Anspruch darauf streitig zu machen.

Es war nun spät im Sommer, Federn waren rar, und Weißchen konnte nicht genug zum Polstern ihres Nestes, worin sie so eigen war, auftreiben. Doch fand sie einen Ersatz, der ihrer Neigung zum Neuen und Modernen entsprach. Auf dem Platze befand sich ein Droschkenstand, und in dessen Nähe lagen immer Roßhaare auf dem Boden, die ihr recht gut geeignet schienen. Das war ein äußerst glücklicher Gedanke, und mit der entsprechenden Begeisterung machte sich das immer hoffnungsvolle Paar daran, Roßhaare, zwei oder drei auf einmal, einzutragen. Vielleicht hatte der Anblick des Nestes eines Tschippers (des kleinen amerikanischen Sperlings) in einem der New Yorker Parks den Anlaß dazu gegeben. Der Tschipper polstert immer mit Roßhaaren und stellt sich eine bewundernswerte Sprungfedermatratze her, indem er das Haar an der Innenseite des Nestes herumführt. Der Erfolg ist gut, aber die Ausführung muß man eben verstehen; und es wäre für die Sperlinge ein Gewinn gewesen, hätten sie erst gelernt, mit den Haaren richtig umzugehen. Wenn ein Tschipper Roßhaare eintragen will, nimmt er immer nur eins auf einmal und faßt es vorsichtigerweise an einem Ende, denn das so harmlos aussehende Haar ist nicht ungefährlich. Die Sperlinge aber wußten nicht anders damit zu verfahren als mit einem Strohhalm.

Weißchen faßte ein Haar etwa in der Mitte, fand es unbequem lang und packte deshalb mehrere Zentimeter weiter noch einmal zu. Meist bildete sich infolgedessen eine Schlinge, die ihren Kopf oder ihren Schnabel umfaßte; doch war es eine bequeme Art des Transports. Anfangs lief die Sache auch gut ab.

Es war der letzte Tag der Polsterarbeit. Weißchen hatte Stürmchen irgendwie zu verstehen gegeben, daß sie keine Haare mehr brauchte; stolz und geschäftig legte sie noch die letzte Hand an das vollendete Werk und ordnete ein letztes Haar. Stürmchen saß derweilen auf einer Telefonstange in Sichtweite und sang seine schönsten Kanarientriller. Auf einmal traf ein lautes, unruhiges „Tschilp!" aus Weißchens Schnabel sein Ohr. Er blickte hin und sah, wie sie anscheinend ohne Grund hin- und herzappelte und doch außerstande war, weiter als die Länge ihres Körpers vom Nest wegzukommen. Sie hatte zufällig doch einmal ihren Kopf durch eine der gefährlichen Haarösen gesteckt und diese unglücklicherweise verdreht und zugezogen, so daß sie nun in der eigenen Schlinge hing. Je mehr sie zappelte und sich drehte, desto enger wurde die Öse. Stürmchen, der sich mit der temperamentvollen Schwätzerin aufs engste verbunden fühlte, wurde selbst aufgeregt und flatterte zwitschernd um sie herum. Er versuchte, sie zu befreien, indem er sie an einem Füßchen zog, machte aber damit die Sache nur schlimmer. Alle Anstrengungen waren umsonst, es bildeten sich noch ein paar Knoten in dem Haar. Auch schienen noch weitere Haare aus dem Nest in die Sache verwickelt zu werden; ineinander verschlungen und verworren, zogen sie die Schlinge immer enger zu, bis die erstaunt aufwärtsblickenden Kinder im Park statt eines geschäftigen, lauten und energischen Weißchens eine zerzauste Gestalt erblickten, die still und stumm da oben hing.

Stürmchen schien ganz gebrochen. Auf seinen Notruf waren die Nachbarsperlinge gekommen und hatten ihre Stimmen mit der seinigen vereinigt, waren aber ebenfalls außerstande gewesen, dem Opfer zu helfen. Jetzt wandten sie sich wieder ihren eigenen Wirren und Sorgen zu, nur Stürmchen hüpfte tschilpend herum oder saß still mit hängenden Flügeln da. Es dauerte lange, bis ihm zum Bewußtsein kam, daß Weißchen tot war; er mühte sich den ganzen Tag, ihr Interesse zu erregen und sie am Alltagsleben teilnehmen zu lassen. Nachts ruhte er einsam auf einem Baum, und beim Morgengrauen machte er sich am Nest zu schaffen, von dessen Rand das arme Weißchen in der verhängnisvollen Roßhaarschlinge hing.

Stürmchen war niemals ein echter, durchtriebener Sperling gewesen. Seine Erziehung als Kanarienvogel hatte ihn verdorben, und er zeigte sich im Straßenverkehr wie Kindern gegenüber waghalsig und unvorsichtig. Jetzt in seinem Kummer steigerte sich diese Eigenheit noch. Als er an jenem Nachmittage auf der Straße nach Futter ausging, kam ein Telegrafenbote auf seinem Rade lautlos heran, und ehe Stürmchen der Gefahr gewahr wurde, war das Vorderrad auf seinem Schwanz. Während er mit aller Kraft zerrte, um freizukommen, und wäre es auch auf Kosten einiger Federn, geriet sein rechter Flügel unter das Hinterrad, und nun war er ein Krüppel. Der Bote radelte weiter, und Stürmchen flatterte und hüpfte, so gut es gehen wollte, den schützenden Bäumen des nahen Platzes zu. Ein kleines Mädchen fing ihn nach einer aufregenden Jagd zwischen den Bänken mit Hilfe seines kleinen Hundes ein. Es nahm den Verletzten heim und tat ihn – aus übel angebrachtem Mitleid, wie die Brüder sagten – in einen Käfig und fütterte ihn. Als er sich erholt hatte, sang er eines Tages zur Überraschung aller, die es hörten, wie ein Kanarienvogel.

Dies brachte das ganze Haus in Aufruhr. Bald stellte sich auch ein Berichterstatter ein, der davon gehört hatte. Als dann der unvermeidliche Zeitungsartikel darüber erschien, kam er auch dem Barbier, in dessen Stube Stürmchen aus dem Ei gekrochen war, zu Gesicht. Er meldete sich bald von vielen Zeugen begleitet, beanspruchte seinen Vogel und drang schließlich mit seiner Forderung durch.

So steckt Stürmchen wieder im Käfig, in sicherer Hut und bei gutem Futter, der Mittelpunkt einer kleinen Welt und ganz und gar nicht unglücklich. Es war ein Unglück für ihn gewesen, daß er freigekommen und daß Weißchen seine Gefährtin geworden war. Ihr kurzes gemeinsames Leben hatte nur Stürme und Unglücksfälle gebracht.

Manchmal, wenn man ihn ungestört läßt, vertreibt er sich die Zeit, indem er den Bau eines kunstlosen Nestes aus Holzstückchen unternimmt, aber dabei zeigt er eine schuldbewußte Miene und verläßt den betreffenden Winkel seines Käfigs, sobald sich jemand nähert. Wenn man ihm ein paar Federn gibt, dann verarbeitet er sie zuerst in das Nest, aber am nächsten Morgen liegen sie unfehlbar unten auf dem Boden. Diese hartnäckigen Nestbauversuche brachten Stürmchens Herrn auf die Vermutung, er sehne sich nach einem Weibchen, und man gesellte ihm verschiedene, die geeignet schienen, aber es führte zu keinem guten Ende. Nur schnelles Eingreifen konnte Blutvergießen

verhüten und die Braut retten. So gab man die Versuche auf. Offenbar reizt diesen Troubadour keine neue Frauenliebe. Was er anstimmt, sind eher Kriegsgesänge, denn der Barbier hat herausgefunden, daß er, um Stürmchens Gesangskunst anzufeuern, ihm nur etwas zum Zerstören zu geben braucht, am besten nicht einen ausgestopften Kanarienvogel, sondern den Balg eines Sperlingsmännchens, und zwar entwickelt Stürmchen den größten Enthusiasmus, wenn der Balg einen besonders auffallenden schwarzen Brustlatz zeigt.

Im Grunde genommen sind das für ihn nur Nebensachen; seine besten Kräfte widmet er dem Gesang. Und sollte der Leser einmal auf den richtigen Barbierladen stoßen, so kann er sich diesen energischen Einsiedler ansehen, der in seiner Hingabe an die Musik die Sorgen, Freuden und Leiden des Lebens vergißt, einem Mönche gleich, der es mit der Welt versucht, sie aber für seine Person zu rauh gefunden hat und froh in seine Zelle zurückkehrt.

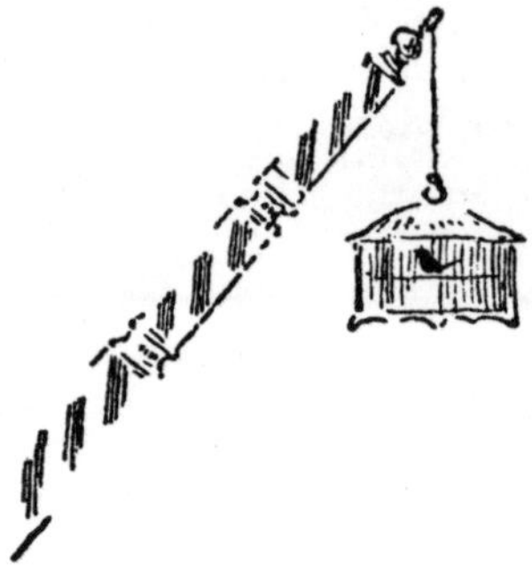

MONARCH, DER RIESENBÄR

Die beiden Quellen

Hoch über den Spitzen der Sierra ragt drohend der Tallacgipfel. Dreitausend Meter über den Meeresspiegel hebt er sein Haupt und blickt nordwärts auf den großen wundervollen Türkis, den die Menschen den Tahosee nennen, und nordwestwärts über ein Fichtenmeer hin auf seine große, weiße Schwester Shasta im Schneegebirge. Ringsum lauter Wunder an Farben und Gestalten: juwelengeschmückte, mastengleiche Fichten, Ströme, die ein Buddhist für geweiht erklärt, Hügel, die ein Araber heilig gehalten hätte. Aber Lan Kellyans Augen schauten nach anderen Dingen aus. Das kindliche Entzücken an Licht und Leben um ihrer selbst willen gab es für ihn nicht, und wie konnte das anders sein bei einem, dessen Ausbildung dahin zielte, sie gering zu achten! Was gilt ihm das Gras? Die ganze Welt ist Gras. Was gilt ihm die Luft, wenn sie sich überall ins Ungemessene dehnt? Was gilt ihm das Leben, wenn er, durch und durch voll Leben, sein Dasein fristet, indem er andern das Leben raubt? Gespannt waren seine Sinne nicht auf die Regenbogenhügel und die kristallklaren Seen, sondern auf die lebenden Wesen, mit denen er im täglichen Ringen ums Dasein kämpfte. „Jäger" stand auf seinem Ledergewand geschrieben, auf seinen verwitterten Zügen, auf seiner mageren, sehnigen Gestalt, und „Jäger" blitzte es aus seinen klaren, grauen Augen.

Den gespaltenen Granitgipfel ließ er unbeachtet, aber er bemerkte einen leichten Eindruck im Grase. Kein Tastzirkel hätte herausgefunden, daß er sich an seinem Ende erweiterte, wohl aber des Jägers Auge, und der Richtung folgend, fand er ein weiteres und dann kleinere Zeichen. Nun wußte er, daß ein großer Bär und zwei kleine des Weges gegangen waren und sich noch in der Nähe befanden; denn das Gras war noch im Aufrichten. Lan lenkte sein Jagdpony auf die Fährte. Es schnaubte und stampfte aufgeregt; denn es wußte so gut wie sein Reiter, daß eine Grislybärenfamilie nahe war. Sie kamen zu einer Terrasse, die in ein offenes Hochland mündete. Sechs Meter

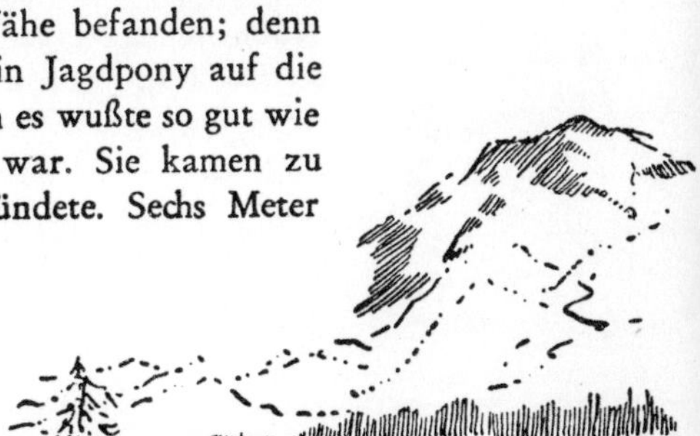

davor glitt Lan zur Erde, ließ die Zügel los, für das Pony das wohlbekannte Zeichen, daß es an dieser Stelle stehenbleiben mußte; dann spannte er den Hahn seiner Flinte und erklomm die Höhe. Oben schritt er noch vorsichtiger aus und sah bald eine alte Grislybärin mit ihren beiden Jungen. Sie lag etwa fünfzig Meter entfernt und bot ein schlechtes Ziel; Lan nahm etwas aufs Korn, das ihre Schulter zu sein schien, traf auch gut, verursachte aber nur eine Fleischwunde. Die Bärin sprang auf und auf die Stelle zu, wo der Pulverdampf aufstieg. Sie kam den Abhang heruntergerannt, als er knapp im Sattel saß, und etwa hundert Meter weit sprang das Pony entsetzt dahin, während die alte Bärin fast neben ihm lief und beim Schlage nach ihm kaum um Haaresbreite fehlte. Aber selten kann ein Grisly lange schnell laufen. Das Pferd griff mächtig aus, und die zottige Alte gab die vergebliche Jagd auf und kehrte zu ihren Jungen zurück.

Sie war ein auffallendes Tier. Auf der Brust hatte sie einen großen, weißen Fleck; ebenso glänzten Backen und Schultern in Weiß, das an andern Körperstellen allmählich in Braun überging. In Lans Erinnerung war sie deshalb eine „Pinte", eine Schecke. Diesmal hätte sie ihn beinahe gepackt, und der Jäger meinte, ihr daher einen Groll nachtragen zu müssen.

Eine Woche darauf hatte er mehr Glück. Als er am Rande eines kleinen, tiefen Taleinschnitts mit meist felsigen Abhängen entlangging, sah er die alte Schecke mit ihren beiden braunen Jungen. Sie kreuzte die Schlucht von einer Seite, wo der Rand niedrig war, nach einer andern, leicht erklimmbaren Stelle hin. Als sie stehen blieb, um aus dem klaren Wasser zu trinken, gab Lan Feuer. Bei dem Schuß wandte sich die Schecke ihren Jungen zu und trieb eins nach dem andern mit Klapsen auf einen Baum. Nun traf sie ein zweiter Schuß, und wütend kroch sie in klarer Erkenntnis der ganzen Sachlage und entschlossen, diesen Jäger zu vernichten, den Abhang empor. Verwundet und voll Wut kam sie schnaubend den steilen Anstieg herauf und empfing wieder einen Schuß, den letzten; ins Gehirn getroffen rollte sie zurück und blieb tot auf dem Boden des Engtals liegen. Nachdem der Jäger vorsichtig eine Weile gewartet hatte, schritt er an den Rand und sandte noch eine Kugel in den Körper der Alten; dann lud er wieder und ging langsam zu dem Baum, auf dem sich noch die Jungen befanden. Sie starrten ihn beim Näherkommen wild und ängstlich an, und als er anfing, hinaufzuklettern, krochen sie

höher. Hier ließ das eine ein klägliches Winseln, das andere ein zorniges Heulen hören, und zwar immer lauter, je näher er ihnen kam.

Lan zog einen starken Strick heraus, und nachdem er ihnen Schleifen umgelegt hatte, zerrte er sie herunter. Das eine stürzte sich auf ihn und hätte ihn, obwohl wenig größer als eine Katze, sicher ernstlich verletzt, wenn er es nicht mit einem Gabelstock abgehalten hätte. Er band beide an einen starken, grünen Ast, ging zu seinem Pony, holte einen Getreidesack, steckte sie hinein und ritt so beladen zu seiner Hütte. Dort befestigte er jedes Junge mit Reifen und Ketten an einen Pfosten, auf den sie kletterten und winselnd und heulend sitzenblieben. In den ersten paar Tagen bestand die Gefahr, daß die Jungen sich erdrosselten oder die Nahrungsaufnahme verweigerten, aber schließlich ließen sie sich bewegen, etwas Milch zu trinken, die man einer mit dem Lasso eingefangenen Kuh etwas gröblich abgenommen hatte. Eine Woche später schienen die Gefangenen mit ihrem Lose einigermaßen ausgesöhnt zu sein und gaben es ihrem Pfleger kund, wenn sie Futter oder Wasser haben wollten.

Und so rannen die beiden kleinen Bächlein den Berg nun etwas weiter hinab, tiefer und breiter, dichter beieinander. Sie hüpften über Steinriegel und freuten sich im Sonnenlicht; ein kleiner Damm hielt sie wohl eine Weile auf, aber bald überspülten sie ihn und sprangen weiter zu Teichen und Tiefen, die Größeres bargen.

Die Quellen und der Damm des Bergbewohners

J a c k und H i l l benannte der Jäger die Jungen, und Hill, die kleine Bestie, verstärkte den ersten Eindruck ihres üblen Temperaments immer mehr. Kam Lan zur Essenszeit herbei, so kroch sie auf das äußerste Ende des Pfostens und heulte; sonst saß sie furchtsam und in mürrischem Schweigen da. Jack dagegen kroch hinab, eilte seinem Pfleger leise winselnd entgegen, soweit es die Kette erlaubte, und verschlang sein Futter sofort mit dem größten Vergnügen und völlig formlos. Er hatte viele Eigenheiten und strafte alle Lügen, die da sagen, ein Tier habe keinen Sinn für Humor. In einem Monat war er so zahm geworden, daß man ihn frei herumlaufen ließ. Seinem Herrn folgte er wie ein Hund, und seine Kunststücke und drolligen Einfälle ergötzten Kellyan und die wenigen Freunde, die er im Gebirge hatte, immer aufs neue.

Auf dem Talgrund unterhalb des Falls war eine Wiese, auf der

Polar Bears
Sketches by. E. T. Seton 1925

Lan Heu genug gewinnen konnte, um seine beiden Ponys durch den Winter zu füttern. Als in diesem Jahr die Heuzeit anbrach, war Jack sein täglicher Begleiter, der ihm in gefährlicher Nähe der klingenden Sense folgte oder sich dann zusammenrollte und stundenlang auf seinem Rocke saß, um ihn fleißig gegen die Angriffe von Erd- oder Streifenhörnchen zu schützen. Eine unterhaltende Abwechslung brachte der Tag, wenn der Mäher ein Hummelnest fand. Jack liebte natürlich den Honig und wußte recht gut, was ein Hummelnest ist; so brachte ihn der Ruf: „Honig, Jack – Honig!“ immer eilig watschelnd zur Stelle. Vor Vergnügen sein witterndes Näschen hochziehend, kam er vorsichtig näher; denn er wußte, daß Hummeln Stacheln haben. So oft sich Gelegenheit bot, schlug er geschickt mit den Tatzen danach, bis er eine nach der andern gefangen und zerdrückt hatte. Nun schnüffelte er mächtig, um sich völlig zu versichern, und dann griff er behutsam ins Nest, bis die letzte Bewohnerin hervorkam und getötet wurde. Wenn das Dutzend Tierchen, das das Volk bildete, auf diese Weise erledigt war, grub Jack sorgfältig das Nest aus und verzehrte zuerst den Honig, dann die Larven und das Wachs und zu allerletzt die Hummeln, die er getötet hatte; dabei kaute er wie ein kleines Schwein am Trog, während seine lange, rote Schlangenzunge gar geschäftig die Nachzügler in sich hineinleckte.

Lans nächster Nachbar war Lu Bonamy, vormals Cowboy und Schäfer, jetzt Bergbewohner. Er lebte mit seinem Hund in einer Hütte etwa anderthalb Kilometer weiter unten als Kellyan. Bonamy hatte Jack an einem Hummelnest arbeiten sehen. So sagte er einmal zu Kellyan: „Lan, bring Jack ’rüber; ’s gibt ’nen Spaß.“ Er ging voran den Fluß hinab in den Wald. Kellyan folgte ihm, und Jack trottete hinter seinem Herrn her und schnüffelte von Zeit zu Zeit, um sich zu überzeugen, daß er nicht dem falschen Beinpaar folgte.

„Da, Jack, Honig – Honig!“ und Bonamy zeigte auf ein riesiges Wespennest auf einem Baume. – Jack richtete seinen Kopf nach einer Seite und schwang seine Nase auf die andere.

Offenbar sahen die Dinger da, die summend umherflogen, wie Bienen aus, wenn er auch noch niemals ein Bienennest von dieser Form oder an solcher Stelle gesehen hatte.

So kroch er den Stamm hinauf. Die Männer warteten – Lan war

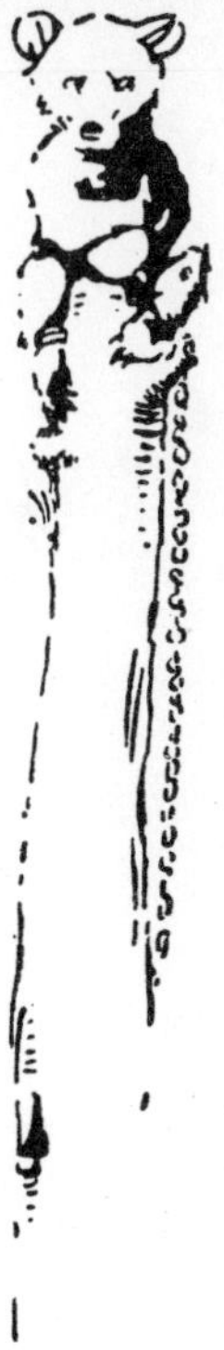

Eisbärenstudien

im Zweifel, ob er seinen lieben Pflegling solcher Gefahr aussetzen sollte, Bonamy blieb dabei, es werde ein Hauptspaß sein, den kleinen Bären so zu überraschen. Jack gelangte zu dem Ast, an dem das große Nest hoch über dem tiefen Wasser hing, und bewegte sich nun mit doppelter Vorsicht. Ein solches Bienennest hatte er noch nie gesehen, auch hatte es nicht den richtigen Geruch. Dann tat er einen weiteren Schritt auf dem Ast – was für eine schreckliche Menge Bienen! – dann noch einen – ja, Bienen waren es! Vorsichtig rückte er einen Fuß weiter vor – und Bienen bedeuteten Honig –, noch ein klein bißchen näher – jetzt war er keine vier Fuß mehr von der großen Papierkugel entfernt. Die Tierchen summten zornig, und Jack wich voll Zweifel ein wenig zurück; da wiederholte Bonamy leise sein trügerisches: „Honig, Jack – Honig!"

Zu seinem Glück ging der kleine Bär, der der Sache immer noch nicht traute, langsam; er machte keine plötzliche Bewegung und wartete trotz der Lockung lange, bis der ganze Schwarm wieder im Neste war. Nun reckte Jack sein Näschen in die Höhe, rückte langsam etwas weiter, bis über die unheilschwangere Kugel. Er neigte sich, legte eine hornige, kleine Vordertatze über das Ganze, griff mit dem andern Arm nach dem Nest, und mit einem kühnen Sprunge, die ganze Geschichte mit sich nehmend, tauchte er kopfüber in den Teich darunter! Sobald er im Wasser war, riß er mit den Hinterfüßen das Nest in Stücke, dann ließ er es schwimmen und strebte ans Land, während das zerfetzte Wespennest flußabwärts trieb. Jack lief am Ufer entlang, bis das Nest an einer seichten Stelle landete. Dann sprang er wieder hinein; die Wespen waren ertrunken oder zu naß, um gefährlich zu sein, und Jack trug seine Beute triumphierend ans Ufer. Kein Honig; das war freilich eine Enttäuschung, aber dafür eine Masse fetter, weißer Maden, die fast ebenso gut waren, und Jack speiste, bis sein Wanst wie ein Gummiball aussah.

„Na?" sagte Lan, leise kichernd.

„Das Lachen geht auf unsere Kosten", antwortete Bonamy grinsend.

Der Forellenteich

Jack wuchs nun schnell heran und begleitete seinen Herrn oft weit über Bonamys Wohnsitz hinaus. Als die beiden Nachbarn ihm wieder einmal zuschauten, wie er sich in übermütigem Frohgefühl überkugelte, bemerkte Kellyan zu seinem Freunde: „Ich fürchte, es kommt

mal einer und schießt'n im Walde über'n Haufen, weil er'n für einen wilden Bären hält."

„Warum zeichnest du ihn da nicht mit den neuen Schafringen?" entgegnete ihm der frühere Schäfer.

So kam es, daß Jacks Ohren, sehr gegen seinen Willen, durchlocht und er wie ein Preishammel mit Ohrringen geziert wurde. Die Absicht war gut, aber es war weder schön noch bequem. Tagelang lag Jack im Kampf mit den Ringen, und als er schließlich heimkam und einen Ast mit sich schleppte, der sich in seinem linken Ohrschmuck verfangen hatte, entfernte Kellyan ärgerlich die Ringe.

Bei Bonamy machte unser kleiner Bär zwei neue Bekanntschaften: Es waren ein eingebildeter, grober, alter Hammel, der letzte Rest der früheren Herde, der Jack eine Todfeindschaft gegen alles, was nach Schaf roch, einflößte, und Bonamys Hund.

Das war ein ruheloser, kläffender, unangenehmer Köter, dem es besonderen Spaß zu machen schien, nach Jacks Fersen zu schnappen. Einen Spaß läßt man sich ja schließlich gefallen, aber dieses schreckliche Tier konnte kein Ende finden, und Jacks erste Besuche bei Bonamy litten arg unter dieser hündischen Tyrannei. Hätte er den Köter fassen können, so hätte er die Rechnung schon zu seinen Gunsten beglichen, aber dazu war er nicht schnell genug. Seine einzige Rettung war, auf einen Baum zu klettern. So fand er bald, bei Bonamy sei nicht gut weilen, und wenn er seinen Pfleger den Weg zum Nachbarn einschlagen sah, schaute er ihn mit einem Blick an, als wollte er sagen: „Nein, ich danke", und kehrte um, um sich daheim auf eigene Faust zu vergnügen.

Aber oft kam sein Feind mit Bonamy zur Jägerhütte und nahm da wieder das alte Spiel auf, den kleinen Bären zu zwicken. So viel Spaß machte dem Hund die Sache, daß er auch allein heraufkam, wenn er Unterhaltung haben wollte, bis Jack gar nicht mehr aus der Angst vor dem gelben Köter herauskam. Aber auf einmal hörte das auf.

An einem heißen Tage, als die beiden Männer rauchend vor Kellyans Haus saßen, jagte der Hund den kleinen Bären wieder auf einen Baum, streckte sich dann zu gemütlicher Siesta im Schatten seiner Äste aus und überließ sich bald dem Schlummer, ohne weiter an sein Opfer zu denken. Jack verhielt sich eine Zeitlang ganz still, dann aber, als seine funkelnden, braunen Äuglein auf den verhaßten Hund fielen, den er nicht loswerden konnte, schien in seinem kleinen

Gehirn ein Gedanke wachzuwerden. Er kroch langsam und lautlos den Ast hinunter, bis er über seinem Quälgeist war, der zusammengerollt und schlummernd dalag und leise Töne ausstieß, als ob er im Traume auf der Jagd wäre oder, noch wahrscheinlicher, den hilflosen kleinen Bär peinigte. Davon wußte Jack natürlich nichts. Sein einziger Impuls war zweifellos der, daß er diesen Köter haßte und diesem Haß nun Luft machen könnte. Er zielte sorgfältig, ließ sich fallen und landete gerade auf den Rippen des Hundes. Für den war es ein fürchterliches Erwachen, er gab aber keinen Laut von sich, aus dem guten Grunde, weil ihm der Atem ausgegangen war. Knochen waren ihm nicht gebrochen, aber er war kaum imstande, sich in lautloser Flucht wegzuschleppen, während sein Hinterteil von Jacks mit Fleischhaken befransten Tatzen fleißig bearbeitet wurde.

Offenbar war der Plan ganz ausgezeichnet gewesen, und wenn hinfort der Hund herauf- oder Jack mit seinem Herrn hinunterkam, was er bald wieder öfter zu tun pflegte, so spielte der kleine Bär wieder mit mehr oder weniger Glück, wie es die Menschenkinder nennen würden, das „Plumpsackspiel". Da verlor der Hund schnell allen Geschmack am Bärenreizen, und bald war es ein vergessener Sport.

Der Fluß verläuft im Sand

Jack war drollig, Hill war mürrisch. Jack wurde gehätschelt, und man gönnte ihm die Freiheit; so wurde er immer drolliger. Hill wurde geschlagen und angekettet; so wurde ihre schlechte Laune noch schlechter. Man traute ihr nichts Gutes zu und strafte sie deshalb oft; so geht's meistens.

Als Lan eines Tages nicht daheim war, kam Hill frei und gesellte sich zu ihrem Bruder. Sie brachen in den kleinen Speicher ein und hausten arg unter den Vorräten. Die leckersten Sachen verschlangen sie, und die geringeren, wie Mehl, Butter und Backpulver, die auch mühsam fünfzig Meilen weit zu Pferd hergeschafft worden waren, schienen nur dazu gut, auf dem Boden herumgestreut zu werden. Jack hatte soeben den letzten Sack Mehl aufgerissen, und Hill griff nach einer Büchse mit Dynamit, als sich der Eingang verdunkelte und Kellyan dastand, ein Bild des Staunens und der Wut. Kleine Bären wissen nichts von Bildern, aber die Wut ist ihnen nicht unbekannt. Sie waren sich, so schien es, ihrer Sünden oder doch der Gefahr be-

wußt, und Hill kroch mürrisch und mißmutig in einen dunklen Winkel, von wo aus sie voll Trotz den Jäger anstarrte. Jack legte seinen Kopf auf eine Seite, dann aber ließ er, ohne weiter an seine Untaten zu denken, ein fröhliches Grunzen hören und, auf Lan zueilend, winselte er, reckte sein Näschen und hielt seine klebrigen, fettigen Arme hoch, um aufgehoben und gestreichelt zu werden, als wäre er der beste kleine Bär der Welt.

Ach, wie leicht gelten wir doch so viel, wie wir uns selbst einschätzen! Der Zorn schwand von der Braue des Jägers, als der freche kleine Winsler anfing, an seinem Bein emporzuklettern. „Du kleiner Deibel", grollte er, „ich brech' dir deinen verdammten Hals", aber er tat's nicht. Er hob das schmutzige, klebrige, kleine Tier auf und streichelte es wie gewöhnlich, während Hill, die nicht schlechter, ja, weil weniger erzogen, entschuldbarer war, seinen ganzen Zorn aushalten mußte und an ihren Pfosten doppelt angekettet wurde, damit sie keine weiteren Missetaten mehr begehen konnte.

Das war ein Unglückstag für Kellyan. Am Morgen war er gefallen und hatte die Flinte zerbrochen, bei der Heimkehr fand er seine Vorräte vernichtet, und jetzt stand ihm eine neue Versuchung bevor.

Ein Fremder mit drei Packpferden sprach am Abend bei ihm vor und blieb über Nacht. Jack zeigte sich ausgelassener als je und ergötzte die beiden Zuschauer mit seinen Künsten, welche die Drolligkeit und Gelenkigkeit eines jungen Hundes mit der eines Affen vereinten, und am Morgen, als der Fremde aufbrach, sagte er: „Wie ist's? Ich geb' Ihnen fünfundzwanzig Dollar für das Paar!" Lan zögerte, dachte an seine verlorenen Vorräte, seine leere Börse, seine zerbrochene Flinte und antwortete: „Sagen Sie fünfzig, und wir sind einig!"

„Hand drauf."

So wurde der Handel geschlossen, das Geld gezahlt, und in fünfzehn Minuten war der Fremde mit einem kleinen Bären in jedem Seitenkorb verschwunden.

Hill war mißmutig und still. Jack winselte beständig, daß es Lan ins Herz schnitt; aber er wappnete sich dagegen mit dem Gedanken: „Es ist besser, sie sind fort; ich wäre ruiniert, wenn sie mir nochmal die Vorräte plünderten." Bald war der Fremde mit seinen drei Packpferden und dem Bärenpärchen im Wald verschwunden.

„Gut, daß er fort ist", dachte Lan, obwohl er wußte, daß ihn schon die Reue gepackt hatte. Er begann, seine Hütte aufzuräumen. Dann ging er in den Speicher und las die Reste seiner Vorräte auf. Schließlich war noch ein gut Teil gerettet. Er schaute hinter die Kiste, wo Jack zu schlafen pflegte. Wie still es war! Er blickte auf die Stelle, wo Jack an der Tür zu kratzen pflegte, um hereingelassen zu werden, und fuhr bei dem Gedanken, daß er dieses vertraute Geräusch nie mehr hören werde, zusammen und redete sich mit vielen Flüchen ein, er sei „mächtig froh darüber". Länger als eine Stunde polterte er umher und tat — tat — oh, irgend etwas; dann sprang er plötzlich auf sein Pony und raste auf der Wegspur hinter dem Fremden her. Er trieb sein Pferd so zur Eile, daß er in zwei Stunden den Zug beim Übergang über den Fluß einholte.

„Wissen Sie, ich habe Unrecht getan. Ich hätte die kleinen Bären nicht verkaufen sollen, am wenigsten Jack. Ich — ich will nu — ich muß sie zurücknehmen. Hier ist Ihr Geld!"

„Ich meinerseits bin mit dem Kauf zufrieden", sagte der Fremde kühl.

„Aber ich nicht", sagte Lan mit Wärme, „und ich nehm's zurück."

„Sie vergeuden Ihre Zeit, wenn Sie deshalb gekommen sind", war die Antwort.

„Darüber woll'n wir reden." Lan warf die drei Goldstücke dem Reiter hin und ging auf den Korb zu, in dem Jack beim Klange der vertrauten Stimme fröhlich winselte.

„Hände hoch!" sagte der Fremde mit dem kurzen, scharfen Ton eines Menschen, der das schon öfter gesagt hat, und als sich Lan umwandte, blickte er in den Lauf eines auf ihn gerichteten Revolvers.

„Sie sind mir über", sagte er; „ich hab' keine Waffe; aber seh'n Se mal, der kleine Bär ist meine einzige Freude. Er ist immer bei mir, und wir sind uns allmächtig gut. Ich wußte nicht, wie sehr ich 'n vermissen würde. Nu seh'n Se hier; nehmen Se Ihre fünzig Dollars zurück; Sie geben mir Jack und behalten Hill!"

„Für fünfhundert Dollar Metall können Sie ihn haben. Sonst gehen Sie gerade auf den Baum zu, ohne die Hände herunterzunehmen oder sich umzusehen, oder ich schieße. Nu los!"

Die Umgangsformen im Gebirge sind streng gemessen, und Lan, der ohne Waffen war, mußte wohl oder übel gehorchen. Vom Revolver bewacht, ging er zu dem fernstehenden Baum. Jacks Winseln schlug ihm schmerzlich ans Ohr, aber er kannte die Gebirgler und ihr abgekürztes Verfahren zu gut, um sich umzudrehen oder noch ein Gebot zu machen, und der Fremde zog weiter.

Mancher hat schon tausend Dollar an den Fang eines wilden Tieres

gewendet und meinte eine Zeitlang, auf seine Kosten gekommen zu sein. Dann war er bereit, es für die Hälfte herzugeben, dann für den vierten Teil, und am Ende schenkte er es weg. Dem Fremden gefielen seine possierlichen Bärlein anfänglich sehr, und er schätzte sie demgemäß. Aber von Tag zu Tag schienen sie ihm lästiger und weniger vergnüglich zu sein, und als man ihm nach einer Woche in der Glockenkreuzfarm für das Pärchen ein Pferd bot, ging er auf den Handel ein, und das Wanderleben hörte für die Bären auf.

Der Eigentümer dieser Viehfarm besaß weder Sanftmut oder Bildung noch Geduld. Als der gutgeartete Jack aus seinem Korbe genommen wurde, kam ihm die neue Sachlage einigermaßen zum Bewußtsein, und er verhielt sich entsprechend, als aber die weniger gefügige Hill aus ihrem Korbe geholt und in ein Halseisen gelegt werden sollte, kam es zu einer so unerquicklichen Szene, daß überhaupt kein Eisen mehr nötig war. Der Farmer trug seinen Arm zwei Wochen lang in der Schlinge, und Jack mußte am Ende seiner Kette den Hof allein durchmessen.

Die letzten Hügel fesseln den Fluß

In den nächsten anderthalb Jahren bot Jacks Laufbahn wenig Reizvolles. Sein Anteil am Erdball war ein Kreis von sechs Meter im Durchmesser um einen Pfahl im Hof. Die blauen Hügel im Hintergrund, der nähere Fichtenhain und auch das Farmhaus selber waren Fixsterne, die aus weiter Entfernung seinen etwas matten Augen nur schwache Abbilder ihres Glanzes zukommen ließen. Selbst die Pferde und Menschen lagen außerhalb seines kleinen Bereiches und hatten für ihn etwa die Bedeutung wie Kometen für die Erde.

Auch die Kunststücke, um derentwillen man ihn so geschätzt hatte, vergaß er bald, als er so, an der Kette liegend, heranwuchs.

Zuerst hatte ein Butterfäßchen einen geräumigen Käfig für ihn abgegeben, aber schnell schritt er über die Stufen: Butterfäßchen, Nagelfäßchen, Mehlfaß und Öltonne hinüber und war jetzt ein regelrechter Weinfaß-Bär, wenn er auch den mächtigen, an fünfhundert Liter fassenden Hohlraum seines letzten Gefängnisses noch bei weitem nicht ausfüllte.

Das Farmgasthaus lag gerade da, wo die Berge am Fuße der Sierra mit ihren Eichenhainen sich zu den goldenen Gefilden des Sacramento abdachten. Dort hatte die Natur die wunderbarsten

Gaben aus ihrem Füllhorn geschüttet: im Vordergrund Blumen und üppige Früchte, Schatten und Sonne, trockene Weiden, rauschende Flüsse und murmelnde Bächlein im Überfluß. Gewaltige Bäume boten dem Auge Abwechslung, und im Osten bauten die hohen Sierren über ihre wunderbaren Nadelwälder Blöcke von ausgemeißeltem Blau. Hinter dem Hause ein edler Fluß, vom Gebirge stammend, wohl von Schleuse und Damm gebändigt und gefesselt, aber immer noch voll Adel, war er doch, als Rinnsal hoch oben der Flanke des dräuenden alten Tallac entquellend, von hoher Geburt.

Ringsherum atmete alles Schönheit, Leben, Farbe, und doch wies die Menschheit hier ihre niedrigsten Vertreter auf. Wenn man sie in diesem Rahmen sah, bezweifelte man wohl, ob der Mensch „sich hebt von der Natur empor zu ihrem Gott". Keine Großstadtspelunke hat je ein gemeineres Pack gesehen, und wäre Jack zu solcher Überlegung fähig gewesen, er hätte die Zweibeinigen um so niedriger einschätzen müssen, je besser er sie kennenlernte.

Grausamkeit ward ihm zuteil, und Haß war seine Antwort darauf. Fast das einzige Kunststück, das er noch zum besten gab, war die Art, wie er mit Bierflaschen umzugehen verstand. Er war ein großer Freund von Bier, und die Gasthausbummler warfen ihm oft eine Flasche zu, um zu sehen, wie geschickt er den Draht abwickelte und den Kork herausklaubte. Sobald es puffte, hob er die Flasche zwischen seinen Tatzen und leerte sie bis auf den letzten Tropfen.

Hin und wieder wurde die Eintönigkeit seines Lebens durch einen Kampf mit Hunden unterbrochen. Seine Peiniger brachten ihre Bärenhunde, „um sie an dem Jungen zu probieren". Menschen und Hunden schien dieser Sport sehr zu gefallen, bis Jack lernte, sich ihrer zu erwehren. Im Anfang pflegte er wütend auf den nächsten Angreifer loszustürzen, bis ihn die Kette mit einem Ruck festhielt und ihn nun ein zweiter Hund im ungedeckten Rücken anfallen konnte. Im Laufe einiger Wochen machte er ein ganz neues Verfahren ausfindig. Er setzte sich gegen sein Faß und beobachtete ruhig die ihn umkläffenden Hunde, scheinbar ohne ihnen Beachtung zu schenken und ohne eine Bewegung zu machen, so nahe sie ihm auch kamen, bis sie sich „gebündelt", d. h. auf einen Haufen gesammelt hatten. Dann fuhr er los. Natürlich sprangen die hintersten zuletzt davon und hinderten die ersten am schnellen Entweichen; so faßte Jack einen oder mehrere, und seine Bedränger verloren den Geschmack an dem Spiel.

Als Jack etwa anderthalb Jahre alt und halb ausgewachsen war, ereignete sich etwas ganz Absonderliches. Er war in den Ruf eines gefährlichen Tieres gekommen; denn er hatte mit einem Schlag einen Mann zum Krüppel gemacht und einen Betrunkenen, der mit ihm ringen wollte, beinahe getötet.

Ein harmloser, aber arbeitsscheuer Schäfer betrank sich eines Abends und beleidigte ein paar Raufbolde. Sie beredeten sich, da er keine Waffe bei sich habe, sei es das beste, ihn nach Herzenslust zu verprügeln, statt ihm nach ihrem gewöhnlichen Komment die Haut zu durchlöchern. Faco Tampico stolperte aus der Tür in die Dunkelheit hinaus. Seine Verfolger waren noch mehr betrunken, aber ihr Mütchen wollten sie kühlen, sie jagten ihm also nach, und Faco flüchtete sich in den Hof. Seine Verfolger hatten, als sie ihr Opfer suchten, gerade noch so viel Besinnung, sich außer Bereich des Grislys zu halten; sie fanden es aber nicht. Als sie sich Fackeln verschafft und überzeugt hatten, daß Faco nicht im Hof war, meinten sie, er sei in den Fluß hinter der Scheuer gefallen und sicher ertrunken. Ein paar rohe Witze, dann kehrten sie ins Haus zurück. Als sie beim Weinfaß des Grislys vorbeikamen, weckten ihre Laternen in seinen Augen einen Lichtschimmer. Am Morgen hörte der Koch, als er an sein Geschäft ging, sonderbare Töne im Hof. Aus dem Faß vernahm er die schläfrig gesprochenen Worte: „Da bleib drüben liegen!" worauf sich ein tiefes, unzufriedenes Brummen hören ließ.

Der Koch trat so dicht heran, wie ihm die Vorsicht erlaubte, und spähte hinein. Da sagte dieselbe schläfrige Stimme: „Was drängelst du so, zum Kuckuck!" und ein menschlicher Ellbogen, der sich reckte und stieß, ward sichtbar, und wieder antwortete ein ungeduldiges Bärengebrumm.

Die Sonne ging auf, und mit Erstaunen sahen die Gasthausbummler, daß der vermißte Schäfer im Bärenfaß steckte und so, geradezu im Rachen des Todes, seinen Rausch ausschlief. Sie versuchten, ihn herauszuziehen, aber der Grisly ließ keinen Zweifel, daß sie das nur über seine Leiche hinweg tun könnten. Voll Wut stürzte er auf jeden, der sich heranwagte, und als sie den Versuch aufgaben, legte er sich vor dem Eingang des Fasses als Wache nieder. Am Ende kam der Schäfer zum Bewußtsein, erhob sich auf seine Ellbogen, und als er sich in der Gewalt des Grislys fand, stieg er behutsam über den Rücken seines Wächters und lief davon, ohne auch nur: „Danke schön" zu sagen.

Der Freiheitstag, der 4. Juli, stand bevor, und der Gasthausbesitzer, der seines ungeschlachten Gefangenen im Hof müde war, kündigte an, zur Feier des Unabhängigkeitstages werde ein großer Kampf zwischen einem „auserlesenen, kampfbewährten Stier und einem wilden kalifornischen Grisly" stattfinden. Die Neuigkeit machte schnell die Runde. Auf dem Stalldach wurden Sitze zu einem halben Dollar eingerichtet. Der Heuwagen wurde halbbeladen neben den Viehpferch gefahren; ein Sitz hier gewährte eine gute Aussicht und war für einen Dollar feil. Der alte Pferch wurde ausgebessert, alte Pfosten durch neue ersetzt und zuallererst am Morgen des Vierten ein bösartiger alter Bulle hineingetrieben und so lange gepeinigt, bis er aufs äußerste gereizt und sehr gefährlich war.

Inzwischen hatte man Jack in sein Faß gelockt und die Tür zugenagelt. Da Kette und Halsreifen zusammengenietet waren, hatte man den Reifen abgenommen; denn man meinte, es werde ja leicht sein, Jack, wenn nötig, wieder anzuketten, sobald der Stier mit ihm fertig wäre.

Das Faß wurde zum Pferchtor gerollt, und alles war bereit.

Die Cowboys kamen von fern und nah in ihrem prächtigen Aufputz; denn der kalifornische Cowboy ist der Stutzer seiner Art. Ihre schmuckesten „Schätze" brachten sie mit, und aus fünfzig Meilen in der Runde erschienen Farmer und Viehzüchter, um den Stier-Bären-Kampf zu genießen. Es kamen Gebirgsbewohner, mexikanische Schafhirten, Kaufleute aus der Stadt Placerville, Fremde aus Sacramento; Stadt und Land, Gebirge und Ebene sandten ihre Vertreter. Der Heuwagen war so begehrt, daß ein zweiter auf dem Markte erschien. Das Scheuerdach war ausverkauft. Ein bedenkliches Krachen der Balken wirkte einigermaßen preisdrückend, aber ein paar starke Stützen stellten das Gleichgewicht zwischen Nachfrage und Preis wieder her, und alle Wettlustigen warteten mit Eifer auf den Beginn des Kampfes. Wer unter dem Vieh aufgewachsen war, setzte natürlich auf den Stier.

„Ich sag' euch, nichts auf der Welt kann's mit 'n großen Viehfarmbullen aufnehmen, der seine fünf Sinne beieinander hat."

Aber die Gebirgler traten für den Bären ein. „Pah, was ist 'n Bulle gegen 'nen Grisly? Ich sag' euch, ich hab' 'nen Grisly gesehen, wie er 'nen Gaul in 'm Wuppdich mit seiner Rechten glatt über die Hecke geschmissen hat. Bulle! Ich wette, er läßt sich beim zweiten Gange gar nicht mehr seh'n."

So ging das Prahlen und Wetten hin und her, dicke Weiber, die

anziehend wirken wollten, warfen mit allen möglichen Redensarten um sich, sie seien entsetzt über die ganze Geschichte, nervös von dem Lärm, voll Furcht, es könnte empörend werden; im Grunde waren sie auf das Schauspiel ebenso erpicht wie die Männer.

Alles war fertig, und der Wettmeister schrie: „Los nu, Jungs; Haus ist voll un Zeit da!"

Faco Tampico hatte es fertig gebracht, dem Stier ein paar Dornenzweige an den Schwanz zu binden, so daß sich das gewaltige Tier tatsächlich selbst in einen Zustand der Wut hineingepeitscht hatte.

Jacks Faß war inzwischen tüchtig herumgerollt worden, bis er ebenfalls in Wut geriet, und Faco begann, die Tür aufzubrechen. Das Faßende war dicht am Zaun, die Tür war weg; Jack hatte nichts weiter zu tun als herauszukommen und den Stier in Stücke zu reißen. Aber er kam nicht. Das Geschrei, der Lärm, die sonderbare Menschenmenge machten solchen Eindruck auf ihn, daß er lieber blieb, wo er war, und die Stierpartei erhob ein spöttisches Geschrei. Ihr Held kam brüllend und schnaubend daher und stampfte von Zeit zu Zeit wie herausfordernd auf den Boden. Den Kopf hielt er hoch empor und näherte sich bis auf zehn Fuß dem Grislyfaß. Dann schnaubte er heftig, wandte sich und rannte nach dem andern Ende des Pferchs. Jetzt war die Reihe zu schreien an den Bärenfreunden.

Aber die Menge lechzte nach dem Kampf, und Faco warf, seiner Dankesschuld gegen den Grisly uneingedenk, durchs Spundloch eine Handvoll Feuerwerkskörper in Jacks Faß. „Krach!" und Jack fuhr auf. „Fis – kräck – kr – rr ä – ä – ck kr – k krk – ck!" und verwirrt sprang Jack aus seinem Käfig. Der Stier stand in großartiger Haltung in der Mitte des Platzes, als er aber den Bären auf sich zuspringen sah, schnaubte er heftig zweimal und zog sich unter Hurrarufen und Zischen so weit wie möglich zurück.

Die beiden bezeichnendsten Züge eines Grislybären sind wohl die Schnelligkeit, mit der er sich einen Plan macht, und die Tatkraft, mit der er ihn ausführt. Ehe noch der Stier die andere Wand des Pferchs erreicht hatte, schien sich Jack über das beste Verfahren klar zu sein. Seine Blicke fuhren wie der Blitz über den Zaun und nahmen die erklimmbarste Stelle wahr, da, wo in der Mitte ein Querriegel aufgenagelt war. In drei Sekunden war er dort, in zwei Sekunden war er darüber, und in einer weiteren Sekunde fegte er durch die auseinanderstiebende Menge der Gaffer und strebte den Bergen zu, so schnell ihn seine kurzen, gelenkigen Beine tragen konnten. Frauen und Männer schrien, Hunde bellten; es folgte ein wildes Jagen zu den Pferden, die man, um sie nicht zu erregen, weit vom Kampfplatz angebunden hatte, aber der Grisly hatte dreihundert Meter Vorsprung und fünfhundert Meter ebenes Land vor sich, und ehe aus der geputzten Menge eine lange, fliegende Reihe von übermütigen Reitern sich loslöste, war der Grisly in den Fluß getaucht, dessen Strömung kein Hund zu überwinden vermochte, und hatte, den fichtenbedeckten Hügeln zustrebend, den Dornengürtel und das unebene Gelände erreicht. In einer Stunde war das Farmgasthaus mit seiner qualvollen Kette, seinen Grausamkeiten und rohen Menschen ein Ding der Vergangenheit, jenseits der Berge seiner Kindheit und jenseits des Flusses Jugend, des Flusses, der wie Jack selbst, vom fernen, stolzen Tallacgipfel herkam. Dieser 4. Juli war in der Tat ein Unabhängigkeitstag für Grisly-Jack.

Den Damm durchbrochen

Ein verwundeter Hirsch pflegt sich bergab zu schleppen, ein gejagter Grisly läuft bergan. Jack war die Gegend unbekannt, aber fort wollte er, fort von diesen Menschen, und so strebte er dem zerrissensten Gelände zu und stieg immer weiter hinan, stundenlang.

Die Ebene war nicht mehr zu sehen. Granitfelsen umgaben ihn, Kiefernstämme und jetzt die Beeren, und er pflückte sie mit geschickter Pranke und Zunge von den niederen Büschen, wanderte aber dabei immer weiter und machte erst halt in dem Felsengewirr, wo die nachmittägliche Sonnenglut zur Rast mehr nötigte als einlud.

Als er erwachte, war es dunkle Nacht, aber Bären fürchten die Nacht nicht, eher den Tag; wieder eilte er dahin, immer von dem Drang geleitet, über die Gefahr hinauszukommen, und so erreichte er am Ende den höchsten Gebirgszug, das Reich seines urheimischen Tallac.

Die gewöhnliche Ausbildung eines jungen Bären fehlte Jack fast ganz, aber er besaß von Natur einige Instinkte, die ihm in allen wichtigen Punkten zugute kamen, und seine Nase war eine vortreffliche Führerin. So konnte er sein Leben fristen, und die Erfahrungen, die er in der Wildnis bald sammelte, erweiterten und schärften seinen Geist schnell.

Für Gesichter und Tatsachen hatte Jack ein schlechtes Gedächtnis, aber unauslöschlich war seine Erinnerung an Gerüche. Bonamys Köter selbst hatte er vergessen, aber bei dessen Witterung hätten ihn sofort die alten Empfindungen gepackt. Der widerwärtige Hammel war ihm

aus dem Gedächtnis entschwunden, aber seine Witterung hätte ihn im Augenblick mit Erbitterung und Haß erfüllt, und als ihm eines Abends der Wind einen starken Hammelgeruch zutrug, war es ihm, als kehrte ein verflossenes Leben zurück. Wochenlang hatte er von Wurzeln und Beeren gelebt, und nun auf einmal empfand er die Sucht nach Fleisch, die jeden aufrichtigen Vegetarier von Zeit zu Zeit mit überwältigender Macht befällt. Der Hammelgeruch war wie eine Antwort darauf. So stieg er denn bei Nacht (kein verständiger Bär wandert am Tage) hinunter, und die Witterung führte ihn aus den Kiefern des Abhangs in ein offenes Felsental.

Lange ehe er dort ankam, leuchtete ein sonderbares Licht auf. Er kannte das; er hatte es die Zweibeiner unweit der Viehfarm, die so üble Gerüche und Erinnerungen in sich barg, entfachen sehen und fürchtete es nicht. Er schwang sich vorwärts, schweigend und eilig; denn der Geruch wurde bei jedem Ausgreifen stärker, und als er eine Stelle über dem Feuer erreicht hatte, blinzelte er hinab, um die Schafe zu sehen. Jetzt war der Geruch stark und ranzig, aber Schafe waren nicht zu erblicken. Statt dessen sah er in dem Tal einen Strich grauen Wassers, das die Sterne widerzuspiegeln schien, und doch flimmerten und regten sie sich nicht, von der Fläche stieg ein Gemurmel auf, aber es klang ganz anders als sonst vom Wasser der Seen.

Besonders massenhaft waren die Sterne unweit des Feuers, aber sie sahen mehr wie Teilchen phosphoreszierenden Holzes aus, die auf dem Boden ausgestreut werden, wenn man einen verwesenden Stumpen zerschlägt, um die darin hausenden Schwärme von Waldameisen aufzulecken. So kam Jack näher und schließlich so nahe, daß auch seine geblendeten Augen sehen konnten. Der große, graue See war eine Schafherde und die phosphoreszierenden Flecken ihre Augen. Dicht beim Feuer war ein Balken oder eine niedrige, unebene Erdwelle. Das waren der Schäfer und sein Hund. Beides waren unangenehme Gegenstände, aber die Schafe dehnten sich weit weg von ihnen aus. Jack wußte, er hatte es mit der Herde zu tun.

Er kam dicht an die jenseitige Ecke und fand die Schafe von einer niedrigen Dornhecke umgeben; aber wie klein waren sie doch im Vergleich zu dem großen und furchtbaren Hammel, an den er sich nur dunkel erinnerte. Blutdurst überkam ihn. Er schlug die Hecke beiseite, drang in die Masse von Schafen hinein, die mit Getrappel und murmelndem Geblök vor ihm auseinanderstoben, schmetterte eins nieder, ergriff es und wandte sich damit um – wieder den Bergen zu.

Der Hirt sprang auf und feuerte sein Gewehr ab, und der Hund kam durch die Herde dahergerannt und bellte laut. Aber Jack war fort. Der Hirt begnügte sich damit, ein paar Feuer anzuzünden, sein Gewehr abzuschießen und seine Häupter zu zählen.

Das war Jacks erstes, aber nicht sein letztes Schaf. Hatte er Verlangen danach – und das war fortan die Regel –, so wußte er, er brauchte nur auf dem Bergrücken entlangzugehen, bis seine Nase sagte: „Halt, hierher!“; denn im Bärenleben macht der Geruch den Glauben aus.

Hochwasser

Pedro Tampico und sein Bruder Faco waren keine Schäfer wie sie in Büchern und Liedern leben. Sie schritten nicht ihren Lieblingen voran mit dem Krummstab als Zeichen ihrer Würde oder mit Handtrommel und Pfeife, um auf den musikalischen Sinn ihrer „idealen“ Gefolgschaft einzuwirken. Statt die Herde mit einem Sinnbild zu leiten, trieben sie sie mit aufgelesenen Steinen und Stöcken an. Sie waren keine Hirten, sie waren Herdentreiber. Ihre Pfleglinge galten ihnen nicht als geliebte und liebende Jünger, sondern als vierbeiniges Geld, jedes Schaf gleich so und so viele Dollars. Und wie man sich um sein Geld sorgt, sorgten sie sich auch um ihre Tiere und zählten sie nach jeder Störung und jedem Wandertag. Es ist aber für niemand ein leichtes, dreitausend Schafe zu zählen, und für einen mexikanischen Schäfer vollends ein Ding der Unmöglichkeit. Jedoch hat er ein einfaches, zweckentsprechendes Mittel. In einer gewöhnlichen Herde kommt durchschnittlich auf hundert Schafe ein schwarzes. Ist ein Teil der Herde verlorengegangen, so befindet sich vermutlich ein schwarzes Tier darunter. So gab sich Pedro durch tägliches Zählen seiner dreißig schwarzen Schafe einigermaßen Rechnung vom Bestand seiner ganzen Herde.

Jack hatte in der ersten Nacht nur ein Schaf getötet. Beim nächsten Besuche schlug er zwei und am folgenden nur eines, aber das war zufällig ein schwarzes, und als Tampico nur neunundzwanzig schwarze zählte, kam er zu dem wohlbegründeten Schluß, daß er Schafe verliere – nach seinem Maßstab waren hundert verschwunden.

„Ist das Land ungesund, so ziehe aus“, lautet eine alte Weisheit. Tampico füllte seine Tasche mit Steinen und trieb seine Schützlinge aus der Gegend, die offenbar im Bereich eines Schafmörders lag. Abends fand er einen umrandeten Cañon, einen natürlichen Pferch, und die wollige,

auseinanderstrebende Masse ergoß sich, in ein festes Vlies zusammengepreßt, in das Loch, von dem Hund intelligent, von dem Mann stumpfsinnig hineingetrieben. An einer Seite des Eingangs zündete Pedro sein Feuer an. Etwa neun Meter davon war eine steile Felswand.

Sechzehn Kilometer sind für einen Grisly wenig mehr als zwei Stunden Wegs. Es ist außer Sicht-, aber keineswegs außer Riechweite, und für Jack war es ein leichtes, seiner Beute zu folgen. Seine Abendmahlzeit verspätete sich etwas, doch um so besser war sein Appetit. Da alles im Lager ruhig war, schlief Pedro ein; ein Knurren seines Hundes weckte ihn. Er machte sich auf und bekam das entsetzlichste Ungetüm zu Gesicht, das er je gesehen oder geahnt hatte: einen Riesenbären, der auf den Hinterbeinen stand und der mindestens neun Meter maß. Erschreckt floh der Hund davon, aber er war die Tapferkeit selbst im Vergleich zu Pedro. Dem war die Angst so in die Glieder gefahren, daß er das Gebet in seiner Brust: „O ihr Heiligen, laßt ihn alle sündenschwarzen Schafe in der Herde haben, aber erbarmt euch eures armen Gläubigen!" nicht hervorbringen konnte. Er verbarg sein Gesicht und erfuhr deshalb nie, daß das, was er sah, kein neun Meter, sondern nur ein zwei Meter hoher Bär war, der nicht weit vom Feuer stand und einen neun Meter hohen schwarzen Schatten auf den glatten Felsen dahinter warf. Und regungslos in seiner Angst lag der arme Pedro im Staube.

Als er aufblickte, war der Riesenbär verschwunden. Die Schafe drängten sich durcheinander; ein kleiner Teil eilte aus dem Cañon in die Nacht hinaus, und hinter ihnen ging ein Bär von gewöhnlicher Größe, wahrscheinlich ein Junges des Ungeheuers.

Pedro hatte in den letzten paar Monaten seine Gebete versäumt, aber er versicherte nachher seinem Beichtvater, er habe in dieser Nacht sein Versäumnis wieder gutgemacht, ja bis zum Morgen noch ein gut Teil darüber im voraus gebetet. Bei Sonnenaufgang überließ er seinem Hund die Hut der Herde und machte sich auf, die Durchgänger zu suchen; denn er wußte erstens, daß bei Tageslicht wenig Gefahr war, und zweitens, daß manche sich verirren würden. Sonderbar genug hatten sie sich nicht zerstreut, und Pedro konnte ihrer Fährte eine Meile weit durch die Wildnis folgen bis zu einer andern sehr kleinen Felsenschlucht. Hier fand er seine vermißten Schafe an verschiedenen Stellen, auf Felsblöcken und steinigen Zinnen, so hoch sie hatten steigen können. Er war entzückt und vermehrte eine halbe Minute lang seinen

Bilanzüberschuß an Gebeten, mußte aber zu seinem Leidwesen erfahren, daß sich die Schafe auf keine Weise bewegen ließen, von ihren Felswarten herunterzukommen oder den Cañon zu verlassen. Ein paar hatte er glücklich ein Stück vorwärts gebracht, da sprangen sie wieder zurück aus Furcht vor etwas auf dem Boden, was sich bei Prüfung als – Pedro leistet einen Eid darauf – die tiefe, frischausgetretene Fährte eines Grislys erwies, die von einer Wand quer hinüber zur andern führte. Alle Schafe waren ihm nun wieder auf ihre unzugänglichen Posten entwischt. Pedro fing an, für sich selbst besorgt zu werden und kehrte hastig zur Hauptherde zurück. Nun war er schlimmer dran als je. Der andere Grisly war ein Bär von gewöhnlicher Größe gewesen und hatte jede Nacht ein Schaf verzehrt, aber der neue Bär, in dessen Bereich er gekommen war, war ein Ungetüm, ein Riese, der zu einer Mahlzeit vierzig oder fünfzig Schafe brauchte. Je eher er von hier fort kam, desto besser.

Es war schon spät, zu spät, und die Schafe waren zu müde, um weiter zu wandern. So traf Pedro große Vorbereitungen für die Nacht: zwei mächtige Feuer am Eingang der Schlucht und fünf Meter hoch auf einem Baum eine Plattform für sein eigenes Lager. Der Hund konnte selbst sehen, wo er blieb.

Im Cañon brausend

Pedro wußte, daß der große Bär kommen werde; denn die fünfzig Schafe in der kleinen Schlucht konnten den Appetit eines solchen Geschöpfes nur reizen. Wie gewöhnlich lud er sein Gewehr sorgfältig und begab sich hinauf in sein Lager. So mangelhaft auch sonst seine Schlafstätte sein mochte, die Ventilation war gut, und bald schauerte es ihn durch und durch. Voll Neid blickte er auf seinen Hund, der zusammengeknäuelt beim Feuer lag; dann betete er, die Heiligen möchten eingreifen und die Schritte des Bären zur Herde eines Nachbarn lenken, und um jedes Mißverständnis zu vermeiden, bezeichnete er diesen Nachbarn ganz genau. Hierauf suchte er sich selbst in Schlaf zu beten. Das gelang ihm doch in der Kirche regelmäßig, warum also nicht auch jetzt? O ihr Heiligen ... Alles vergebens. Die unheimliche Mitternachtsstunde ging vorüber, dann rückte die graue Morgendämmerung, die Stunde trostloser Verzweiflung, heran. Pedro fühlte es, und ein langer Seufzer fuhr behend durch seine klappernden Zähne. Der Hund sprang auf und bellte wie toll, die Schafe begannen sich zu regen, dann drängten sie sich in das Düster zusammen – man hörte ihr erregtes Stapfen –, und eine mächtige dunkle Gestalt tauchte auf. Pedro griff zum Gewehr und hätte geschossen, wäre ihm nicht zum schmerzlichen Bewußtsein gekommen, daß der Bär neun Meter, seine Plattform aber nur knapp fünf Meter hoch war, gerade die rechte Höhe für solch eine Bestie. Nur ein Wahnwitziger konnte den Bären jetzt durch einen selbstmörderischen Schuß zum Angriff reizen!

So warf sich Pedro flach auf den Boden seiner Plattform, mit dem Gesicht nach unten, brachte seinen Mund an eine Spalte und stammelte unaufhörlich Gebete an seinen Fürsprecher im Himmel. Er bedauerte zwar, daß er dabei eine so unpassende Haltung einnahm, aber er hoffte von Herzen, man werde es als notgedrungen hinnehmen, und seine Bitten würden von der unteren Seite der Plattform irgendwie die rechte Richtung finden.

Am Morgen erwies sich, daß seine Gebete Erhörung gefunden hatten. Eine Bärenfährte war da, ja, aber die Zahl der schwarzen Schafe war noch unverändert; so füllte Pedro die Tasche mit Steinen und trieb seine Herde weiter, wobei er wie gewöhnlich laut vor sich hinsprach.

Dann rief er: „Auf, Capitan – du Säufer", als der Hund den Kopf vom Wasser hob, „bring die abwegigen Söhne der Verdammnis zurück!" Ein Stein bekräftigte den Befehl, den der Hund sofort ausführte. Die große Schar murmelnder, behufter Heuschrecken umkreisend, hielt er sie zusammen und in Bewegung, während Pedro stolz und mit lauten Befehlen folgte.

Als sie durch offenes Gelände wanderten, fiel das Auge des Treibers auf eine menschliche Gestalt, die links oben auf einem Felsen saß, Pedro betrachtete den Mann forschend; dieser grüßte und winkte. Das bedeutete „Freund"; hätte er ihn vorwärtsdeuten sehen, so konnte das bedeuten: „Weg von mir, oder ich schieße!" Pedro ging ein Stückchen auf ihn zu und setzte sich hin. Der Mann kam herab; es war Lan Kellyan, der Jäger.

Jeder von ihnen war froh, mit einem menschlichen Wesen Worte wechseln zu können und Neuigkeiten zu hören. Diese betrafen besonders den Wollpreis, den mißglückten Kampf zwischen Stier und Bär und vor allem den riesigen Bären, der Tampicos Schafe verschlungen hatte. „Oh, ein Bärenteufel, ein Geschöpf der Hölle – ein Gringo-Bär*) – verzeih, Freund, ich meine, es ist der leibhaftige Schrecken."

*) Gringo ist der Spitzname, den die Mexikaner ihren Nachbarn im Norden geben.

Als der Schäfer nicht genug die wunderbare Schlauheit des Bären rühmen konnte, der sich einen eigenen Schafpferch zugelegt habe, und die Größe des Ungeheuers beschrieb, die jetzt schon zwölf Meter maß — denn solche Bären wachsen erstaunlich schnell —, blinzelte Kellyan und sagte:

„Sag, Pedro, hast du nicht mal dicht beim Hassayampa gewohnt?"

Das bedeutet nicht etwa, daß dort das Land der großen Bären sei, sondern es war eine Anspielung auf den Volksglauben, daß, wer nur einen Tropfen vom Wasser des Hassayampa getrunken habe, nie mehr ein wahres Wort sprechen könne. Einige Gelehrte sind der Sache nachgegangen und behaupten, diese wunderbare Eigenschaft komme dem Rio Grande ebenso zu wie dem Hassayampa, ja, allen mexikanischen Flüssen und gleicherweise den Nebenflüssen, Quellen, Brunnen, Teichen, Seen und Kanälen. Wie dem aber auch sein mag, der Hassayampa ist wegen dieser Absonderlichkeit am besten bekannt. Je weiter aufwärts, desto wirksamer ist seine Kraft, und Pedro stammte aus der Quellgegend. Aber er rief alle Heiligen an als Zeugen für die Wahrheit seiner Geschichte. Er zog eine kleine Flasche mit Granaten heraus, die er auf den Hügeln der Wüstenameisen gefunden hatte, versenkte sie aber wieder in seine Tasche und holte eine andere Flasche hervor, die etwas Goldstaub enthielt, den er ebenfalls in den seltenen Stunden gefunden hatte, in denen er nicht schläfrig war und die Schafe nicht treiben, tränken, mit Steinen werfen oder ausschimpfen mußte.

„Hier, das wett' ich, daß's wahr is'."

Gold führt eine laute Sprache.

Kellyan horchte auf. „Ich kann nichts dagegen bieten, aber, Pedro, ich erlege den Bären für den Inhalt der Flasche."

„Es gilt", sagte der Schäfer, „wenn du die Schafe von den Felskuppen im kleinen Cañon zurückbringst."

Des Mexikaners Augen blitzten, als der Weiße auf die Wette einging. Das Gold in der Flasche, zehn oder fünfzehn Dollars, war eine Kleinigkeit und genügte doch, den Jäger auf die Fährte zu bringen, ihn ans Werk zu locken, und mehr war nicht nötig. Pedro kannte seinen Mann: Am Gewinn lag dem wenig, aber hatte er einmal seine Hand an den Pflug gelegt, so zog er die Furche um jeden Preis; ein Zurück gab es für ihn nicht. Und wieder nahm Lan Kellyan die Spur des Grisly-Jack auf, der einmal sein Liebling gewesen und nun aus seinem Gesichtskreis entschwunden war.

Der Jäger ging sofort zu der kleinen Felsenschlucht und fand die Schafe noch auf ihren Felswarten. Am Eingang sah er die Überreste zweier, vor kurzem geschlagener Tiere und dabei die Spuren eines mittelgroßen Bären. Von dem Scheidewege – der Todeslinie –, den der Grisly ausgetreten haben sollte, um die Schafe gefangenzuhalten, bis er sie brauchte, sah er nichts. Aber die Schafe standen hier und da in lähmendem Schrecken an erhöhten Stellen und wollten offenbar lieber verhungern als herunterkommen.

Lan zerrte eins herunter; sofort kletterte es wieder hinauf. Er sah nun, wie die Sachen standen; so machte er außerhalb der Schlucht eine kleine Hürde aus Dorngesträuch, zerrte die Schafe einzeln – mit einer Ausnahme – herab und schleppte sie aus der Höhle des Todes heraus in die Hürde. Dann schloß er den Cañoneingang mit einem eilig hergerichteten Zaun, holte die Schafe aus der Hürde und trieb sie langsam dem Rest der Herde zu.

Es waren nur zehn oder elf Kilometer über Land, aber erst spät in der Nacht kam Lan an.

Erfreut gab Pedro die Hälfte des Goldstaubs her. In der Nacht lagerten sie zusammen, und es erschien natürlich kein Bär.

Am Morgen ging Lan zum Cañon zurück und fand, wie er erwartet hatte, daß der Bär zurückgekehrt war und das übriggelassene Schaf getötet hatte.

Der Jäger trug den Rest der Schafkadaver auf eine offene Stelle zusammen, streute über die Grislyfährte leichtes Reisig, dann errichtete er sich etwa fünf Meter über dem Boden auf einem Baum eine Plattform, hüllte sich in seine Decke und legte sich gelassen schlafen. Er konnte es auch ruhig tun.

Ein alter Bär wird selten einen Platz drei Nächte hintereinander besuchen; ein schlauer Bär meidet eine Fährte, die über Nacht verändert worden ist; ein geschickter Bär geht völlig geräuschlos. Aber Jack war weder alt, noch schlau, noch geschickt; er kam das viertemal zum Schafcañon und folgte seiner alten Spur geradeswegs zu den köstlichen Hammelbeinen. Er fand die menschliche Spur, aber die hatte etwas an sich, das ihn eher anzog. Er schritt auf den dürren Zweigen hin. „Kräck", machte einer, „kräckkrack" ein zweiter, und Kellyan erhob sich auf seiner Plattform und spähte in die finstere Nacht, bis er eine dunkle Gestalt sich auf der offenen Stelle bei den Schafresten bewegen sah. Des Jägers Flinte krachte, der Bär brummte, trollte sich ins Gebüsch und war verschwunden.

Das war Jacks Feuertaufe, denn die Kugel hatte ihm eine tiefe Fleischwunde im Rücken gerissen. Schnaubend vor Schmerz und Wut strich er durch das Unterholz und wanderte über eine Stunde, dann legte er sich und suchte sich die Wunde zu lecken, konnte sie aber nicht erreichen; nur gegen einen Stamm konnte er sie reiben. Er wanderte weiter dem Tallac zu und dort, in einer von wirren Felsblöcken gebildeten Höhle, legte er sich zur Rast nieder. Er wälzte sich noch vor Schmerzen hin und her, als die Sonne schon hoch stand und ein sonderbarer Feuergeruch durch die Höhle zog. Dieser nahm zu, und ein unangenehmer, dicker Rauch beizte Jacks Augen. Die Luft wurde so stickig, daß Jack fortkriechen mußte. Aber der Rauch folgte ihm, bis der Bär es nicht mehr ertragen konnte und auf einem andern Weg aus der Höhle stürzte. Da sah er, wie ein Mann Holz auf das Feuer am Eingang warf, und der zustreichende Wind sagte ihm: „Das ist der Mann, der letzte Nacht die Schafe bewachte." Da der Wald frei von Rauch war, von einem dünnen Streifen in den Bäumen abgesehen, so konnte Jack sich unbehelligt davonmachen. Er ging über den Felsrücken, fand Beeren und hielt seine erste Mahlzeit, seit er das letzte Schaf getötet hatte. Er zog weiter und pflückte Beeren und grub Wurzeln aus, wohl eine, zwei Stunden lang; da wurde der Rauch dunkler und der Feuergeruch stärker. Jack wandte sich nach einer andern Richtung, aber in aller Ruhe. Nun fingen Vögel, Hirsche und Hasen an davonzufliegen und -zulaufen. In der Luft war ein Dröhnen, wurde lauter, kam näher, und Jack wandte sich und folgte dem übrigen Waldgetier.

Der ganze Wald stand lichterloh in Brand, der Wind sprang auf, und die immer weiter ausgreifenden Flammen flogen wie wilde Pferde. Für Jack war das etwas Unfaßbares, aber sein Instinkt trieb ihn warnend, dem anrückenden Dröhnen, das oben dunkle Wolken und flakkernde Feuerzungen und unten Hitzeboten aussandte, aus dem Wege zu gehen; so floh er davon wie die andern alle. Doch so schnell er lief – und wenige Tiere kommen auf unebenem Boden dem Grisly darin gleich –, der heiße Wirbel kam ihm näher. Aus seiner Witterung der Gefahr war jetzt fast Schrecken geworden, ein Schrecken, wie er ihn vorher nie gekannt hatte; denn hier gab es nichts, wogegen man kämpfen, dem man Widerstand leisten konnte. Das Flammenmeer umgab ihn nun von allen Seiten, zahllose Vögel, Kaninchen und

Hirsche waren dem roten Tod erlegen. Wild sprang er durchs dichte Dornengebüsch, das alle schwächeren Tiere festhielt, bis der Feuerdrache sie packte. Sein Haar war versengt und die Wunde vergessen, da er nur an Entrinnen dachte, als sich das Dickicht vor ihm lichtete und er, vom Rauch geblendet und halb geröstet von der Hitze, einen Abhang hinunter in einen klaren Teich plumpste. Das Fell auf seinem Rücken machte „hiß"; denn es war glühend heiß. Ganz tief tauchte er, schluckte das frische Naß und schwelgte in Sicherheit und köstlicher Kühle. Solange die Lunge es aushielt blieb er unter Wasser, dann hob er langsam und vorsichtig den Kopf. Der ganze Himmel war ein Feuermantel. Brennende Holzstücke und fliegende Asche trafen das Wasser als zischender Regen. Die Luft war heiß, ließ sich aber zeitweise einatmen, und er füllte seine Lunge, bis es ihm schwer fiel, seinen Körper untenzuhalten. Noch andere Geschöpfe waren im Teich, manche verbrannt, manche tot, diese klein und am Rande, jene größeren an tieferen Stellen, und eins war dicht neben ihm. Oh, er kannte den Geruch; auch das Feuer – der ganze Gebirgswald stand in Flammen – konnte ihm den Jäger nicht aus den Sinnen bringen, den Mann, der von der Plattform aus geschossen hatte, und der ihm, was Jack freilich nicht wußte, den ganzen Tag gefolgt war, der versucht hatte, ihn in seiner Höhle auszuräuchern und dabei den Wald in Flammen setzte.

Hier standen sie Aug in Auge am tiefsten Ende des kleinen Teiches, nur drei Meter voneinander entfernt. Die Flammen waren unerträglich. Bär und Mensch taten einen hastigen Atemzug und verschwanden wieder unter der Oberfläche, und jeder von beiden fragte sich, was der andere tun würde. In einer halben Minute tauchten sie wieder auf, beide froh, daß der andere nicht nähergekommen war. Jeder versuchte, seine Nase und ein Auge über Wasser zu halten. Aber die Hitze der Feuerbrunst zwang sie, ganz unterzutauchen und solange wie möglich unten zu bleiben.

Die Flammen brausten wie ein Orkan daher. Eine gewaltige Kiefer krachte quer über den Teich und hätte beinahe den Mann getroffen. Das aufspritzende Wasser löschte den Brand zum größten Teil, verbreitete aber solche Hitze, daß der Jäger etwas näher an den Bären heranrücken mußte. Ein zweiter Waldriese stürzte schräg hernieder, erschlug einen Kojoten und kam quer über den ersten zu liegen. Wo sie sich trafen, flammte es hell auf und trieb den Bären etwas mehr dem Manne zu. Jetzt waren sie nur noch auf Armeslänge

voneinander entfernt. Lans Gewehr lag nutzlos im seichten Wasser unweit des Ufers, aber er hatte sein Messer in der Hand, zur Verteidigung bereit. Er brauchte es nicht, die höhere Gewalt des Feuers hatte Frieden geboten. Auf- und niedertauchend, mit der Nase an der Luft und möglichst mit einem Auge auf den Feind, verbrachten sie gut eine Stunde. Der rote Orkan raste weiter. Der Rauch im Walde war noch unangenehm, doch nicht länger unerträglich. Als sich der Bär dann aufrichtete und ins seichtere Wasser ging, um das Ufer zu gewinnen und zu verschwinden, bemerkte der Mann einen Schimmer von rotem Blut, das vom zottigen Rücken in den Teich sickerte. Das Blut auf der Fährte, war ihm nicht entgangen; nun wußte Lan, daß es der Cañonbär, das Ungetüm, nicht aber, daß er auch sein alter Jack war. Kellyan kroch in entgegengesetzter Richtung aus dem Teich. So schieden Jäger und Wild: Jeder ging seinen eigenen Weg.

Der Strudel

Da alle Abhänge auf der Westseite des Tallac vom Feuer verheert waren, wandte sich Kellyan nach einer neuen Hütte auf dem östlichen Abhange, wo es noch grüne Oasen gab; ebenso machten es Waldhuhn, Kaninchen und Kojote und auch unser Grisly-Jack. Seine Wunde heilte schnell, aber die Erinnerung an den Geruch des Flintenschusses blieb ihm dauernd. Es war ein gefährlicher Geruch, eine neue und schreckliche Art von Rauch, die er nur zu gut kennenlernen und bald wieder auf seinem Lebenswege antreffen sollte. Jack ging den Tallac hinab, einem süßen Geruch nach, der Erinnerungen an frühere Genüsse wachrief – dem Duft von Honig, wenn er das auch nicht wußte. Ein Schwarm von Waldhühnern flog ihm träge aus dem Weg und ließ sich auf einem niedrigen Baum nieder, als er die Witterung von einem Menschen in die Nase bekam und einen Knall hörte, ähnlich wie einst im Schafpferch, worauf eines der Hühner dicht neben ihm niederfiel. Er trat vor, um Witterung zu nehmen, gerade als ein Mann aus dem gegenüberliegenden Gebüsch heraustrat. Sie standen keine drei Meter voneinander und erkannten sich wieder; denn der Jäger sah, daß ein versengter Bär mit einer Wunde im Rücken vor ihm stand; und der Bär roch den Flintenrauch und den Lederanzug. Schnell wie ein Grisly – das heißt blitzschnell – zog sich der Bär zurück, der Mann sprang ebenfalls zurück, glitt aber aus und fiel hin; und der Grisly war über

ihm. Der Jäger lag mit dem Gesicht nach unten wie tot da; ehe Jack aber zuschlug, kam ihm eine Witterung, die ihn innehalten ließ. Er roch an seinem Opfer, und der Geruch war wie das Wegziehen eines Vorhangs oder das Heraufbeschwören einer vergangenen Zeit. Die Tage in der Jägerhütte hatte er vergessen, aber auf Geheiß der Nase wurden die Gefühle jener Tage in ihm mächtig. Ein tiefer Zug der Nase erstickte alles Rachegelüst in ihm; er ließ den Jäger unverletzt liegen und trollte sich davon.

O du blinder Mensch! Seine einzige Erklärung des Vorgangs war: „Man kann nie wissen, was ein Grisly tun wird, aber man tut gut, sich niederzulegen, wenn man in seiner Gewalt ist." Nie kam es ihm in den Sinn, dem zottigen Tier einen angeborenen Trieb zum Guten zuzutrauen, und als er dem Schäfer von seinem Abenteuer im Teich, von der Verwundung des Bären und vom Verlieren der Fährte im Waldbrand erzählte, sagte er: „Und da stand er mir auf einmal gegenüber und hatte mich, und ich dachte mein letzter Tag sei gekommen. Warum er mir nichts getan hat, weiß ich nicht. Aber das sag' ich dir, Pedro: Das war der Bär, der deine Schafe auf der oberen Weide und im Cañon geholt hat! Keine zwei Bären haben dieselben Hinterfüße, wenn man eine klare Fährte hat, und diese geht ein ganzes Stück geradeaus."

„Was ist's mit dem zehn Meter hohen Bären, den ich mit eigenen Augen gesehen habe?"

„Ach, das war doch in der Nacht, wo du die Schafe in die enge Schlucht geführt hast. Aber warte nur; ich krieg ihn noch."

So machte sich Kellyan auf zu einer langen, langen Jagd und wandte dabei jeden ihm bekannten Kunstgriff zur Einkreisung eines Bären an. Zur Teilnahme lud er Lu Bonamy ein, dessen gelber Köter ein guter Spürhund war.

Sie beluden vier Pferde mit Proviant und Ausrüstungsgegenständen und führten sie über den Kamm auf die Ostseite des Tallac und hinunter zur Jackspitze, die Kellyan zu Ehren seines Bärenjungen so benannt hatte, dem Laubsee zu. Der Jäger hoffte, dort nicht nur Pedros Riesenbären, sondern auch andere aufzufinden, da die Gegend vom Feuer verschont geblieben war.

Schnell schlugen sie ihr Lager auf – ihr Zelt sollte sie mehr vor der Sonne als vor dem Regen schützen –, pflockten ihre Pferde auf einer Wiese an und gingen jagen. Während sie den Laubsee umschritten, bekamen sie eine gute Übersicht über den Wildbestand: viele Hirsche, einige Bären, Zimt- und Grislybären. Am Ufer wies Kellyan auf eine Fährte mit den vielsagenden Worten: „Das ist er!"

„Der Riesenbär?"

„Jawohl! Das ist der zehn Meter hohe Grisly. Ich denke, er wird wohl bei Tageslicht so um die zwei Meter hoch sein, aber bei Nacht wirken die Bären natürlich größer."

So wurde denn der gelbe Köter auf die Fährte gesetzt und lief mit spaßigem, abgebrochenem Gekläff den beiden Jägern voran, die, so schnell sie konnten, hinter ihm herstolperten und von Zeit zu Zeit dem Hunde zuriefen, er solle langsamer gehen. Dabei machten sie einen solchen Lärm, daß Jack, der über ihnen am Berghang entlangtrottete, sie eine Meile weit hörte. Er ließ sich von der Nase zu vielen guten und eßbaren Dingen führen und ging deshalb gegen den Wind. Der Lärm dahinten war aber so eigentümlich, daß er mit Hilfe seiner Nase dessen Herkunft auskundschaften wollte. Er wandte sich daher, ging oberhalb des Geräusches zurück, dann hinunter und kam so gegen den Wind auf die Fährten der Jäger und ihres Hundes. Sofort gab ihm seine Nase Bescheid. Hier war der Jäger, den er erst verschont hatte, und zwei andere Gerüche aus ferner Vergangenheit – beide verhaßt; alle drei jetzt Kenngerüche von Feinden. Ein ausdrucksvolles, rollendes „Wuf" kam aus seiner Kehle.

Besonders der Hundegeruch erregte ihn, obwohl er von dem Hunde sicher nicht mehr das geringste wußte. Jack ging schnell und geräuschlos, ja wunderbar geräuschlos auf der Spur seiner Widersacher dahin.

Auf unebenem, felsigem Boden ist ein Hund kaum schneller als ein Bär, und da der Hund beständig von den Jägern zurückgehalten wurde, war es dem Bären leicht, ihn einzuholen. Als er nur noch etwa hundert Meter von ihnen entfernt war, verfolgte der Bär, zum Teil aus Neugierde, den Hund noch weiter, bis der umspringende Wind diesem die Bärenwitterung zutrug. Er drehte sich – man kann dem Fährtengeruch nicht länger folgen, wenn man vom Körper selbst Witterung hat – und kam zurückgelaufen, nun aber mit ganz anderem Gekläff und mit gesträubtem Rückenhaar.

„Ich versteh' das nicht", flüsterte Bonamy.

„'s ist der Bär, schon recht", war die Antwort, und der Hund ging in hohen Sprüngen gerade auf den Feind zu.

Jack hörte ihn kommen, roch ihn kommen und sah ihn auch endlich kommen. Aber was ihn erregte, war der Geruch, die volle Wit-

terung von dem Plagegeist seiner Jugendzeit. Das Zorngefühl jener Tage überkam ihn; aber die angeborene Schlauheit ließ ihn besonnen handeln: Er wich zurück, stellte sich neben die Fährte, da, wo sie unter einer Wurzel wegführte, und als der Gelbe kam, versetzte Jack ihm einen Schlag, wie er es vor Jahren getan hatte, aber diesmal mit der Kraft eines erwachsenen Grislys. Keinen Ton gab der Hund von sich, kein zweiter Schlag war nötig. Ohne ein Wort zu sprechen, suchten die Jäger eine Stunde lang, ehe sie die Stelle fanden und aus vielen stummen Zeichen erkannten, was sich hier zugetragen hatte.

„Das soll er mir büßen", sagte Bonamy grollend; denn er hatte den unansehnlichen Köter gerngehabt.

„'s ist Pedros Bär, 's stimmt. Er ist gewiß ein Schlauer, auf seiner eigenen Fährte hinterherzulaufen. Aber wir stell'n ihn doch!" Und sie gelobten, den Bären zur Strecke zu bringen „und koste es das eigene Leben."

Ohne Hund mußten sie einen neuen Jagdplan entwerfen. Sie suchten zwischen paarweise stehenden Bäumen einige günstige Stellen für Fallen aus. Dann ging Kellyan zum Kamp zurück, die Axt zu holen, während Bonamy den Boden herrichtete.

Als Kellyan nahe am Lagerplatz war, blieb er seiner Gewohnheit gemäß stehen und blickte nieder auf den Kamp. Schon wollte er weitergehen, als eine Bewegung sein Auge fesselte. Dort saß ein Grisly und blickte zum Kamp hinunter. Das versengte Braun an Kopf und Hals und der weiße Fleck auf jeder Seite des Rückens ließen keinen Zweifel, daß Kellyan und Pedros Bär einander wieder gegenüberstanden. Die Entfernung war groß, aber Lan hob die Flinte, und da der Bär plötzlich den Kopf senkte und seine Hintertatze hob, um eine kleine Schramme zu belecken, kamen Kopf und Brust für Kellyan beinahe in eine Linie und boten ein sicheres Ziel, so sicher, daß Lan zu hastig schoß. Er fehlte Kopf und Schulter, aber die Kugel traf den Bären sonderbarerweise in den Rachen und an die hintere Zehe und riß ihm einen Zahn und die Hälfte der Zehe weg. Schnaubend sprang der Bär auf und eilte bergab auf den Jäger zu. Kellyan kletterte auf einen Baum und machte sich schußfertig, aber der Kamp lag gerade dazwischen, und der Bär wandte sich diesem zu. Ein Fegen seiner Tatze, und das Zelt war unten und zerrissen. Ritsch! und die Konserven flogen nach. Ratsch! und die Säcke Mehl gingen denselben Weg. Hui! und das Mehl zerstob wie Rauch. Schlapp –

kräck! und eine Kiste mit Inhalt stürzte ins Feuer. Piffpaff! und ein Sack voll Patronen folgte ihr! Prr! und der Wassereimer war altes Eisen. Pat-pat-pat! und alle Tassen lagen in Scherben.

Kellyan, der sicher auf seinem Baum saß, hatte kein freies Schußfeld; er konnte nur warten, bis sich der Sturm etwas gelegt hatte. Der Bär stieß auf eine verkorkte Flasche. Geschickt nahm er sie in seine Pfoten, klaubte den Kork heraus und hielt die Flasche an den Mund mit einer Gewandtheit, die auf lange Erfahrung deutete. Aber was auch in der Flasche sein mochte, dem Eindringling behagte der Inhalt nicht; er spuckte ihn aus und schleuderte vor Lans erstaunten Augen die Flasche weg. „Kräck – kräck – kräck!" kam's jetzt vom Feuer, wo die Patronen losgingen, einzeln, zu zweien, vieren und in zahlloser Menge. Der Grisly wirbelte herum und zerschmetterte alles, was ihm vor Augen kam. Das Geknatter des 4. Juli gefiel ihm aber nicht; er sprang auf eine Bodenwelle, bewegte sich dann plump und keuchend zur Wiese und hatte eben die Pferde in panische Flucht gejagt, als er zum ersten Mal dem Jäger ein klares Ziel bot. Seine Flanke erhielt einen zweiten Streifschuß, und heulend wandte er sich in den Wald.

Die Jäger waren übel daran. Eine volle Woche dauerte es, bis der Schaden, den ihr zottiger Gast angerichtet, wieder gutgemacht war und sie sich wieder mit neuen Vorräten versehen und ihr Zelt am Laubsee ausgebessert hatten. Von ihrem Gelübde, den Bären zu erlegen, sprachen sie wenig. Für beide stand fest, daß es ein Kampf bis aufs Messer war. Sie sagten niemals: „Wenn wir ihn kriegen", sondern: „Sobald wir ihn kriegen."

Die Furt

Wütend, aber vorsichtig, stieg Jack den Berghang hinauf und suchte weit entfernt auf der südlichen Abdachung in einem Dorndickicht ein ungestörtes Lager auf, wo er ruhen, seine Wunden pflegen und den argen Schmerz lindern konnte, den ihm der zerschmetterte Zahn verursachte. Dort lag er zeitweise in großer Pein, einen Tag und eine Nacht lang, ohne sich vom Flecke zu rühren. Aber am zweiten Tage trieb ihn der Hunger auf; er verließ sein Lager, erstieg den nächsten Höhenrücken und ging diesen gierig schnüffelnd entlang, als ihm die Witterung eines Bergjägers in die Nase kam. Da er sich zu nichts Besonderem veranlaßt fühlte, setzte er sich hin und tat

nichts. Der Geruch wurde stärker, und Tritte ließen sich hören; sie kamen näher, das Strauchwerk ging auseinander, und ein Reiter wurde sichtbar. Das Pferd schnaubte und wollte umkehren, aber der Höhenkamm war eng, und ein Fehltritt konnte verhängnisvoll werden. Der Cowboy hielt das Pferd kurz, und obwohl er ein Gewehr hatte, machte er keinen Versuch, auf das Tier, das ihn mißmutig anblinzelte und den Weg versperrte, zu schießen. Er war ein alter Bergbewohner und gebrauchte nun einen Trick, den die Indianer seit langem üben, von denen er ihn in der Tat gelernt hatte: Er fing an, „mit seiner Stimme Medizin zu machen."

„Sieh mal hier, Bär", rief er laut, „ich tu' dir ja nichts, und ich bin dir auch nicht böse, und du hast keinen Grund, mir böse zu sein!"

„Gro–o–oh!" sagte Jack, in leisem, tiefem Tone.

„Nun, ich will auch keine Reiberei mit dir, wenn ich schon mein Schießeisen zur Hand habe; ich will bloß, daß du beiseite gehst und mich den näheren Weg da gehen läßt."

„Groh–wu–u–wau", brummte Jack.

„Ich mein's ehrlich, mein Lieber. Du läßt mich allein, und ich lasse dich allein; geh mir bloß fünf Minuten aus dem Weg."

„Groh–groh–wau–u–ömph", war die Antwort.

„Siehste, es führt kein Weg herum und nur einer durch, und da sitzst du gerade drauf. Ich muß durch; denn zurück kann ich nicht. Komm nu, soll's gelten? Hände hoch und keinen Krach?"

Ganz sicher waren das für Jack nichts als komische, harmlose, eintönige Menschenlaute; schließlich blinzelte er dem unbegreiflichen Wesen mit einem „Gr–ö–ph" in die Augen und trollte sich seitwärts bergab, und der Cowboy spornte sein widerwilliges Roß an.

„Na ja", kicherte er, „ich wußt' ja, das versagt nie. Darin sind alle Bären gleich."

Hätte Jack die Fähigkeit klaren Denkens besessen, so hätte er wohl gesagt: „Das ist gewiß eine neue Art von Mensch."

Wirbel und wachsende Flut

Jack wanderte mit wachsamer Nase weiter. Da gab es zahllose Witterungen von Beeren, Wurzeln, Waldhühnern, Hirschen, bis ein neuer und wohlgefälliger Geruch mit besonderer Kraft kam.

Das war kein Schaf oder Wild, auch nichts Totes; denn es roch wie lebendiges Fleisch. Er ließ sich davon bis auf eine kleine Wiese führen, wo er es vorfand. Es waren fünf Wesen, rot und weiß und so groß wie er selbst; aber er fürchtete sich nicht vor ihnen. Vom Jägerinstinkt geleitet und mit dem Wagemut und der Tatfreude eines Weidmanns kroch er gegen den Wind auf sie zu, um die Tiere noch länger zu wittern und an der Witterung seiner selbst zu hindern. Am Waldrand machte er halt; denn hier mußte er sichtbar werden. Ganz nahe befand sich eine Wasserstelle. Leise stillte er seinen Durst; dann legte er sich in ein Dickicht, wo er die Tiere im Auge hatte, und harrte eine Stunde lang. Die Sonne sank, und das Rindvieh erhob sich, um zu weiden. Eines von ihnen, ein kleineres Tier, kam näher an ihn heran; dann kam ihm ein plötzlicher Antrieb, und es ging zum Wasserloch. Jack wartete den günstigen Augenblick ab, und als die junge Kuh in den Schlamm stapfte und den Kopf senkte, schlich er heran und schlug mit aller Kraft zu. Quer über den Schädel zielte und traf er; denn noch wußte er nichts von Hörnern, und das scharfe, aufwärts gebogene Horn fuhr ihm in die Tatze und brach ab. Dabei verlor der Schlag die Hälfte seiner Kraft. Die Kuh stürzte zu Boden, aber Jack mußte mit. Da riß er voll Wut seine Pranke zurück. Die andern Rinder waren vom Schauplatz weggelaufen. Sein Opfer nahm der Bär zwischen die Zähne und schleifte es bergauf in sein Lager. Dort blieb er, mit Fleischvorrat versehen, wieder liegen, um seine Wunden zu pflegen. Sie waren zwar schmerzhaft, aber nicht bedenklich, und binnen einer Woche etwa war der Grisly so gesund wie je und durchstreifte wieder die Wälder um den Laubsee und weiter nach Süden und Osten hin. In dem Maße, wie er älter wurde, dehnte er seine Jagdgründe immer weiter aus – der König schuf sich sein Königreich. Im Laufe der Zeit stieß er auch auf andere seiner Art und maß mit ihnen seine Kräfte. Manchmal siegte er, manchmal unterlag er, aber er wuchs immer weiter im Wechsel der Monde und nahm zu an Alter, Kenntnissen und Kraft.

Kellyan blieb ihm auf der Spur und kannte wenigstens die Haupttatsachen aus seinem Leben, da ihn ein paar Merkmale ständig von anderen unterschieden. Die gründliche Untersuchung der Fährte ergab, daß in einer Vordertatze ein rundes Loch und daß auch eine Hinterpranke verwundet war. Aber da war noch ein anderes Kennzeichen: Der Jäger hatte im Kamp, wo er nach dem Bären geschossen hatte, die Knochensplitter aufgelesen und war nach langem Zweifeln zu dem Schluß gekommen, daß der Bär einen Reißzahn gebrochen habe. Er trug Bedenken, von einem Schuß zu erzählen, der zugleich

einen Zahn und eine hintere Zehe getroffen haben mußte, bis er später klarere Beweise für die Wahrheit dieser Tatsachen fand.

Kaum zwei Tiere sind einander gleich, zahme eher als wilde, und die einzeln hausenden Grislybären zeigen große Unterschiede. Die meisten machen an den Bäumen ihre Größe kenntlich, indem sie sich mit dem Rücken daran reiben, andere richten sich am Baum auf und schlagen ihre Krallen hinein, wieder andere umfassen den Stamm mit den Pranken und scharren daran mit den Hinterkrallen. Jacks Eigenart war, sich zuerst zu reiben, dann umzudrehen und den Stamm mit den Zähnen aufzureißen.

Dies hatte Kellyan festgestellt, als er eines Tages einen Bärenbaum untersuchte. Den ganzen Morgen war er der Bärenspur gefolgt und hatte aus einer Reihe schöner Abdrücke im Staube ersehen, daß eine Zehe am Hinterfuß durch die Schußwunde verletzt worden war, und daß der entsprechende Vorderfuß eine große, runde Wunde trug, ein Andenken an das Kuhhorn. Als er zum Bärenbaum kam, wo Jack sein Namenszeichen eingegraben hatte, ersah er aus den Zahnspuren deutlich, daß einer der oberen Reißer abgebrochen war. So war an der Tatsache nicht länger zu zweifeln.

„'s ist derselbe alte Bär“, sagte Lan zu seinem Gefährten.

Während dieser ganzen Zeit bekamen sie ihn nicht ein einziges Mal zu Gesicht. Nun legten die beiden Genossen eine Reihe von Bärenfallen. Diese bestehen aus schweren Balken und haben eine Falltür von behauenen Planken. Der Köder befindet sich auf einem Drücker am andern Ende; ein Zug daran bringt die Tür zum Fallen. Es kostete eine Woche schwere Arbeit, vier solche Fallen fertigzustellen. Sie beköderten sie nicht sofort; denn kein Bär wird an einen solchen ververdächtig neu aussehenden Gegenstand herangehen; er muß erst etwas verwittert und grau sein. Aber sie räumten alle Späne weg und beschmierten das frischgehauene Holz mit Schlamm, dann rieben sie das Innere mit altem Fleisch und hängten an den Drücker jeder Falle angegangenes Wild.

Drei Tage hielten sie sich zurück; solange dauert es, bis der Menschengeruch sich verflüchtigt hat. Dann fanden sie nur eine Falle ausgelöst. Bonamy wurde ganz aufgeregt; denn sie hatten die Fährte des Grislys eben gekreuzt. Aber als Kellyan den Boden betrachtete, lachte er plötzlich laut auf.

„Sieh das mal an“ – und dabei wies er auf eine bärenartige, aber kaum zwei Zoll lange Spur. „Das ist der Bär, den wir finden werden,

ein Bär mit buschigem Schwanz", und Bonamy lachte mit, als er sah, daß sich in der großen Falle nur ein kleiner Skunk, ein Stinktier, gefangen hatte.

„'s nächste Mal hängen wir das Lockfleisch höher", sagte Lan.

Sie rieben ihre Stiefel vor Begehen der Fallenstrecke mit altem Fleisch und blieben eine Woche lang weg.

Es gibt Bären, die sich fast nur von Wurzeln und Beeren nähren; für andere ist der Lachs die Lieblingsspeise, den sie auf seiner langen Wanderung mit den Krallen aus den Teichen holen können, und wieder andere sind auf Fleisch erpicht. Die dritte Gruppe ist selten; sie ist ungewöhnlich wild und findet meist ein frühzeitiges Ende. Jack gehörte dazu; er entwickelte sich wie ein muskelstrotzender, mit viel Fleisch genährter Gladiator und wurde größer, stärker und wilder als seine Früchte und Wurzeln verzehrenden Genossen. Im Gegensatz dazu stand seine Vorliebe für Honig. Der Jäger auf seiner Fährte fand, daß er kein Bienennest auf seinem Wege unausgegraben ließ, und wenn er keines fand, verzehrte er die kleinen Honigblüten, die wie Schlittenglöckchen auf der Heide hängen. Diese Eigenart wollte Kellyan sofort ausnützen. „Du, Bonamy, wir brauchen Honig."

Es ist nicht leicht, einen Bienenbaum ausfindig zu machen, wenn man keinen Honig hat, um die Leitbienen zu füttern. Deshalb ritt Bonamy zum nächsten Kamp, Tampicos Schafkamp, hinunter, wo er zwar keinen Honig, aber etwas Zucker erhielt, aus dem sie Sirup bereiteten. Dann fingen sie an mehreren Stellen Bienen, hängten ihnen etwas Baumwolle an, gaben ihnen Sirup zu naschen, ließen sie fliegen und schauten ihnen nach, solange die Baumwolle sichtbar war. Sodann verfolgten sie die angegebene Richtung, bis sie den Bienenstock fanden. Ein Stück Honigwabe wurde in einem Jutebeutel auf die Fallenfedern gelegt, und als Jack in der folgenden Nacht mit dem langen, rastlosen Schwung, der Dampfrädern gleich Meilen frißt, dahintrottete, trug ihm seine wachsame Nase einen köstlichen Geruch zu, der ihn mehr als alle andern ergötzte. So folgte er ihm eine Meile weit, bis er die sonderbare Blockhütte erreichte und schnüffelnd haltmachte. Da waren Gerüche von Jägern, ja, aber vor allem der Honiggeruch! Er ging um die Hütte herum und sah, daß der Honig darin war. Vorsichtig trat er ein. Ein paar Waldmäuse liefen davon. Er beschnupperte die Lockspeise, leckte daran, nahm sie zwischen die Zähne, schwelgte darin, zerrte daran, um mehr Saft herauszuholen, als auf einmal mit großem Krach die Tür hinten zufiel und er gefangen war. Mit einem Ruck fuhr er auf, prallte gegen die Tür und hatte nun wenigstens eine Ahnung von der Gefahr. Mit Mühe drehte er sich um und bearbeitete die Tür, aber sie war zu stark. Nun untersuchte er den Bau und prüfte alle Balken, wo er an ihrer Rundung mit den Zähnen am besten ankommen könnte. Aber umsonst versuchte er einen nach dem andern, riß am Dach und am Boden, alles waren schwere, harte Balken, trefflich gefügt und festgenagelt.

Während Jack noch in voller Wut war, ging die Sonne auf und schien durch kleine Spalten; dorthin wandte er sich mit seiner ganzen Kraft. Die Tür war flach und gab wenig Halt, aber er schlug mit den Tatzen und riß mit den Zähnen, bis eine Planke nach der andern nachgab. Mit einem letzten Ruck stieß er das Wrack vor sich her und war wieder frei.

Die beiden lasen die Geschichte der nächtlichen Ereignisse, als hätten sie sie gedruckt vor sich, ja noch besser, denn Plankensplitter lügen nicht, und die Fährte zu und von der Falle war die eines großen Bären mit den ihnen bekannten Absonderlichkeiten, während die Rißspuren an den Seitenbalken von einem gebrochenen Zahn zeugten.

„Diesmal hatten wir ihn, aber er war zu stark für unsere Falle. Aber wart nur; wir kriegen dich!"

So fuhren sie fort und fingen ihn wieder; denn Honig war für ihn unwiderstehlich. Aber am Morgen fanden sie nur eine zertrümmerte Falle.

Pedros Bruder kannte einen Mann, der Bären gefangen hatte, und der Schäfer erinnerte sich, daß es mehr darauf ankam, eine lichtdichte als eine starke Tür zu haben, weshalb sie sie außen ganz mit Teerpapier verklebten.

Aber Jack kannte sich bald aus in dieser Art Fallen. Er zerbrach die Tür nicht, durch die er nicht hindurchsehen konnte, steckte aber eine Pranke darunter und drückte sie mit aller Gewalt auf. So narrte er die Jäger und trieb seinen Spott mit den Fallen, bis Kellyan die Tür in eine tiefe Rinne senkte, so daß der Bär seine Krallen nirgends ansetzen konnte. Aber inzwischen war es kalt geworden. Die Bärenspur verschwand, und die Jäger wußten, daß Jack seinen Winterschlaf angetreten hatte.

Das Flußbett wird tiefer

Der April hieß den Schnee der hohen Sierra zur Meeresmutter zurückkehren. Der kalifornische Grünspecht oder Lachvogel lärmte laut

vor Lust; die Menschen dachten wohl, es geschehe wegen der paar Eicheln, die er noch in der Borke verwahrt gefunden hatte, es war aber nichts als Freude am Leben. Die Hirsche sprangen, Waldhühner stiegen auf, Rinnsale plätscherten – alles war voll lauter Daseinslust.

Kellyan und Bonamy hatten sich wieder zur Grislyjagd eingestellt. „Zeit, daß er wieder draußen is' und gute Spur zum Folgen und viel Schnee in den Löchern." Sie hatten sich für eine lange Jagd ausgerüstet; es fehlte nicht an Honig als Lockmittel, an großen Stahlfallen und Gewehren. Die Blockfalle, die je älter um so besser ist, war ausgebessert und mit frischem Köder versehen, und mehrere schwarze Bären wurden gefangen. Aber der „Riesenbär", wenn er überhaupt da war, hatte sie meiden gelernt.

Er war da, wie die Männer bald erfuhren, sein Winterschlaf war vorüber. Seine unverkennbare Spur fanden sie im Schnee, aber nicht allein, daneben oder gerade davor war eine andere Bärenfährte, die eines kleineren Tieres. „Sieh mal", sagte Kellyan, indem er auf die kleinere Spur wies, „jetzt ist Paarungszeit, unser Bär hat seinen Honigmonat", und er folgte der Spur eine Weile, nicht in der Erwartung, die Bären zu finden, sondern nur, um sich über ihre Bewegungen zu unterrichten. Mehrmals folgte er meilenweit, und die Spur erzählte ihm vieles. Hier schloß sich die Fährte eines dritten Bären an. Hier hatte ein Kampf stattgefunden, und dort war zu lesen, daß ein Nebenbuhler abgewiesen worden war. Einmal führte sie den Berg hinunter zu einer Stelle, wo der größere Bär ein Liebesfest gefeiert hatte; denn die Überreste eines halbverzehrten Stiers und die Spuren auf dem Boden sprachen deutlich von dem Kampf, der dem Fest vorausgegangen war. Wie um seine Kraft zu zeigen, hatte der Bär den Stier am Maule gepackt und eine Weile geduckt gehalten – so erzählte eine Strecke breit zertrampelter Erde — trotz allem Sträuben, Schnauben und Brüllen, sicher Musik für die Ohren der Genossin, bis der Grisly es an der Zeit hielt, ihn mit seinen stählernen Tatzen zu Boden zu strecken.

Nur einmal bekamen die Jäger das Paar einen Augenblick zu Gesicht, einen Bären von solchem Ausmaß, daß ihnen Tampicos Erzählung beinahe glaubwürdig erschien, und einen kleineren Bären mit einem Fell, über das im Sonnenschein braune und silberne Reflexe liefen.

„Oh, ist das nicht das Schönste, was je im Wald zu sehen war!" und beide Jäger gafften, als das Paar aus dem freien Feld ins Dornen-

dickicht schritt. Es war nur ein Kranz von Dornen, beide mußten in einer Minute auf der anderen Seite wieder zum Vorschein kommen, und die Männer machten sich schußbereit. Aber aus irgendeinem unbegreiflichen Grunde erschien das Paar nicht wieder. Es blieb in Deckung und war schon weit fort, ehe die Jäger es merkten.

Aber Faco Tampico sah es. Er machte sich zu seinem Bruder auf, und als er in den Vorbergen jagte, in der Hoffnung, einen Hirsch zu erlegen, fielen seine schwarzen Äuglein auf ein Bärenpaar, das miteinander weit unterhalb durch den Wald trottete. Er fühlte sich in sicherer Stellung und ließ eine Kugel fliegen, welche die Bärin mit gebrochenem Rückgrat zu Boden streckte. Sie brach mit schmerzlichem Stöhnen zusammen und vermochte nicht mehr aufzustehen. Da fuhr Jack herum, schnüffelte im Wind nach dem Feind, und Faco feuerte wieder. Knall und Rauchwölkchen verrieten dem Bären, wo der Mann versteckt lag. Er raste bergauf, aber Faco kletterte auf einen Baum, und Jack kehrte zu seinem Weibchen zurück. Faco feuerte noch einmal; Jack versuchte von neuem, zu ihm zu gelangen, konnte ihn aber diesmal nicht finden und ging wieder zu seiner Silberbraunen.

War es nun Zufall oder Geschicklichkeit — als Faco noch einen Schuß auf Jack abgab, traf die Kugel. Es war Facos letzte, und als der Grisly wieder heraufstürmte, fand er keine Spur vom Feinde. Der war fort, über eine Stelle hinweg, die kein Bär überschreiten konnte, und bald eine Meile entfernt. Der große Bär hinkte zu seiner Gefährtin zurück, aber sie regte sich nicht mehr bei seiner Berührung. Eine Zeitlang schnüffelte er herum, aber es kam niemand. Das Silberfell hat kein Mensch angerührt, und als der Körper seines Weibchens alle Ähnlichkeit mit ihrer früheren Gestalt verloren hatte, ging Jack davon.

Die Welt war voller Jäger, Fallen und Gewehre. Jack wandte sich hinkend, denn er hatte eine neue Fleischwunde, den unteren Hügeln zu, wo die Schafe weideten und er einst Pedros Herde angefallen hatte. Dabei stieß er auf den Geruch des Feindes, der seine Silberbraune getötet hatte, und wäre ihm gefolgt, aber er hörte an einer Stelle auf, wo Pferdespuren einsetzten. Doch fand er ihn vermischt mit der ihm so vertrauten Schafwitterung in der nächsten Nacht wieder und folgte ihm, wund und wild, bis zu der gebrechlichen Hütte eines Ansiedlers, der Wohnung von Tampicos Eltern. Und als der große Bär dort auftauchte, hasteten zwei menschliche Wesen zur Hintertür hinaus.

„Mein Gatte", schrie die Frau, „bete! Laß uns zu den Heiligen um Hilfe flehen!"

„Wo ist meine Pistole!" schrie der Mann.

„Verlaß dich auf die Heiligen!" rief die Frau entsetzt.

„Ja, wenn ich ein gutes Gewehr hätte, oder wenn's 'ne Katze wäre! Aber mit dem alten Eisen von Pistole einem Bären wie 'n Berg gegenüber verlass' ich mich lieber auf einen Baum", und der alte Tampico kletterte eiligst auf eine Fichte.

Der Grislybär schaute in die Hütte, dann wandte er sich zum Schweinekoben, schlug das größte Tier – es war eine neue Sorte Fleisch für ihn –, schleppte es weg und hielt seine Abendmahlzeit. Immer wieder kehrte er zum Schweinestall zurück und fand dort seine Nahrung, bis seine Wunde geheilt war. Einmal stieß er auf einen Selbstschuß, aber dieser war zu hoch angebracht. Die Ladung ging über seinen Kopf hinweg, und er kam unverletzt davon – ein sicherer Beweis, daß er ein Teufel war. Jack wurde das eine klar: Der Menschengeruch ist immer und überall ein gefährlicher Geruch. Er verließ das kleine Tal mit der Hütte und wanderte hinab, der Ebene zu.

Eines Nachts kam er an einem Hause vorbei, und als er darauf losging, fand er ein hohles Ding, das köstlich roch. Es war ein kleines Fäßchen, das Zucker enthalten hatte, wovon noch etwas auf dem Boden lag, und als er seinen gewaltigen Kopf hineinstieß, haftete der mit Nägeln gespickte Faßrand fest. Er raste umher, kratzte wild daran und heulte, bis ein Schuß aus den oberen Fenstern ihn so sehr anspornte, daß das Fäßchen in Stücke zersprang und er die Blende los war.

So erstarkte der Gedanke in ihm: Näherst du dich einer menschlichen Behausung, so kommst du sicher in Ungelegenheiten. Hinfort suchte er seine Beute im Wald oder auf der Prärie. Eines Tages fand er die Menschenwitterung, die ihn so in Wut versetzt hatte, als er seine Silberbraune verlor. Er nahm die Spur auf und folgte ihr mit fast unglaublicher Lautlosigkeit durch Dornengebüsche auf und ab und an Binsengesträuch vorbei bis zur Ebene. Die Witterung führte weiter und war nun frischer. In der Ferne erschienen weiße Punkte, die sich bewegten, sie bedeuteten ihm nichts; er hatte Wildgänse nie gewittert, kaum gesehen; aber die Fährte seines Wildes führte weiter, bis die Binsen ein wenig raschelten und die Witterung Körperwitterung wurde. Ein machtvolles Hindrängen, ein einziger Schlag – und die Gänsejagd war zu Ende, ehe sie recht begonnen hatte, und Facos Schafe erbte sein Bruder.

Der Wasserfall

So wie manchmal bei den Menschen eine Zeitlang absonderliche Modetorheiten überhandnehmen, so kann auch eine Tierart in den Bann einer krankhaften Neigung geraten. In diesem Jahre schienen die Grislys der Sierren von der Sucht nach Rindfleisch wie besessen zu sein. Lange hatte man sie als eine wurzelfressende, beerenrupfende und in ungereiztem Zustande harmlose Art gekannt, aber nun schienen sie in Massen zu den Tierfarmen hinabzusteigen und sich ausschließlich von Fleisch zu nähren.

Einen Viehbestand nach dem andern griffen sie an, und es hatte den Anschein, als sei das ganze Land unter Bären von unglaublicher Größe, Schlauheit und Mordsucht verteilt. Die Viehzüchter boten Prämien, gute, steigende, zuletzt sehr hohe Prämien, aber die Bärenplage hielt an. Sehr wenige wurden erlegt, und in etwas rohem Scherz fing man an, die Viehherden nicht mit ihrem Brandzeichen, sondern nach dem Grisly, der dort sein Absteigequartier hatte, zu benennen.

Wunderbare Geschichten erzählte man sich von den verschiedenen Bären des neuen Geschlechts. Der schnellste war Eilfuß, der Schlächter von Placerville, der aus einem dreißig Meter entfernten Dickicht losbrach und einen Stier packte, ehe dieser wenden und davonrennen konnte, der sogar Ponys im Freien einholte, wenn sie keine Renner waren. Der schlaueste von allen war Hellauf, der mit Vorliebe Rassevieh tötete und einen Merinowidder oder eine weißstirnige Herefordkuh aus fünfzig Stück aussuchte, der jede Nacht ein neues Rind schlug und nie zu dem Opfer zurückkehrte und darum auch nie zum Fallenlegen oder Vergiften Gelegenheit gab.

Leisetritt vom Federfluß bekam kaum je einer zu Gesicht; geheimnisvoller Schrecken schwebte um ihn. Er kam und würgte bei Nacht. Schweine waren seine Leibspeise, aber auch Menschen fiel er oft an.

Aber Pedros Gringo-Grisly war der allerwunderbarste: „Hassayampa" – das war des Schäfers Spitzname – kam eines Abends in Kellyans Hütte.

„Ich sag' dir, er ist noch da. Tausend Schafe hat er mir umgebracht. Du hast mir gesagt, du machst 'n tot; du hast's nicht getan. Er ist größer als der Baum da. Er frißt bloß Schafe, viele Schafe. Ich sag' dir, er ist der Deibel, der Bärendeibel. Ich habe drei Kühe, zwei fette und eine magere. Er packt und erschlägt die fetten, die magere läuft fort. Er wälzt sich im Staub, macht groß Staub. Kuh kommt und guckt, was macht Staub; er fängt se und macht se tot. Der Bärendeibel kaut Fichtenholz, ich kenn 'n an seinem abgebrochenen Zahn. Er scheuert sich Gesicht und Nase mit Fichtenharz, denn stechen 'n die Bienen nicht, und er frißt alle Bienen auf. Er ist immer 'n Deibel. Er frißt Haufen von fauligen Manzanillabeeren, bis er benebelt ist; dann wird 'r toll und schlägt die Schafe zum Spaß tot. Er kriegt den großen Ochsen an der Schnauze und zerrt 'n zum Spaß wie 'ne Ratte. Er macht Kuh und Schafe tot und auch Faco, nur zum Spaß. 'n Deibel ist 'r. Du hast versprochen, ihn tot zu machen; du kriegst 'n nie tot!"

Das ist ein Auszug aus Pedros aufgeregter Erzählung.

Und da war noch ein Grisly – der große Bär, dessen Revier von Stanislaus bis Meced reichte, der „Monarch des Gebirges", wie man ihn genannt hatte. Man glaubte, nein, man wußte, er war der größte lebende Bär, ein Geschöpf von übernatürlicher Geisteskraft. Er schlug Kühe der Nahrung wegen und jagte die Schafe oder bezwang Zuchtstiere zum Vergnügen. Ja, fand sich irgendwo ein außergewöhnlich großer Stier, dann hieß es, sicher werde Monarch bald da sein, um sich das Vergnügen zu verschaffen, mit einem würdigen Feinde zu kämpfen. Ein Vertilger von Rindvieh, Schafen, Schweinen und doch nur durch seine Fährte bekannt. Er selbst wurde von niemandem gesehen, und bei seinen nächtlichen Streifen schien er mit ausgesuchtem Geschick alle Arten von Fallen zu meiden.

Die Viehzüchter taten sich zusammen und boten eine ungeheure Prämie für jeden auf diesem Gebirgszug erlegten Grisly. Bärenfallensteller kamen und fingen ein paar Tiere, Braune und Zimtbären, aber das Viehmorden hörte nicht auf. Als sie bessere Fallen aus starken Stahl- und Eisenstäben legten, fingen sie endlich einen von den vielgesuchten mörderischen Grisly, Hellauf! Ja, und in den Erdspuren lasen sie, wie er gekommen war und den verhängnisvollen Schritt getan hatte; aber Stahl kann brechen und Eisen sich biegen. Die große Bärenfalle berichtete den Hergang: Eine Weile hatte er gegen das harte, schwarze Metall, das in seine Pranke biß, gerast und geschäumt, dann hatte er sich einen Felsblock ausgesucht, die Falle daran in Stücke gehauen und so seine Tatze freigemacht. Seitdem wurde er jedes Jahr schlauer, gewaltiger und mörderischer.

Von den ausgesetzten Preisen angelockt, kamen jetzt Kellyan und Bonamy von den Bergen herab. Sie sahen die mächtige Fährte, sie erfuhren, daß das Vieh an allen Orten zugleich geschlagen wurde. Sie

fanden auch im Staub die Fußeindrücke der verschiedenen Ungetüme in weit voneinander entfernt gelegenen Gegenden, und sie stellten fest, daß alles Vieh in derselben Weise getötet wurde: die Schnauzen aufgerissen und das Genick gebrochen. Sie besichtigten schließlich die Male an den Bäumen, wo die Bären sich mit dem Rücken gerieben und sie dann mit einem gebrochenen Zahn gekerbt hatten, überall auf dem Gebirge das gleiche Bild – und Kellyan erklärte mit ruhiger Sicherheit: „Pedros Gringobär, Leisetritt, Eilfuß, Hellauf und der Monarch des Gebirges sind alle ein und derselbe Bär."

Der kleine Mann vom Gebirge und der große vom Hügelland machten sich daran, ihn zu erjagen, mit einer Leidenschaft, die, wie der eingedämmte Fluß, durch die Hindernisse nur noch ungestümer wurde.

Keine Art von Fallen genügte für ihn. Stahlfallen zerschmetterte er, keine Blockfalle war stark genug, dieses zottige Riesentier festzuhalten; an den Köder ging er nicht; niemals fraß er ein zweites Mal von einem Raub.

Zwei kecke Burschen folgten einmal seiner Spur bis zu einer felsigen Schlucht. Da die Pferde scheuten, gingen die beiden zu Fuß hinein, und nie wieder hat man etwas von ihnen gehört. Die Mexikaner hatten eine abergläubische Furcht vor ihm, da sie meinten, er sei gegen den Tod gefeit. So verbrachte er noch ein Jahr in der Viehgegend, jetzt als „Monarch des Gebirges" bekannt und gefürchtet. Nachts mordete er im Freien, und am Tage zog er sich in das anstoßende Hügelland zurück, wo ihn kein Reiter einholen konnte.

Bonamy war ins Unterland abgerufen worden, aber den ganzen Sommer und auch den Winter hindurch – denn Jack hielt keinen Winterschlaf mehr – ritt Kellyan unermüdlich hierhin und dorthin, kam aber immer zu spät oder zu früh, um Monarch zu treffen. Fast hätte er es aufgegeben, nicht aus Verzweiflung, sondern aus Mangel an Mitteln, als ein reicher Mann, ein Zeitungsbesitzer aus der Stadt, sich erbot, die Prämie zu vervielfachen, wenn einer Monarch nicht tötete, sondern lebendig brächte.

Kellyan schickte nach seinem alten Genossen, und als verlautete, es seien in der Nacht drei Kühe in der bekannten Weise unweit der Glockenweide getötet worden, sparten sie nicht Roß und Sattel, dorthin zu gelangen. Ein zehnstündiger Nachtritt erschöpfte die Pferde völlig, aber die Männer waren von Eisen, und nach einer Minute hatten sie frische Gäule unter sich. Hier waren die geschlagenen Rinder, dort die gewaltigen Tatzenspuren, die seinen Namen buchstabierten.

Kein Hund hätte dem Täter besser nachspüren können als Kellyan. In fünf Meilen Entfernung stand am Fuße der Hügel ein undurchdringliches Dornendickicht. Die große Fährte führte hinein, nicht aber heraus; so saß Bonamy Schildwache, während Kellyan mit der Nachricht zurückritt. – „Sattelt die besten, die wir haben!“ rief er.

Man nahm die Gewehre herunter und schwenkte Patronengürtel, als Kellyan Halt gebot.

„Wißt, Jungens, wir haben 'n sicher genug. Vor Nacht wird 'r die Dornen nicht verlassen. Schießen wir, so kriegen wir die Viehzüchterprämie; fangen wir ihn lebend – und das ist leicht im Freien –, so haben wir den Zeitungspreis zehnmal so hoch. Laßt alle Gewehre weg, Lassos genügen.“

„Warum nicht die Gewehre mitnehmen, daß sie zur Hand sind?“

„Ich kenne meine Leute; sie könnten der Gelegenheit, ihm eins auszuwischen, nicht widerstehen; also lieber keine Gewehre.“

Trotzdem nahmen drei ihre schweren Revolver mit. Sieben tapfere Reiter auf sieben untadeligen Rossen, so ritten sie aus, den Monarchen des Gebirges zu stellen. Noch war er im Dorn; denn es war noch Morgen. Mit Steinen und Geschrei suchte man ihn hinauszutreiben, ohne Erfolg, bis sich der Mittagswind der Ebene erhob, der Luftstrom, der von den Bergen niederrinnt. Dann zündeten sie an verschiedenen Stellen das Gras an, so daß eine wogende Flamme und dicker Rauch ins Dickicht drangen. Da krachte es lauter als das Feuer, das Strauchwerk knackte, und aus dem andern Ende stürzte der Bärenmonarch heraus. Schon war er von Reitern umringt, die nicht mit Gewehren, sondern mit den Lederschlangen bewaffnet waren, deren fliegende Schleifen Fesseln oder Tod bedeuten. Die Männer waren ruhig, aber die Pferde schnaubten und schlugen aus vor Angst. Einen kurzen Blick warf der Grisly auf diesen und jenen Reiter, die Pferde beachtete er kaum; dann wandte er sich ohne Hast den befreundeten Hügeln zu.

„Aufgepaßt, Bill, Manuel, Rico! Jetzt ist's an euch!“

Drei Reiter von der Farm segelten, schwebten wie Falken dahin, ihre Lassos flogen, sangen, sangen höher, und Monarch, ganz erstaunt, aber schwerlich schon voll Zorn, erhob sich auf die Hinterpranken und schaute von seiner Turmhöhe nieder auf Roß und Mann. Wenn die Kraft des Besiegten, wie man sagt, auf den Sieger übergeht, dann mußte auch in der machtvollen Brust die Kraft all der Rinder wohnen, die Monarch im Kampf zu Boden gestreckt hatte.

„Herr, was für 'n Bär! Pedro ging nicht so sehr fehl.“

„Swing – sing – sing!" Die Lassos flogen. „Swisch – pat!" eine, zwei, drei fielen nieder; denn bei diesen Männern gab es keinen Fehlwurf, und drei Pferde sprangen darauf los, den Hals des großen Grisly einzuschnüren. Aber schneller als ein Gedanke flogen die gelenkigen Arme nach oben; die Riemen wurden abgestreift, und die gespornten Ponys, des Ruckes gewärtig, sprangen ungehemmt davon und zogen die losen Schlingen hinter sich her.

„Hi – Hal! Ho – Lan! Weg abschneiden!" ertönte der Ruf, als sich der Grisly, dem der ungleiche Kampf nicht paßte, dem Gebirge zuwandte. Aber ein gewandter Mexikaner in silbergesticktem Anzug ließ seine Lederfessel sausen, ließ sein geübtes Pferd sich schräg stemmen, als die sichere Schlinge niedersank, und hemmte Monarch mit einem schweren Ruck. Mit kurzem, wütendem Schnauben wandte sich das große Tier, seine riesigen Kiefer packten den Strick und zermalmten ihn, wie ein Hund einen Zweig, und das Pony galoppierte wie rasend davon.

Nun umkreisten ihn die Reiter, um eine günstige Gelegenheit abzupassen. Mehr als einmal legte sich ihm die Schlinge um den Hals, aber er schlüpfte mit der Schnauze durch, als wär's ein Spiel. Dann wieder ward er am Fuß gefangen, gezerrt und durch das Gewicht zweier starker Pferde fast zu Boden geworfen, und nun schäumte er vor Wut. Es kam ihm die Erinnerung an alte Tage oder wohl eher an das, was er ehemals zu tun pflegte, damals, als er lernte, die gellende Meute abzuwehren. Von dem angezündeten Dickicht war er weit entfernt, aber ein einzelner Busch war nahe; so setzte er sich mit dem breiten Rücken dagegen und erwartete die ihn umringenden Feinde. – Immer näher trieben sie die verängstigten Pferde, und Monarch saß lauernd da, wie damals den Hunden gegenüber, bis sie fast aneinanderstießen. Da stürzte er wie eine Felslawine los. Was kann dem blitzartigen Angriff eines Grislys widerstehen? Die Erde bebte, als er sich vorwärtsschleuderte und zuschlug. Drei Mann, drei Pferde hierhin und dorthin. Der Staub war dick; sie wußten nur, er schlug – schlug – schlug! Die Pferde standen nicht wieder auf.

„Heilige Maria!" erklang ein Todesschrei, und die Reiter stürzten vor, den Bären wegzutreiben. Drei Pferde tot, ein Mann tot, einer halbtot und nur einer gerettet.

„Kräck! Kräck! Kräck!" machten nun die Pistolen, als der Bär seine riesige Gestalt schnell dem befreundeten Hügel zuschaukelte, und vier Reiter, von Kellyan getrieben, folgten ihm schnell. Sie überholten ihn, drehten um und ritten ihm entgegen. Die Pistolen hatten ihn an vielen Stellen verwundet.

„Schießt nicht – schießt nicht; er muß sich ganz erschöpfen!“ schrie der Jäger.

„Ganz erschöpfen? Sieh auf Carlos und Manuel dahinten. Wieviel Minuten wird's dauern, bis wir übrigen unten liegen wie sie?“ Und unablässig knallten die Pistolen, bis alle Kugeln verschossen waren und Monarch vor Wut schäumte.

„Haltet aus! Ruhig Blut!“ schrie Kellyan.

Sein Riemen flog, als die mörderische Pranke einen Augenblick aufwärts gerichtet war, und der Lasso fesselte sie am Gelenk. „Sing! Sing!“ kamen zwei und legten sich Monarch um den Hals. Hat ein Stier seinen starken Klumpfuß in der Schlinge, so ist er sicher gefangen, aber der Grisly hob seine feine, handartige, spitzzulaufende Pranke und hatte sie mit einem Ruck frei. Jetzt wurden die beiden Schlingen um seinen Hals angezogen, so daß er sie nicht abstreifen konnte. Die Pferde an den Enden stemmten sich nach hinten und würgten ihn; die Männer schrien, ritten hin und her und warteten eine neue Gelegenheit ab, als Monarch, beide Tatzen fest aufsetzend, sich stemmte, seine mächtigen Schultern krümmte und trotz der Atembeklemmung an den beiden Riemen zog wie Samson an den Pfeilern des Baalshauses. Die sich sperrenden Pferde samt den Reitern wurden immer wieder vorwärtsgeschleift, tiefe Furchen in den Boden pflügend; und da sie nachgaben, zerrte er sie schneller. Die Augen quollen ihm aus dem Kopf, und die Zunge hing heraus.

„Vorwärts! Haltet fest!“ schrie jemand, bis die Lassowerfer zusammenrückten, um so besser Widerstand leisten zu können. Monarch, voll wahnsinnigen Hasses, sah aufs neue seinen Vorteil und schoß wie ein Pfeil vorwärts. Die Pferde sprangen zurück und retteten sich – beinahe, das eine war um einen knappen Zoll zu nahe; die furchtbare Tatze mit den stählernen Dolchen streifte es noch an der Flanke. Wie unbedeutend das klingt! Aber was es in Wahrheit besagt, mag lieber unbeschrieben bleiben.

Die Reiter hatten ihre Riemen vorsorglich losgelassen, und Monarch schleifte sie brummend, schnaubend und springend bis in das Hügelland, wo er sie in Ruhe abbiß, während der Rest der tapferen Schar wutentbrannt zurückritt.

Bittere Worte und Verwünschungen gegen Kellyan wurden laut.

„Seine Schuld. Warum ließ er uns nicht die Gewehre mitnehmen?“

„Wir steckten alle drin", war die Antwort. Dann fielen noch härtere Worte, bis Kellyan rot wurde, seine Ruhe verlor und eine bis dahin versteckte Pistole vorzog, worauf der andere „es zurücknahm".

Die schäumende Flut

„Was nu, Lan?" sagte Lu Bonamy, als sie in jener Nacht am Feuer saßen. Kellyan schwieg eine Weile, dann sagte er langsam und ernst mit glänzendem Auge: „Lu, das ist der größte Bär, den's gibt. Wie ich 'n da stehn sah wie 'n Turm und Pferde umschmeißen wie Fliegen, da mußt' ich ihn geradezu liebhaben. Er ist das Größte, was Gott hier im Gebirge losgelassen hat. Bis heute habe ich ihn sicher kriegen wollen, nu aber, Lu, m u ß ich 'n kriegen und lebendig kriegen, und wenn's alle meine Lebenstage kostet. Ich denke, ich kann's alleine machen, aber ich weiß, ich kann's auch mit dir tun", und tief in Kellyans Auge glühte ein kleiner Funke von etwas unaussprechlich Hohem.

Ihr Lager hatten sie jetzt im Hügellande, da sie bei den Viehzüchtern nicht mehr willkommen waren; diese hielten nämlich den ausgesetzten Preis für zu hoch. Einige meinten sogar, daß Monarch als Schreck für die Schafe kein unerwünschter Nachbar sei. Diese Prämie wurde also zurückgezogen, nicht aber die von der Zeitung angebotene.

„Bringen Sie mir den Bären", war die kurze, aber unzweideutige Weisung des reichen Zeitungsbesitzers, als er von dem Kampf mit den Reitern erfuhr.

„Wie kommen Sie vorwärts in der Sache, Lan?"

Jede Brücke hat ihr verfaultes Brett, jeder Zaun seine lockere Latte, jeder große Mann seinen schwachen Punkt, und als Kellyan anfing, ernstlich zu überlegen, sagte er sich, daß es eine Tollheit sei, ein Tier von solcher Muskelstärke mit bloßer, roher Gewalt zu überwinden.

„Stahlfallen sind nichts; er zerschmettert sie. Lassos tun's auch nicht, und in Blockfallen kennt er sich aus. Aber ich hab' 'n Plan. Zuerst müssen wir ihm nachgehen und seinen Bereich ausmachen. Ich denke, das kost't drei Monate."

So arbeiteten die beiden weiter. Am nächsten Tage nahmen sie die Bärenspur auf; die Lassos fanden sie abgekaut. Dann folgten sie Tag für Tag der Fährte. Auch Viehzüchter und Schäfer befragten sie und erfuhren viel mehr, als sie glauben konnten.

Drei Monate, hatte Lan gesagt, aber ein halbes Jahr kostete die Ausführung seines Planes, während Monarch seine Raubzüge fortsetzte.

In jedem Teile seines Reiches errichteten sie einige Käfig- oder Blockfallen aus befestigten Stämmen und stellten in jede am hinteren Ende einen kleinen Grat von schweren Eisenstäben auf. Die Türen waren sorgfältig gearbeitet und in Vertiefungen eingepaßt. Sie hatten zwei Bretterlagen mit Teerpapier dazwischen. Innen waren sie mit Eisen beschlagen, und wenn sie niedergingen, fuhren sie in die mit Eisen gefütterte Vertiefung.

Diese Fallen ließen sie offen und ohne Köder, bis sie altersgrau waren und den Menschengeruch verloren hatten. Dann gingen die beiden an den letzten Teil ihres Planes. Sie beköderten alle, ohne die Feder zu spannen – beköderten sie mit Honig, dessen Lockung Monarch nie widerstanden hatte, und als sie schließlich fanden, daß der Honigköder verschwunden war, gingen sie dahin, wo Monarch zur Zeit seinen Tribut erhob, und legten ihm die langgeplante Schlinge. Jede Falle wurde gespannt und wie zuvor mit Honig beködert, aber jetzt mit Honig, der mit einem starken Schlafmittel gemischt war!

Von Land umfangen

In jeder Nacht verließ der große Bär sein Lager, eins von den vielen Lagern, die er hatte, und schritt, von allen seinen Wunden geheilt, im Hochgefühl seiner gewaltigen Kraft der Ebene zu. Seine allzeit wachsame Nase meldete ihm Schafe, einen Hirsch, ein Birkhuhn, Menschen, mehr Schafe, einige Kühe und Kälber; einen Stier – einen Kampfstier –, und Monarch schwelgte in großer, roher Bärenfreude über den bevorstehenden Zweikampf. Als er aber mächtig ausgriff von einem Hügel zum andern, kam eine ganz andere Meldung, so weich und lind, so ganz anders als die scharfe Witterung von Rindvieh, daß man sich wundern möchte, wie er sie überhaupt wahrnehmen konnte; doch wie ein feiner Glockenschlag durch das Grollen des Donners hindurch, so drang sie in sein Bewußtsein, und Monarch wandte sich ihr sofort zu. Oh, sie übte einen mächtigen Zauber. Sie erfüllte ihn mit einer Art Begeisterung, und den Hügel hinab und durch den Nadelwald ging er mit schnelleren Schritten, ganz ihrem Zauber hingegeben. Bis zu ihrer Quelle folgte er ihr, einer langen niederen Höhle. Derart hatte er schon viele gesehen, und er war in ihnen mehr als einmal festgehalten worden, hatte aber gelernt, sie zu meiden. Seit Wochen plünderte er ihre Schätze, und ihr Duft leitete ihn auch diesmal wie eine rufende Stimme. In die Höhle hinein trat er, die von dem wonnigen Duft erfüllt war. Da lag die süße Masse, und Monarch, vorsichtig wie immer, lutschte daran, leckte und leckte, begann dann am Klumpen zu zerren, als mit leisem „Bang!“ die Tür herunterfiel. Monarch stutzte, aber alles war still und keine Gefahr zu wittern. Solche Türen hatte er schon früher bezwungen. Sein Gaumen lechzte nach mehr Honig, und er leckte und leckte, zuerst gierig, dann ruhig, dann langsam, dann schläfrig und schließlich hörte er auf. Seine Augen schlossen sich, er sank zu Boden in einen schweren Schlaf.

Ruhig, aber bleich waren sie – die Männer, als sie in der Morgendämmerung kamen. Da war die mächtige, gezeichnete Fährte, die hineinführte, da war die Tür unten, da konnten sie eine zottige Masse sehen, die den Raum füllte und im tiefsten Schlaf sich hob und senkte.

Starke Taue, starke Ketten und Stahlbänder waren zur Hand, ebenso Chloroform, damit er nicht zu bald erwachte. Durch Löcher im Dach fesselten sie ihn mit unendlicher Mühe, banden ihm die Tatzen an den Hals, Hals und Brust und Hintertatzen zu einer starren Rolle. Dann hoben sie die Tür und schleiften ihn hinaus, nicht mit Pferden – keines ließ sich näher bringen –, sondern mit einer am Baum befestigten Winde; und da sie schon fürchteten, es könnte der Todesschlaf sein, so ließen sie ihn nun zum Leben zurückkehren. – In Ketten, in doppelten Ketten, vor wahnsinniger Wut schäumend und völlig hilflos – wie können Worte den Zustand des gestürzten Königs beschreiben? Er wurde auf einen Schlitten geladen und von sechs Pferden in Etappen in die Ebene hinab zur Bahnstation gezogen. Nahrung flößte man ihm gerade so viel ein, daß er nicht verhungerte. Ein großer Dampfkran hob den Bären, so, wie er war, auf einen flachen Bahnwagen, und ein Teertuch wurde über seinen hilflosen Körper gebreitet, die Maschine puffte, zog an, und der Grislykönig schied von seinen alten Bergen.

So brachten sie ihn, den geborenen Herrscher, in Ketten in die große Stadt. Dort schafften sie ihn in einen Käfig, nicht nur stark genug für einen Löwen, sondern dreimal so stark. Einmal riß ein Tau, als der Riese an seinen Fesseln rüttelte. „Er ist los!“ gellte es, und der Schwarm der Zuschauer und Wärter flüchtete; nur der Kleine mit den ruhigen Augen und der Große vom Gebirge hielten stand, und so wurde Monarch doch festgehalten.

Frei in seinem Käfig schwang er sich herum, schaute sich nach allen Seiten um, wandte sich dann mit ganzer Kraft gegen die eisernen Stäbe und bearbeitete den Käfig so, daß kein Teil unbeschädigt blieb. Es war vorauszusehen, daß er nach einiger Zeit ausbrechen würde. Man schleppte ihn in einen anderen Zwinger, den kein Elefant hätte niederbrechen können; aber er stand auf Erde, und in einer Stunde hatte der Grisly eine Höhle gegraben, in der er verschwand, bis ein auf ihn gerichteter Wasserstrahl das Loch füllte und ihn zwang, wieder zum Vorschein zu kommen. Nun transportierte man ihn in einen neuen Käfig, der seit seiner Ankunft angefertigt worden war. Dieser hatte einen harten Felsboden und große, fast zweizöllige Stahlstäbe, die drei Meter hoch waren; außerdem war das Gitter nach innen durch eineinhalb Meter lange Stangen geschützt. Monarch drehte sich einmal um, richtete dann seinen schweren Körper auf, verbog die „unzerbrechlichen" Stangen, drehte sie mit einem Ruck, bis die Stäbe aus der Richtung gebracht waren, und begann am Gitter hinaufzuklettern. Nur spitzige Eisen und Feuerbrände in den Händen von zwölf starken Männern konnten ihn zurückhalten. Die Wärter beobachteten ihn Tag und Nacht, bis ein noch stärkerer Käfig fertig war, ein unbezwinglicher mit Stahl oben und Fels unten.

Der Ungebändigte bewegte sich schnell darin umher, versuchte jede Stange, prüfte jeden Winkel, suchte nach einem Riß im Felsboden und fand schließlich eine Stelle, wo ein sechszölliger Balken war, das einzige Stück Holz am ganzen Käfig. Er war mit Eisen beschlagen und lag nur einen Zoll lang frei. Dahin konnte er mit einer Klaue reichen, und hier lag er auf der Seite und kratzte, kratzte den ganzen Tag, bis ein großer Haufen Splitter dalag und der Balken entzweigesägt war; aber die Querbolzen hielten, und als Monarch seine breite Schulter an die Stelle stemmte, wich sie keinen Deut. Das war seine letzte Hoffnung gewesen, und die war dahin. Der mächtige Bär sank im Käfig nieder, die Schnauze in die Tatzen vergraben und stieß Seufzer aus, lange, schwere Seufzer, freilich Tierlaute, aber sie zeugten nicht anders als beim Menschen von einem gebrochenen Geiste, dem Hoffnung und Leben schwand. Die Wärter kamen zur bestimmten Zeit mit Futter, doch der Bär regte sich nicht. Sie setzten es hin, fanden es aber am Morgen unberührt. Der Bär lag immer noch in derselben Haltung wie am Tage zuvor da. Statt der Seufzer ließ er von Zeit zu Zeit ein leises Wimmern hören.

Zwei Tage vergingen. Das Futter blieb unberührt und verdarb in der Sonnenhitze. Der dritte Tag kam, und immer noch lag Monarch auf der Brust, die riesige Schnauze unter der noch riesigeren Pranke. Die Augen waren nicht sichtbar; nur ein leichtes Heben und Senken seiner breiten Brust war zu bemerken.

„Er stirbt“, sagte der eine Wärter. „Er überlebt die Nacht nicht.“

„Holt Kellyan“, sagte ein anderer.

Kellyan kam. Da lag das Tier, das er gefesselt hatte, sich zu Tode härmend. Mit dem Schwinden seiner letzten Hoffnung schwand auch sein Leben dahin. Und ein starkes Mitgefühl überkam den Jäger; denn Männer von Charakter und Kraft lieben Charakter und Kraft. Er streckte seinen Arm zwischen die Stäbe des Käfigs und streichelte den Bären, aber Monarch rührte sich nicht. Schließlich kam ein leises Wimmern, und Kellyan sagte: „Laßt mich zu ihm hinein.“

„Sie sind toll“, sagten die Wärter und wollten den Käfig nicht aufmachen. Aber Kellyan beharrte darauf, bis sie ein Quergitter vor den Bären schoben. Dann näherte er sich ihm und legte seine Hand auf den zottigen Kopf, doch Monarch blieb regungslos liegen. Der Jäger streichelte sein Opfer und sprach zu ihm. Seine Hand fuhr zu den großen, runden Ohren, die nur ein wenig über den Kopf ragten. Sie fühlten sich rauh an; er blickte noch einmal hin, dann fuhr er zusammen. „Um Gottes willen! Kann das wahr sein?“ Ja, sie sprachen die Wahrheit – beide waren mit runden Löchern gezeichnet, das eine weit ausgerissen, und Kellyan wußte, daß er seinen kleinen Jack wiedergefunden hatte.

„Ach, lieber Jack, ich wußte ja nicht, daß du's warst. Ich hätt's nie getan, wenn ich das gewußt hätte. Jack, alter, lieber, kennst du mich nicht?“

Aber Jack regte sich nicht. Da richtete sich Kellyan schnell auf und eilte in seinen Gasthof. Dort legte er sein verrauchtes, mit Harz und Fett getränktes Jägerzeug an und kehrte mit einer Honigwabe in den Käfig zurück.

„Jack, lieber Jack!“ rief er, „Honig, Honig!“ und hielt ihm die verführerische Wabe hin. Aber Monarch lag nun wie tot da.

„Jack, lieber Jack! Kennst du mich nicht?“ Er ließ den Honig fallen und legte dem Bären seine Hände auf die breite Nase.

Die Stimme war vergessen. Der alte Ruf: „Honig, Jack, Honig!“ hatte seine Kraft verloren, aber der vereinte Geruch von Honig, Rock und Händen, den er einst so gern gehabt hatte, übte seine geheime Wirkung aus.

Es kommt ein Zeitpunkt, wo ein Sterbender sein Leben vergißt, aber die Bilder der Kindheit klar vor sich sieht; sie allein sind wirklich und kehren mit überwältigender Kraft zurück. Warum nicht auch bei einem Bären? Die Gewalt des Geruches allein vermochte das Vergangene zurückzurufen, und Jack, der Grislymonarch, hob den Kopf ein wenig, eben nur ein wenig. Die Augen waren fast geschlossen, aber die große, braune Nase schnüffelte schwach zwei- oder dreimal – das Zeichen von Teilnahme, das Jack in der alten Zeit von sich zu geben pflegte. Jetzt brach Kellyan zusammen wie vorher der Bär.

„Ich wußte ja nicht, daß du's warst, lieber Jack; ich hätt's nie getan. Lieber Jack, vergib mir." Er stand auf und eilte aus dem Käfig.

Die erstaunten Wärter wußten sich die Szene nicht zu erklären, einer von ihnen griff verständnisvoll den Faden auf, stieß den Honig näher heran und rief: „Honig, Jack, Honig!"

Voll Verzweiflung hatte sich Monarch zum Sterben niedergelegt, doch da tauchte eine neugeborene Hoffnung auf, allerdings nur unbestimmt, aber sein Bezwinger hatte sich als Freund erwiesen; das schien eine neue Hoffnung zu sein, und der Wärter wiederholte den alten Lockruf: „Honig, Jack, Honig!" und schob die Wabe vor bis dicht vor die Schnauze. Die große Zunge leckte am Honig, das Verlangen nach Speise erwachte, und so begann Jacks letzter düsterer Lebensabschnitt.

Erfahrene Wärter wußten jede Neigung des entthronten Monarchen auszunutzen. Die lockendsce Nahrung bot man ihm und tat alles Erdenkliche, ihn wieder zu Kräften zu bringen.

Er aß und lebte als Gefangener – weiter.

Und noch lebt er, aber langsam schreitend, schreitend, immer schreitend. Sein Blick schweift nicht zur schaulustigen Menge, sondern weit über sie hinaus zu einem fernen Ziel. Manchmal bricht er in zornige Wut aus, aber bald gewinnt er seine volle Würde wieder, und er fährt fort zu blicken, zu warten, zu lauern, immer aufrechterhalten von der Hoffnung, die über ihn gekommen ist. Kellyan weilt seitdem bei ihm, aber Monarch kennt ihn nicht. Über seinen Kopf hinweg geht der Blick des großen Bären, weithin zum Tallac oder zur fernen See – wer kann es wissen?

Die Wundmale sind längst von seinem zottigen Fell verschwunden, aber die Ohrlöcher sind ihm geblieben, auch die Riesenkraft und die hohe Würde. Seine Augen sind trüb – hell waren sie nie –, aber sie scheinen nicht inhaltslos zu sein, und meist sind sie auf das Goldene

Tor bei San Franzisko gerichtet, wo der Strom sich mit dem Weltmeer vereinigt.

Der Strom, dem Abhang der Hochsierra entspringend – er lebt und rauscht und reckt sich zwischen den Bergfichten hindurch, setzt über die Dämme von Menschenhänden, tritt mit wachsender Stärke in die Ebene und bringt seine mächtige Flut in die Bucht der Buchten, wo er als Gefangener liegen bleibt, ein Gefangener des Goldenen Tores, immerdar dem Freiheitsblau zustrebend, suchend und grollend – grollend und suchend – rückwärts und vorwärts, immerfort – vergebens.